Rom zur Kaiserzeit

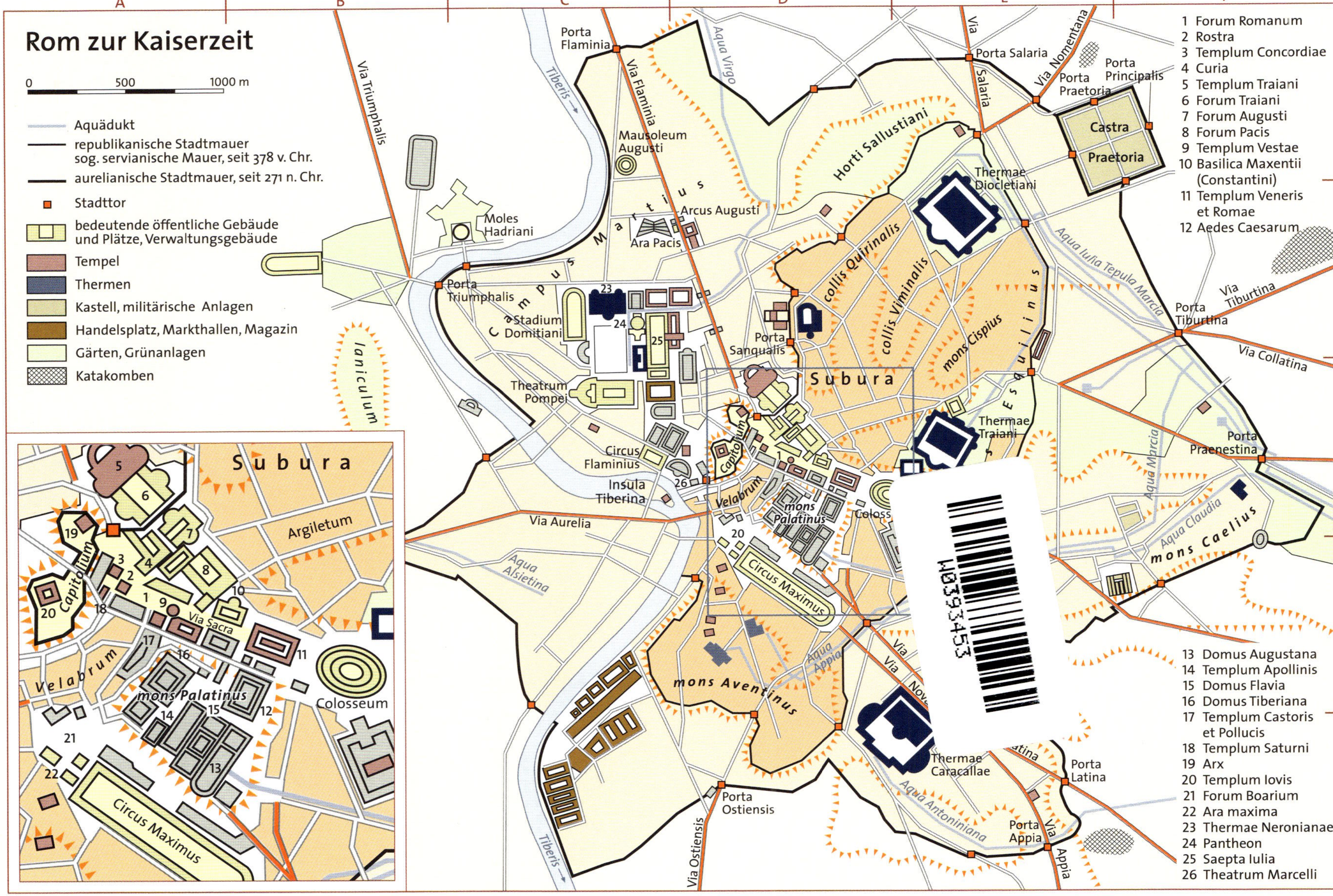

comes 3

Herausgegeben von Christian Czempinski

Bearbeitet von Christian Czempinski, Wolfgang Feiner,
Sonja Gundelach, Martin Hofschuster, Karin Kemmeter,
Maria Krichbaumer, Michaela Lang, André Löffler, Susanne Weiß

Berater: Prof. Dr. Markus Janka

Oldenbourg

comes – Vierbändiges Unterrichtswerk für Latein als gymnasiale Eingangssprache

herausgegeben von Christian Czempinski

und bearbeitet von
Christian Czempinski, Christian Engel, Wolfgang Feiner, Sonja Gundelach,
Martin Hofschuster, Karin Kemmeter, Dr. Michaela Krell, Maria Krichbaumer, Michaela Lang,
Elke Lenner, André Löffler, Georg Müller, Susanne Weiß

Berater: Prof. Dr. Markus Janka

Das Papier ist aus chlorfrei gebleichtem Zellstoff hergestellt, ist säurefrei und recyclingfähig.

www.oldenbourg-bsv.de

1. Auflage 2010
Druck 14 13 12 11 10
Die letzte Zahl bezeichnet das Jahr des Drucks.
Alle Drucke dieser Auflage sind untereinander unverändert und im Unterricht nebeneinander verwendbar.

Umschlagkonzept: Mendell & Oberer, München
Umschlag: Christiane Gerstung, München
Lektorat: Martin Fruhstorfer, Leipzig, Cornelia Franke (Assistenz)
Bildredaktion: Helene Schopohl
Herstellung: Gabriele Schenk
Illustrationen: Margit Pawle, Achim Norweg (Vorsatz), Ingrid Schobel (Nachsatz)
Layout und Satz: Christiane Gerstung, München
Reproduktionen: Repro Ludwig GmbH, Zell am See
Druck: Himmer AG, Augsburg

ISBN 978-3-637-00245-6

Inhalt

Lektion 65–68

Machtgier, Mord und Bruderkrieg

Lektion 69–72

Frieden, Reich und Einigkeit

Lektion 73–76

Freiheit, Kampf und Widerstand

Lektion 77–80

Glaube, Gott und Ewigkeit

Liebe Schülerinnen und Schüler!

Wisst ihr noch: Stolz verkündete Rufus am Ende von *comes 2*, das Römische Reich sei ein *imperium aeternum*, ein ewiges Reich, und die Römer seien allen anderen Völkern überlegen. Nun ja, Callimachus, der griechische Hauslehrer von Rufus, ist da anderer Meinung. In den ersten Kapiteln von *comes 3* zeigt er unseren Freunden und damit natürlich auch euch, welch großen kulturellen Einfluss Griechenland auf die Römer hatte.
Ausgerechnet Morsulus führt auf der Suche nach einem Knochen die Kinder in den folgenden Kapiteln zurück in die finsteren Zeiten des römischen Bürgerkriegs, geführt von machthungrigen Männern unter dem Einfluss einer schönen, raffinierten Ägypterin.
Das Schicksal des *imperium aeternum* stand auf des Messers Schneide.
Aber wie müsste er denn aussehen, der richtige Herrscher für so ein mächtiges Reich? Callimachus unternimmt mit Aurelia, Rufus, Flavia und Dacus einen „Wandertag" der besonderen Art: Er führt sie zu verschiedenen Kaisermonumenten Roms, um dieser Frage nachzugehen.
Und auch wenn zur Zeit unserer Kinder ein weiser Mann die Geschicke Roms leitet, so droht trotzdem Gefahr von einem sagenumwobenen Volk aus dem Norden: Die Germanen greifen das Reich an. Wird es wieder eine fatale Niederlage geben wie damals im Jahre 9 n. Chr. in den dunklen Schluchten des Teutoburger Waldes?
Die Römer und auch die Eltern von Rufus, Aurelia und Flavia suchen Hilfe bei den römischen Göttern. Einige Menschen aber, wie zum Beispiel die Familie der jungen Balbina, wenden sich an einen gewissen Jesus Christus. Eine Verschwörung? Droht Rom eine Gefahr von innen?
Seid ihr neugierig geworden? Dann begebt euch ein weiteres Mal auf Zeitreise in die Antike mit unseren vier römischen Freunden.
Wie gewohnt könnt ihr euch in *comes 3* leicht zurechtfinden. Die Abenteuer und Geschichten werden in den **Lesestücken** erzählt, wobei immer vier Lesestücke eine thematische Einheit bilden. Vor jedem Lesestück werdet ihr in der **Einführung** mit dem Grammatikstoff des jeweiligen Kapitels bekannt gemacht. Dabei könnt ihr die jeweiligen Grammatikphänomene wie immer auch selbst erschließen und gleich ein wenig einüben. Auf der dritten Lektionsseite findet ihr verschiedene **Übungen** zur Grammatik, zum Wortschatz und zum Übersetzen.
Lesestücke, Einführungen und Grammatikübungen sind jeweils zweigeteilt, damit der neue Stoff für euch überschaubar und damit leichter einzuteilen und zu lernen ist. Die vierte Seite bietet allerlei **Sachinformationen,** die euch in die Kultur und Geschichte der Antike einführen. Alle wichtigen Informationen, die ihr euch besonders merken sollt, sind als Grundwissen gekennzeichnet.
Jeweils nach vier Kapiteln folgt eine **Latein-intensiv-Einheit.** Sie bietet Wiederholungs- und Vertiefungsübungen, daneben aber auch kurze Einblicke in die Vernetzung des Lateinischen mit anderen Sprachen, Übersetzungstechniken und anderes methodisches Wissen.
Im hinteren Teil des Buches folgen – ebenfalls zweigeteilt – der **Wortschatz** und die **Begleitgrammatik** zu jeder Lektion. **Deklinations**- bzw. **Konjugationstabellen,** das **Eigennamenverzeichnis** und das alphabetische **Vokabelverzeichnis** schließen das Buch ab.

Folgende Symbole erleichtern euch die Orientierung in den Lektionen:

E1 E2 L1 L2

Ü1 Ü2 bezeichnet jeweils die beiden Teile der Einführungen, Lesestücke und Übungen. Deren zweiter Teil ist zusätzlich farbig unterlegt.

Hier findet ihr die Wortschatzübungen.

Diese Übung könnt ihr zu zweit oder in der Gruppe als Wettbewerb machen.

Diese Übung ist auch in Partnerarbeit machbar.

Diese Übung ist etwas kniffliger zu lösen.

■ kennzeichnet eine Lücke im Text, die nicht im Buch ausgefüllt werden soll. Diese Übungen sollt ihr in eurem Heft lösen.

! kennzeichnet leicht erschließbare Wörter, die auch in späteren Lektionen nicht gelernt werden. Auf S. 222 sind sie in einer Übersicht aufgeführt.

Grundwissen: Auf den Sachinformationsseiten ist **das Wichtigste,** das ihr euch merken sollt, in Orange hervorgehoben.

W1 W2

G1 G2 kennzeichnet jeweils die beiden Teile von Wortschatz und Grammatik.

Mit dieser „Esels"brücke könnt ihr euch das neue Wort sicher leichter merken.

S Hier findet ihr Erläuterungen zur Satzlehre (Syntax).

F Die Formenlehre wird euch in diesem Abschnitt erklärt.

Wir wünschen euch viel Spaß und Erfolg beim Lateinlernen.

Das Autorenteam, das Rückmeldungen aus der Praxis gerne berücksichtigt, bittet Lehrer/innen und Schüler/innen, ihre Wünsche und Beobachtungen dem Verlag* mitzuteilen. Es dankt allen für solche Mühe im Voraus.

* Oldenbourg Schulbuchverlag, Lektorat Alte Sprachen, Postfach 80 13 60, 81613 München

Griechenland – Wiege der westlichen Kultur

Dass der sittenstrenge Senator Marcus Porcius Cato, den du am Ende von *comes 2* kennengelernt hast, im 2. Jahrhundert v. Chr. kein anderes Urteil über die Griechen gefällt hat, war klar: *„Quandoque ista gens nobis suas litteras dabit, omnia corrumpet."* – „Wenn dieses Volk uns seine Literatur gibt, dann wird es alles verderben."
Doch lässt sich aus dem Rom des 2. Jahrhunderts n. Chr., in dem Rufus, Aurelia, Flavia und Dacus leben, der gewaltige Einfluss griechischer Kunst, Literatur und Wissenschaft überhaupt nicht mehr wegdenken. Callimachus bringt im Unterricht die Leistungen der Griechen zur Sprache, und das nicht ohne Stolz.

1) **maledīcere (maledīcō, maledīxī, maledictum)** *(m. Dat.)*: schlecht sprechen *(über)* 2) **vās, vāsis** n: Gefäß 3) *lies:* oída ouk eidós 4) **Latīnē** *(Adv.)*: auf Latein 5) **nescīre (nesciō, nescīvī, nescītum):** nicht wissen 6) **inventor, -ōris** m: Erfinder 7) **facillimē** *(Adv.)*: ganz leicht

Quamquam ille Cato Graecis semper maledicebat[1], necesse est eorum res gestas atque virtutes cognosci et laudari. Quid de Graecis tibi in mentem venit?
Quid cognoscis et audis? Narra mihi, narra mihi!
De Graecis antiquis sermonem habent. Video Archimedem inventorem[6], qui totum mundum facillime[7] movet.
Vas[2] Oedipodem regem apud Sphingem monstrat. Quam praeclara tragoedia! Sophoclis!

E1 Ein Stamm – zwei Wortarten

1. Der **gelehrte** Philosoph diskutiert mit den Jungen.	Philosophus[1] *doctus* cum pueris disputat.
2. Der Philosoph diskutiert **gelehrt** mit den Jungen.	Philosophus[1] cum pueris *doct-**e*** disputat.

a. ***Bestimme die Wortart der fett gedruckten Wörter in den deutschen Sätzen mithilfe folgender Fragen: Worauf beziehen sich die Wörter? Welche Funktion haben sie? Wie fragst du danach?***

b. ***Vergleiche die fett gedruckten Wörter mit ihren lateinischen Entsprechungen und erkläre deren Bildungsweise.***

Imperator *fortis* patriam defendit. Imperator patriam *fort-**iter*** defendit.
Comes *prudens* pericula cognoscit. Comes pericula *prudent-**er*** cognoscit.

c. ***Erkläre, wie die Adverbien der 3. Deklination gebildet werden.***

1 ***Von welchen Adjektiven leiten sich folgende Adverbien ab? Nenne den Nominativ Singular im Maskulinum.***
diligenter – honeste – misere – nefarie – male – feliciter – breviter

2 ***Bilde das Adverb zu folgenden Adjektiven.***
simplex – turpis – egregius – celer – supplex – pius – acer – gravis – attentus

E2 Rollentausch

1. Die **gute** Sache wird gelobt.	→	Das **Gute** wird gelobt.
Res **bona** laudatur.		**Bonum** laudatur.
2. Ich mag **schöne** Dinge.	→	Ich mag **Schönes**.
Res **pulchras** amo.		**Pulchra** amo.

a. ***Welche Veränderungen im Gebrauch der fett gedruckten Wörter stellst du fest?***

b. ***Bestimme Kasus, Numerus und Genus von*** **bonum** ***und*** **pulchra*****.***

3 ***Substantiviere die Adjektive wie im Beispiel und übersetze ins Lateinische.***
z. B. schlecht (Sg.) → das Schlechte → malum
unglücklich (Pl.) – rau (Sg.) – schwierig (Pl.) – groß (Sg.) – ähnlich (Pl.) – hässlich (Sg.)

4 ***Übersetze und achte dabei besonders auf die fett gedruckten Wörter.***
1. **Bonum** laudatur, **malum** spernitur. 2. Respice **verum**, neglege **falsum**! 3. **Immortales** a **mortalibus** coluntur. 4. Tolle **dexteram** et iura! 5. **Divites pauperes** adiuvare debent.

L1

Athen als Schule Griechenlands

Freiheit und Demokratie waren für die Athener grundlegende Werte. Callimachus will den Stolz der Athener auf ihre Leistungen seinen römischen Schülern vor Augen führen. Deshalb trägt er eine Rede des Perikles auf die im Peloponnesischen Krieg gegen Sparta (431–404 v. Chr.) gefallenen Athener vor.

„Hos Athenienses laude vere dignos esse aestimo, quia pro[1] libertate patriae probe honesteque pugnaverunt. Qui libertatem summum bonum ducentes patriam sic defendebant, ut nos omnes liberi simus neque barbaris[!] nos misere subiciamus. Hoc igitur semper bene memoria tenete: Libertas nostra posita est in virtute horum virorum, qui non modo in bello audacter fortiterque pugnabant, sed etiam domi ratione prudenter agebant. Etiam vos igitur cupidi gloriae este et servate eadem ratione libertatem civitatis nostrae!

Das Zeitalter des Perikles, Philipp von Foltz (1805–1877), Maximilianeum, München

L2

Sicut maiores nostri etiam nos ipsi omnes hostes sive Graecos sive barbaros[!] fortiter ferro a patria prohibemus. Cur illi pericula belli contempserunt, cur nos pericula belli contemnimus? Id explicabo. Quamquam me in hac oratione imprimis virtutibus militum laudem tribuere oportet, tamen constitutionem[2] moresque, quibus res publica nostra ceteris praestat, breviter ostendam: Res publica nostra est res populi. Nam omnia in potestate populi sunt. Nos Athenienses non paremus legibus finitimorum, immo nostrae leges eis exemplo sunt. Nos diligimus honestum, simplicia negotiumque, sed turpe, superba otiumque vehementer spernimus: Civitas nostra est magistra[3] totius Graeciae."

1) **prō** *(m. Abl.)*: für 2) **cōnstitūtiō, -ōnis** f: Verfassung 3) **magistra, -ae** f: Lehrmeisterin

Ein Lob auf das Vaterland

Beantworte die Fragen auf Lateinisch.

1. Cur Pericles illos Athenienses laude dignos putavit? **2.** Quid summum bonum Atheniensium erat? **3.** Cur res publica Atheniensium ceteris praestabat? **4.** Quid ab Atheniensibus diligebatur, quid ab eis spernebatur?

Ü1

1 ***Adverb, Adjektiv oder gar beides?***

1. male – facile – turpe – honeste – celere – acre – triste – utile – grave – bene
2. asper – diligenter – prudenter – miser – pulcher – fortiter – celer – suppliciter

2 ***Die Soldaten loben ihren Feldherrn: Setze entweder ein Adjektiv oder ein Adverb sinnvoll ein und übersetze.***

prudenter – dignus – fortiter – honestum – honeste – bene – magna – audacter

1. Nos te ducem ___ aestimamus. 2. Igitur ___ laude ___ es. 3. ___ atque ___ patriam nostram ab hostibus defendis. 4. Semper ___ atque ___ agis. 5. In magno periculo ratione nobis ___ consuluisti.

Ü2

3 ***Übersetze folgende Redewendungen und achte dabei besonders auf die Substantivierungen.***

1. Omnia mea mecum porto. 2. Audi multa, dic pauca! 3. Fortes Fortuna adiuvat.

4 ***Formuliere die fett gedruckten Wörter nach dem Beispiel um und gib deine Lösung anschließend deiner Banknachbarin oder deinem Banknachbarn zur Übersetzung.***

z.B. **Homines pauperes** misericordiam meam movent. → **Pauperes** misericordiam meam movent. → **Die Armen** erregen mein Mitleid.

1. Etiam **res parvas** diligi oportet. 2. Mihi **viri boni** exemplo sunt. 3. **Nonnulli homines rem honestam** vehementer spernunt. 4. Res publica **omni populo** cordi est.

5 ***Doppelpack: Finde für jeden deutschen Begriff zwei lateinische Ausdrücke.***

also – einschätzen – Ruhm – lieben – zeigen – Waffen

6 ***Gib die deutsche Bedeutung der Konjunktionspaare an.***

sive ... sive – et ... et – non solum ... sed etiam – aut ... aut – neque ... neque

7 ***Auf Spurensuche im Krankenhaus – erkläre die fett gedruckten Wörter.***

1. Die plötzliche Genesung des Patienten lässt sich **rational** nicht erklären. 2. Die **Fraktur** des rechten Oberschenkels verursachte starke Schmerzen. 3. Der Chefarzt erklärt den **Studenten exemplarisch** die Vorgehensweise. 4. Aufgrund seiner herausragenden Forschungsarbeit wird dem Arzt der Titel „Doktor **honoris** causa" verliehen.

8 ***Griechenland, die Wiege unserer Kultur***

Ein Freund gibt einem römischen Beamten, der in die griechische Provinz geschickt wird, mit auf den Weg, was er bei der Ausübung seines Amtes bedenken soll:

1. Cogita te non ad barbaros[1] mitti, ut eos ferro opprimas, sed in provinciam[1] Achaiam, illam a nobis dilectam Graeciam. 2. Qua in terra Musas mortalibus artes bonas et pulchras dono dedisse multi aestimant. 3. Graeci philosophi[1] rationibus diversis nos vera et honesta docuerunt. 4. In Graecia a viris laude atque gloria dignis – sive a Dracone sive a Solone – prudenter iura data et leges scriptae sunt. 5. Oportet igitur te semper ante oculos habere hanc nationem nobis bonum et verum et pulchrum ostendisse, hanc nationem nobis exemplo esse.

Demokratie – die Griechen erfinden die Herrschaft des Volkes

INTERVIEW 440 v.Chr.

VESTIGIA

Vestigia: *Herr Perikles, erklären Sie bitte unseren Lesern, was „Demokratie" ist.*

Perikles: Aber gerne. Das Wort kommt aus meiner Muttersprache, wie seine Wortbestandteile verraten: ὁ δῆμος ist „das Volk", κρατεῖν bedeutet „herrschen". Also ist „Demokratie" die „Herrschaft des Volkes".

V: *Dann verdanken wir den Griechen diese Staatsform?*

P: So ist es. Genauer gesagt, liegt ihre Wiege in Athen und seinem Umland. Die gesamte Halbinsel Attika mit allen Bauern- und Fischersiedlungen bildet einen kleinen Stadtstaat; diesen nennen wir *Polis*.

V: *Und hatte in Athen das Volk schon immer das Sagen?*

P: Nein, es war ein langer Weg bis dahin. Ursprünglich hatten wir Griechen Könige, deren Herrschaft einst jedoch von reichen Adelsgeschlechtern abgelöst wurde. Als die Kluft zwischen Arm und Reich immer größer wurde, waren wiederum Reformen nötig, die alle freien Bürger Athens gleichstellten.

V: *Sagen Sie, wer sind denn „alle freien Bürger"?*

P: Das ist nicht automatisch jeder. Bürger von Athen ist nur derjenige, dessen Eltern beide aus Athen sind. Außerdem sind Frauen, Kinder und Sklaven vom politischen Leben ausgeschlossen.

V: *Aha, interessant. Aber wie sieht nun diese Volksherrschaft konkret aus?*

P: In Athen gibt es Beamte, die den Staat regieren, doch diese führen nur aus, was das Volk will. Damit auch arme Leute die Möglichkeit bekommen, sich am politischen Leben zu beteiligen, habe ich extra Tagegeld für die Besucher der Volksversammlung eingeführt. Die tatsächliche Macht geht einzig vom δῆμος aus.

V: *Herr Perikles, leider ist unsere Zeit um. Wir bedanken uns im Namen unserer Leser für die Einblicke, die Sie uns in die attische Demokratie gewährt haben.*

Grundwissen: Demokratie ist die **Herrschaft des Volkes**. In Athen findet sie in **direkter Form** statt, d.h. jede Entscheidung zu Gesetzgebung oder Rechtsprechung wird direkt von den Bürgern per Abstimmung getroffen. Jeder **männliche freie Bürger** hat in der **Volksversammlung** das Recht, Anträge zu stellen, abzustimmen und zu wählen. Alle **Politiker** werden durch **Los oder Wahl** bestimmt.

a. *In vielen Fremdwörtern taucht die Nachsilbe „-kratie" auf, etwa in „Aristo**kratie**", „Büro**kratie**" oder „Techno**kratie**". Erkläre die Bedeutung dieser Fremdwörter.*

b. *Vergleiche die attische Demokratie mit unserer. Nenne drei Unterschiede.*

E1

Steigerungsfähig

mons altus	mons alt-**ior**	Mons altior est quam turris. Nihil alt-**ius** est quam mons.

a. *Wie bildet man im Lateinischen den Komparativ?*

b. *Nach welcher Deklination richten sich die gesteigerten Adjektive? Bilde die restlichen Kasus in Singular und Plural, orientiere dich im Abl. Sg., Gen. Pl. sowie Nom. und Akk. Pl. an den Formen von **dives, pauper, vetus**.*

c. *Erschließe, wie **quam** nach dem Komparativ übersetzt werden muss.*

1 ***Bilde den Komparativ und setze dann in den angegebenen Kasus und Numerus.***
vita honesta → Gen. Sg. – nomen clarum → Akk. Pl. – senator prudens → Dat. Pl. – dolor gravis → Akk. Sg. – fortuna aspera → Abl. Sg. – amicus laetus → Gen. Pl. – adulescens fortis → Abl. Pl. – homo doctus → Nom. Pl.

2 ***Im Vergleich: Übersetze.***
1. Hic equus celerior est **quam** alii. 2. Haec turris altior est **quam** cetera monumenta. 3. Hic captivus miserior est **quam** ille. 4. Taurus saevior est **quam** aliae bestiae[1].

E2

Ziemlich einfach

1. Nulla gens clarior erat quam gens Graecorum.
2. Nulla gens clarior erat gente Graecorum.

a. *In welchem Kasus steht das zweite Element des Vergleichs, wenn man es im Lateinischen nicht mit **quam** ausdrücken will?*

3. Graeci clariores sunt.	Die Griechen sind ziemlich berühmt.

b. *Begründe, warum du hier im Deutschen den Komparativ mit „ziemlich" oder „recht" ausdrücken musst.*

3 ***Drücke den Vergleich statt mit** quam **auf die zweite Art aus.***
1. Nihil clarius est quam sol. 2. Nihil celerius est quam fulmen. 3. Nullus equus celerior erat quam equus Alexandri. 4. Nemo prudentior erat quam rex Ithacae.

4 ***Überlege dir eine passende Übersetzung für den Komparativ.***
1. Roma urbs pulchrior erat. 2. Pauperes saepe miseriores sunt. 3. Verbum gravius dixisti.

L1

Heiligt der Zweck die Mittel?

Callimachus liest mit den Schülern die Tragödie „Philoktet“ des Sophokles. Odysseus soll Philoktet nach Troia holen. Der fristet auf Lemnos ein elendes Dasein, nachdem ihn die Griechen dort wegen einer unheilbaren Wunde durch eine List des Odysseus ausgesetzt haben. Nun aber ist den Griechen prophezeit worden, dass Troia nur mit Philoktets unfehlbarem Bogen zu Fall gebracht werden kann. Da Philoktet Odysseus, dem er sein schlimmes Schicksal verdankt, niemals folgen würde, wird Achills Sohn Neoptolemos mitgeschickt. Als sich die beiden der Behausung Philoktets – er selbst ist nicht da – nähern, besprechen sie ihr Vorgehen.

Neoptolemus: „Quam vasta loca! Hoc domicilium lapidibus exstructum simplicius est quam spelunca[1]! Ecce vestes Philoctetae! Quarum odor foedior est quam ille aquarum atrarum Stygis! Illum virum vitam miseriorem agere quam ceteros mortales aestimo!“

Ulixes: „Neoptoleme, Graecis opus est armis Philoctetae. Falle eum insidias parans!“

Neoptolemus: „Sum filius Achillis! Ego sum probior quam ceteri. Cur me hunc virum miserum turpiter fallere iubes? Vi atque armis eum vincam, nam mea natura omnia turpia vehementer spernit.“

Ulixes: „Non manu, adulescens, sed lingua homines vincuntur. Paulisper naturam tuam deponens non solum probus, sed etiam sapiens diceris.“

Owen Gilhooly (Philoktet) und Christopher Lemmings (Neoptolemos) in Michael Pescods Oper *„Philoktet“*, London, 2004

L2

Odysseus kann Neoptolemos nur mit Mühe davon überzeugen, Philoktet eine Lügengeschichte aufzutischen, um sich dessen Vertrauen zu erschleichen. Als Philoktet von der Jagd zurückkehrt, spricht Neoptolemos ihn an.

Neoptolemus Philoctetam his verbis fictis fallit: „Cum Achilles pater occidisset, Troiam navigavi, ut arma eius acciperem. Sed Agamemno sceleratus iam iudicaverat arma Ulixi merito dari. Qua de causa ille vir, qui etiam turpior Agamemnone ipso est, recusavit, ne arma mihi redderet. Immo contumelias acerbiores ab eo accepi! Igitur eum, qui inimicus Agamemnonis Ulixisque est, amicum meum duco.“

Philoctetes: „Amice vere, te obsecro: Duc me tecum! Cito omnia mea colligam!“ At subito dolore graviore affectus est, ut arcum, qui ei vita ipsa carior[2] erat, vix tenere posset. „Tibi, Neoptoleme“, inquit, „fidem habeo. Tene arcum, dum vires me deficiunt! Somno[3] enim capior!“ Neoptolemus autem praedam rapere et Philoctetam turpiter fallere in animo habebat.

1) **spēlunca, -ae** f: Höhle 2) **cārus, -a, -um:** lieb, teuer, wertvoll 3) **somnus, -ī** m *(hier):* Ohnmacht

Drei unterschiedliche Männer

Nenne auf Lateinisch die Sätze, mit denen Odysseus und Neoptolemos ihren wahren Charakter zeigen und Philoktet sein Verhältnis zu diesen beiden offenbart.

Ü1

1 ***Bilde zu den Adjektiven im Positiv die entsprechende Form im Komparativ und übersetze.***
odorem foedum – philosophi[1] sapientis – ferrum acre – exemplis honestis – equos celeres – condicionum tristium – regioni pulchrae – iuvenes audaces

2 ***Neoptolemos ist entsetzt über das erbärmliche Leben Philoktets: Setze die Adjektive im Komparativ richtig ein und übersetze.***
dignus – miser – foedus – gravibus – vastum – asperam
1. Numquam locum ________ vidi quam eum. 2. Ibi Philoctetes vitam ________ agit quam alii. 3. Quis ________ est quam hic vir? 4. Odor vestium ________ est quam odor aquarum atrarum Stygis! 5. Certe Philoctetes doloribus ________ affectus est quam ceteri mortales. 6. Nemo misericordia ________ est quam Philoctetes.

Ü2

3 ***Mit Vergleich: Übersetze.***
1. Neoptolemus nullam sortem asperiorem cognoverat sorte Philoctetae. 2. Nulli dolores graviores sunt doloribus Philoctetae. 3. Neoptolemus Philoctetae nihil carius[1] quam arcum esse iudicavit. 4. Tandem Ulixem turpiorem quam bestiam[1] saevam esse simulavit.

1) **cārus, -a, -um:** lieb, teuer, wertvoll

4 ***Ohne Vergleich: Übersetze.***
1. Neoptolemus verbis sapientioribus Ulixis commotus est. 2. Meritone Philoctetes vitam miseriorem agebat? 3. Neoptolemus odorem foediorem vix sustinere potuit. 4. Neoptolemus doloribus gravioribus Philoctetae dolebat.

5 ***Sonnenklar: Suche für folgende Ausdrücke eine passende freiere Übersetzung.***
z.B. clarior sole → klarer als die Sonne → sonnenklar
1. Vinum dulcius melle[1] est 2. Dacus spe celerior est. 3. Onus Aetna gravius est.

1) **mel, mellis** n: Honig

6 ***Kein schönes Wort: Stelle alle dir bisher bekannten lateinischen Adjektive zusammen, die eine negative Empfindung bzw. Erfahrung ausdrücken.***

7 ***Neoptolemos besinnt sich auf sein wahres Wesen***
1. Neoptolemus, postquam praedam rapuit et Philoctetam turpiter reliquit, ad navem rediit. 2. Ibi Ulixes ab eo statim postulavit, ut sibi arcum traderet. 3. Neoptolemus autem sorte asperiore Philoctetae commotus dolum Ulixis subito sprevit: 4. „Nemo contumeliis crudelioribus affectus est quam Philoctetes. 5. Non misericordia, sed dolo tuo adductus Philoctetam adii. 6. Cum me obsecravisset, ut servaretur, eum tamen in insula, quae vastior est ceteris, reliqui. 7. Eo tempore naturam paulisper deposui, nunc autem me facti crudelioris pudet[1].“ 8. Itaque celeriter arcum Philoctetae reddidit.
Schließlich aber fuhr Philoktet doch mit Odysseus und Neoptolemos nach Troia. Philoktet konnte im Lager der Griechen geheilt werden und half mit seinem Bogen, den Sieg der Griechen über die Troianer zu erringen.

1) **mē pudet** *(m. Gen.):* ich schäme mich *(für eine Sache)*

Alles (k)ein Drama – die antike Tragödie und Komödie

„Dieser Vorfall war eine **Tragödie**" oder „Der ist vielleicht ein **Komiker**" – an solchen Wendungen erkennt man, dass heute die Begriffe „Tragödie" und „Komödie" auch außerhalb des Theaters gebraucht werden. „Dieser Vorfall war ein schweres Unglück" oder „Die Person erscheint mir seltsam" – so ließen sich oben stehende Aussagen übertragen.
Im Griechischen bezeichnet τράγος einen „Bock" und ᾠδή einen „Gesang". Eine „Tragödie" ist also ein „Bocksgesang". Was zunächst verblüfft, erklärt sich aus ihrem Ursprung: Im 5. Jahrhundert v. Chr. sangen bei kultischen Umzügen zu Frühlingsbeginn Chöre von Knaben oder Männern – verkleidet als Böcke, weil man hierbei Ziegenböcke opferte – dem Fruchtbarkeitsgott Dionysos Loblieder, woraus sich die Tragödie entwickelte.

Grundwissen: Eine **Tragödie** zeigt meist einen **Helden des Mythos,** der **unverschuldet** in **eine ausweglose Situation** gerät. Dieser **schicksalhafte Konflikt** entpuppt sich als **unlösbar**, dem Helden bleibt oft nur die **Wahl zwischen zwei Katastrophen**. Daher muss er scheitern und **schuldlos schuldig** werden.
Drei bedeutende **griechische Tragödiendichter** aus der Zeit des Perikles solltest du namentlich kennen: **Aischylos**, **Sophokles** und **Euripides**.

Dagegen bedeutet das griechische Wort κῶμος so viel wie „fröhlicher Umzug mit Gesang", vergleichbar mit einem heutigen Faschingsumzug. Eine Komödie bringt erheiternde Handlungsabläufe, meist mit Happy End, auf die Bühne. Sie zeigt überzogene, komisch gezeichnete Figuren und entlarvt deren menschliche Schwächen. Auch in ihr befindet sich der Held in einem Konflikt, der sich durch Zufall, aber auch durch die Dummheit oder Schlauheit des Helden löst. Berühmte Vertreter der griechischen Komödie waren Aristophanes (5./4. Jahrhundert v. Chr.) und Menander (4./3. Jahrhundert v. Chr.).

Moderne Aufführung im antiken griechischen Theater von Epidauros

Ermittle aus dem Lesestück, wer in einem schicksalhaften Konflikt steht: Neoptolemos, Philoktet oder Odysseus?

E1

Wir steigern uns weiter …

1. mons altus — 2. mons altior — 3. mons alt-**issim**-us

a. Erschließe die Übersetzung von Nummer 3.

b. Um welche Steigerungsform handelt es sich bei 3? Wie wird sie gebildet?

1. Haec turris altissima est.
2. Romae multa aedificia altissima vides.

c. Übersetze die beiden Sätze.

d. Inwieweit unterscheidet sich der Sinn des Superlativs in Satz 2 von dem in Satz 1? Welche Auswirkung hat dies für die Übersetzung?

1 ***Übersetze folgende Ausdrücke.***

mulier honestissima – fur cupidissimus – vir sapientissimus – odor foedissimus

2 ***Bilde den Superlativ, passe ihn an das Substantiv an und übersetze auf verschiedene Arten.***

puellam (prudens) – imperatori (maestus) – factis (clarus) – milites (fortis) – onera (gravis)

E2

… und steigern uns ein bisschen anders

pulcher, pulchra, pulchrum	difficilis, difficilis, difficile
puella pulcher-**rim**-a	negotium difficil-**lim**-um

Wie bildet man den Superlativ bei den Adjektiven auf **-(e)r** *bzw. auf* **-lis***?*

3 ***Bilde die Superlativform im Nominativ Singular Maskulinum und übersetze.***

facilis – clarus – celeber – celer – acer – dives – brevis – similis

4 ***Übersetze.***

die schönste Reise – sehr schwierige Zeiten – sehr ähnliche Häuser – ein äußerst raues Klima

L1

Wer früher stirbt, ist länger tot

Im Jahre 399 v. Chr. wird Sokrates in Athen auf Leben und Tod angeklagt. In der Anklageschrift werden zwei Punkte aufgeführt: Sokrates glaube nicht an die Götter der Polis und führe neue göttliche Wesen ein. Außerdem verderbe er die Jugend. Seine Verteidigungsrede ist durch seinen Schüler Platon überliefert. Callimachus übernimmt die Rolle des Sokrates und gibt vor den Kindern dessen Schlusswort an die Richter nach der Verkündung des Todesurteils wieder:

„Magna me spes tenet mihi bene evenire, quod nunc mittor ad mortem. Necesse enim est mortem alterum de duobus[1] efficere: Aut omnes sensus exstinguens similis est somno gravissimo dulcissimoque aut animam[2] hinc in alium locum secum ducit. Utrumque fatum quidem mihi spem sortis iucundissimae ostendit: Si mors est somnus gravissimus, talem quietem[3] mihi praebebit, qualem hic numquam reperire possum. Tum enim liberabor acerbissimis curis, doloribus laboribusque. Nihil tali nocte perpetua dulcius esse potest. Quis me beatior erit?

Sokrates

L2

Sin autem mors est migratio[4] non difficillima in eum locum, quem ii, qui de vita decesserunt, incolunt, eam fortunam mihi prosperrimam esse puto. Ibi enim conveniam eos, qui merito appellantur iudices: Minoem, Rhadamanthum, Aeacum. Vos autem, qui iudices haberi vultis, iudicibus veris dissimillimi estis. Ibi etiam beatus ero, quod sermones cum clarissimis viris, velut Homero vel Orpheo vel Ulixe, habere potero. Ulixis autem sapientiam cum ibi temptabo, sicut hic vestram saepe temptabam, certe non iterum morte puniar. Sed nunc, iudices, me hinc abire, vos autem hic remanere[5] tempus est. Quis autem erit beatior?“

1) **dē duōbus**: von zweien 2) **anima, -ae** f: Seele 3) **quiēs, -ētis** f: Ruhe 4) **migrātiō, -ōnis** f: Wanderung 5) **remanēre (remaneō, remānsī, –)**: zurückbleiben

Warum ist der Tod kein Übel?

Zeichne den Gedankengang des Sokrates nach, indem du alle lateinischen Wörter und Wendungen zusammenstellst, die seine Einstellung zum Tod verdeutlichen. Diskutiert seine Haltung.

Ü1

1 ***Superlativ oder Elativ? Was passt besser?***

1. Senatores viri honestissimi sunt. 2. Syrus audacissimus gladiatorum[1] erat. 3. Callimachus, magister[1] sapientissimus, liberis fabulas recitat. 4. Turris Alexandrina altissima omnium erat. 5. Socrates mortem somno dulcissimo similem putabat.

1) **magister, -trī** m: Lehrer

Ü2

2 ***Suche eine geeignete Übersetzung für die Superlative nach dem angegebenen Beispiel.***

pulcherrimus → wunderschön

celerrimus – stultissimus – beatissimus – divitissimus – pauperrimus – gravissimus – longissimus

3 ***Regentropfen sind auf Aurelias Sagenbuch gefallen und haben Teile der Superlativformen gelöscht. Ergänze sie wieder und übersetze den Text.***

Der stärkste Held

1. Hercules, qui viris audac… praestabat, pericula difficil… suscepit. 2. Etiam illum Cerberum, canem[1] crudel…, vicit. 3. Clar… facinoribus homines adiuvit. 4. Sed mors eius miser… erat.

1) **canis, -is** m: Hund

4 ***Suche eine Wendung aus und nenne einen Kasus, Numerus sowie die Steigerungsform. Rufe dann eine Mitschülerin oder einen Mitschüler zur Bildung der Form auf.***

vita iucunda	Nom.	Sg.	Komparativ
fortuna prospera	Gen.	Pl.	Superlativ
somnus gravis	Dat.		
femina pulchra	Akk.		
sensus similis	Abl.		
iudex acer			

5 ***Wörter mit Familiensinn: Nenne ein Wort aus der gleichen Wortfamilie und übersetze beide.***

sensus – iudex – sapientia – dissimilis – incolere – hinc

6 ***Bilde Sätze mit folgenden Fremdwörtern. Welche lateinischen Wörter erkennst du?***

Alternative – sensibel – prosperierend – Judikative

7 ***Xanthippe***

1. Gellius de illo Socrate, philosopho[1] clarissimo, hanc fabulam narrat: 2. Xanthippe, uxor Socratis, maritum contumeliis gravissimis dies noctesque vexabat. 3. Aliquando Alcibiades amicus Socratem rogavit: „Cur tu, vir sapientissime, talem uxorem adhuc sustinuisti?“ 4. Socrates ridens respondit: „Ego uxorem asperrimam sustinens exercebar, ut iniurias aliorum sustinerem. 5. Praeterea vitia[1] uxoris corrigere[2] non possem, si eam domo expellerem. 6. Bene evenit, quod uxorem sustinens uxori consulo. 7. Qua ratione hoc matrimonium utrique usui est.“

1) **vitium, -ī** n: Fehler, schlechte Angewohnheit 2) **corrigere (corrigō, corrēxī, corrēctum):** bessern, korrigieren

Sokrates – das Kosten vom Schierlingsbecher kostet das Leben

Nach seiner Verteidigungsrede wird Sokrates etwa im Alter von 70 Jahren zum Tode verurteilt. Auf dem Bild unten siehst du die letzte Stunde seines Lebens dargestellt. Drei Augenzeugen liefern später ihre Berichte.

Xanthippe, die angeblich streitsüchtige Gattin des Sokrates:
Dieses Mannsbild ärgert mich noch im Tod! Ich, sein treusorgendes Weib, putze und koche für ihn, ich ziehe diesem Kauz die Kinder groß, während er als der große Philosoph auf dem Markt seine Gespräche führt. Und was ist der Dank dafür? Weggeschickt hat er mich! Nur weil es ihn gestört hat, dass ich um ihn geweint habe.

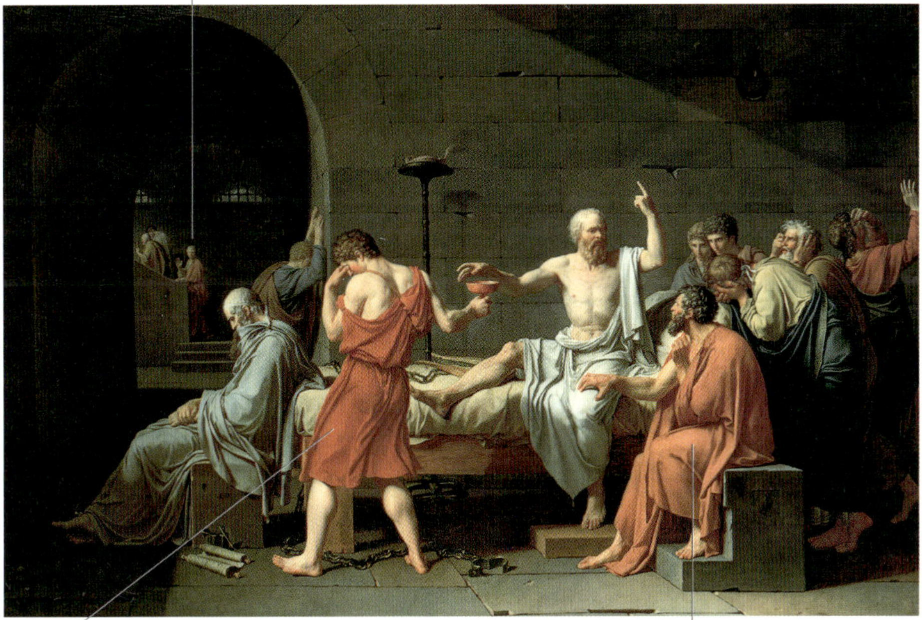

Der Tod des Sokrates (1787), Gemälde von Jacques-Louis David, Metropolitan Museum of Art, New York

Ein Freund:
Ich kann nicht fassen, dass er nicht mehr unter uns weilt – nie habe ich jemanden so ruhig dem Tod ins Auge blicken sehen. Der letzte Dienst, den ich erweisen konnte, war ihm den Gifttrunk zu reichen, auch wenn ich es nicht mitansehen konnte. Mit seinen letzten Worten bat er uns, dem Gott Asklepios einen Hahn zu schlachten.

Ein Schüler:
Mit Engelszungen redete ich auf ihn ein, er möge doch fliehen! Nicht einmal Ketten haben sie ihm angelegt. Er ließ nicht gelten, dass er unschuldig ist, noch dass er Verantwortung für uns Schüler hat: Stets gehorchte er den Gesetzen seiner Heimat und hörte auf seine innere Stimme, das Daimonion.

a. ***Finde heraus, was ein „Schierlingsbecher“ ist.***
b. ***Informiere dich, warum Sokrates um das Opfer eines Hahnes an Asklepios gebeten hat.***

Grundwissen: Sokrates (469–399 v. Chr.) ist die **prägende Gestalt der Philosophie**, auf die nahezu alle nachfolgenden Philosophen Bezug nehmen. Er selbst verfasste **keine Schriften;** was wir über ihn wissen, überliefert v. a. sein **Schüler Platon** in Form von **Dialogen**. Im Zentrum seiner Philosophie steht nicht mehr wie **bei früheren Philosophen die Natur**, sondern **der Mensch** und die Frage, wie man **richtig und gut handelt**; seine Hinwendung zur **Ethik** nennt man **Sokratische Wende**.

E1

Mehr davon

multi homines	plures homines	plurimi homines

a. *Erschließe die Bedeutung der drei Wortverbindungen. Was fällt dir an diesen Steigerungsformen auf?*

magnus, -a, -um	maior, maius	?
parvus, -a, -um	minor, minus	?
bonus, -a, -um	melior, melius	?
malus, -a, -um	peior, peius	?

b. *Übertrage die Tabelle in dein Heft und ergänze sie. Folgende Fremdwörter können dir dabei helfen: maximal, minimal, Optimist, Pessimist.*

1 ***Gegenteil gesucht***

pauciores – meliores – optimae – maiores – pessimi – minimi

2 ***Bilde Komparativ und Superlativ.***

magnam – malos – asper – difficilibus – parvae – multi

E2

Schneller, höher, weiter

1. Rufus **celer-iter** currit.
2. Dacus **celer-ius** currit quam Rufus.
3. Morsulus **celer-rime** currit.

a. *Übersetze die Sätze. Um welche Wortart handelt es sich bei den fett gedruckten Wörtern?*

b. *Welche Formen liegen bei den markierten Wörtern von Satz 2 und 3 vor?*

3 ***Steigere folgende Adverbien.***

iucunde – audacter – prudenter – bene – misere – fortiter

4 ***Übersetze die Wendungen.***

sehr tapfer kämpfen – besser hören – klüger handeln – ganz schlecht leben

L1

Störe meine Kreise nicht

Um zu zeigen, dass sich die Leistungen der Griechen nicht auf Dichtung und Philosophie beschränken, erzählt Callimachus von Archimedes, dem genialen Erfinder. Im 2. Punischen Krieg (218–201 v. Chr.) wurde die Stadt Syrakus vom römischen Feldherrn M. Claudius Marcellus angegriffen, aber erst nach langer Belagerung erobert. Vor allem die Kriegsmaschinen des Archimedes sollen eine schnelle Einnahme der Stadt verhindert haben.

Hiero rex ingenium Archimedis, qui praeclarus spectator[1] caeli siderumque erat et machinas[!] optimas utilissimasque mente acri inveniebat, eo modo cognoverat: Propinqui, quibus ea inventa maximae admirationi erant, Hieroni aperuerant Archimedem haec incredibilia promisisse: „Movebo molem maximam minimis viribus! Date mihi terram alteram: Tunc terram nostram e loco movebo!“
Paulo post Archimedes regi stupenti hoc non pessimum exemplum ingenii sui dederat: Solus navem praetoriam[2] plurimis militibus completam, quae a manibus plurium hominum vix subduci poterat, maiore machina tractoria[3] facile subduxerat. Tunc laus Archimedis maxima erat.

L2

Hiero, cum intellexisset ingenium Archimedis Syracusanis maximo usui esse, eum iussit talia arma invenire, ut quam plurimos hostes facilius arcere posset. Quibus armis Syracusani a Romanis oppressi tanta saxa in naves hostium torquebant, ut Romani his telis perterriti se celerrime reciperent.
Nonnulli etiam contendunt Archimedem radios solis speculis[4] conduxisse et in vela navium vertisse, ut ea flammis[!] comprehenderentur. Cum Syracusani armis atque machinis[!] ab Archimede inventis et diu et optime se defenderent, tamen urbs capta est.
Archimedes autem, cum formas geometricas[!] in arena pingeret[5], a milite Romano ira incenso occisus est. Id unum enim Archimedi maximae curae fuerat, ne quis circulos[6] suos turbaret.

1) **spectātor, -ōris** m: *Subst. zu* **spectāre**
2) **nāvis (-is f) praetōria**: Admiralsschiff
3) **māchina (-ae f) tractōria**: Flaschenzug 4) **speculum, -ī** n: Spiegel
5) **pingere (pingō, pīnxī, pictum)**: zeichnen 6) **circulus, -ī** m: der Kreis

Ein genialer Erfinder

Nenne aus dem Text, womit Archimedes König Hieron beeindruckt, was er ihm verspricht und womit er ihm hilft.

Ü1

1 ***Folge den Anweisungen.***

magna moles → Komparativ → Superlativ → Gegenteil → Dat. → Pl. → Komparativ
serva bona → Superlativ → Pl. → Komparativ → Akk. → Gegenteil → Positiv
pauca sidera → Gegenteil → Abl. → Superlativ → Gen. → Komparativ → Dat.

Ü2

2 ***Suche alle Adverbien heraus. Bei welchen Formen gibt es zwei Möglichkeiten?***

celerius – recenter – pius – optime – nobile – nefarius – medius – melius – facillime – omne – bene – asperius

3 ***Genauer gesagt: Wähle ein passendes Adverb aus.***

optime – vehementissime – fortissime – celerrime

1. Hostes feminas ______ perterruerunt. 2. Milites hostes ______ arcuerunt. 3. Servus ______ in forum cucurrit. 4. Rufus fabulas ______ recitat.

4 ***Sammle alle Wörter zum Sachfeld „Geist, Verstand, Intelligenz".***

5 ***Wort zum Bild – nenne die passenden lateinischen Begriffe.***

6 ***Eine geniale Idee in der Badewanne***

Auf dem Weg zur Schule haben Rufus und seine Freunde einen goldenen Anhänger gefunden. Da sie nicht ganz sicher sind, ob es sich um echtes Gold handelt, fragen sie Callimachus um Rat, der wieder einen Trick des Archimedes erzählt.

1. „Hiero rex aliquando coronam[1] ex auro confici iussit. 2. Cum corona[1] ab aurifice[2] optimo facta esset, tamen Hiero curis torquebatur: 3. ‚Non credo coronam[1] ex auro factam esse.' 4. Itaque ab Archimede, qui erat vir maximo ingenio, petivit, ut eam coronam[1] probaret: 5. ‚Amice optime', inquit, ‚hanc coronam[1] ex auro factam esse non puto, sed existimo illum aurificem[2] sceleratum esse. Demonstra quam celerrime dolum eius!' 6. Diu Archimedes dolum aurificis[2] aperire non poterat. 7. Sed aliquando in balneum[3] aquae plenum descendens aquam defluere[4] vidit. 8. Tunc nudus – homines stupebant – per vias cucurrit maxima voce clamans: 9. ‚Heureka[5]! Eo modo dolus aurificis[2] facillime aperiri potest.'"

Da nämlich verschiedene Materialien verschiedene Dichten haben, ist bei gleichem Gewicht das Volumen unterschiedlich. Archimedes stellte fest, dass die Fälschung mehr Wasser verdrängt hatte, weil sie ein größeres Volumen hatte als eine gleich schwere Krone aus reinem Gold. So konnte der Betrug bewiesen werden. Dieses Experiment versuchen nun auch unsere Freunde – allerdings nicht mit einer Goldkrone!

1) **corōna, -ae** f: Krone 2) **aurifex, -ficis** m: Goldschmied 3) **balneum, -ī** n: Badewanne
4) **dēfluere (dēfluō, dēflūxī, –):** herausfließen 5) **Heureka!** *(griech.):* Ich hab's (gefunden)!

Ein Mekka für Weise und Gelehrte – die Bibliothek von Alexandria

Grundwissen: Die Bibliothek von Alexandria – das **Museion** – wurde 288 v. Chr. in Ägypten von Ptolemäus I. als großes wissenschaftliches Forschungsinstitut gegründet. Aus allen Ländern trafen sich die großen Denker zu Lektüre, Studium und Austausch. Dabei begegnete die griechische Kultur der Kultur des Orients. Die Bibliothek enthielt alle bedeutenden Werke des Altertums. Gewissermaßen war sie die Vorstufe der modernen Universität.

a. *Erschließe, wovon sich das Wort „Museion" ableitet. Welches deutsche Wort stammt davon ab und was wird damit bezeichnet?*

b. *Recherchiere, wie Eratosthenes den Erdumfang berechnen konnte und was der Satz des Pythagoras, der Thaleskreis und der Hippokratische Eid besagen.*

Einfach Griechisch

ὁ βίος – ho bios
ὁ λόγος – ho logos
ὁ βάϱβαϱος – ho barbaros
ἡ σοφία – hē sophia
ἡ ψυχή – hē psychē
ὁ φίλος – ho philos

1. ***Du kannst schon etwas Griechisch, ohne es zu wissen. Suche deutsche Fremdwörter, die sich von den genannten griechischen Wörtern ableiten lassen.***
2. ***Erschließe die Bedeutung der griechischen Wörter.***
3. ***Was fällt dir bei der Schreibung griechischer Buchstaben auf? Wo gibt es Ähnlichkeiten zur lateinischen Schrift, wo große Unterschiede?***

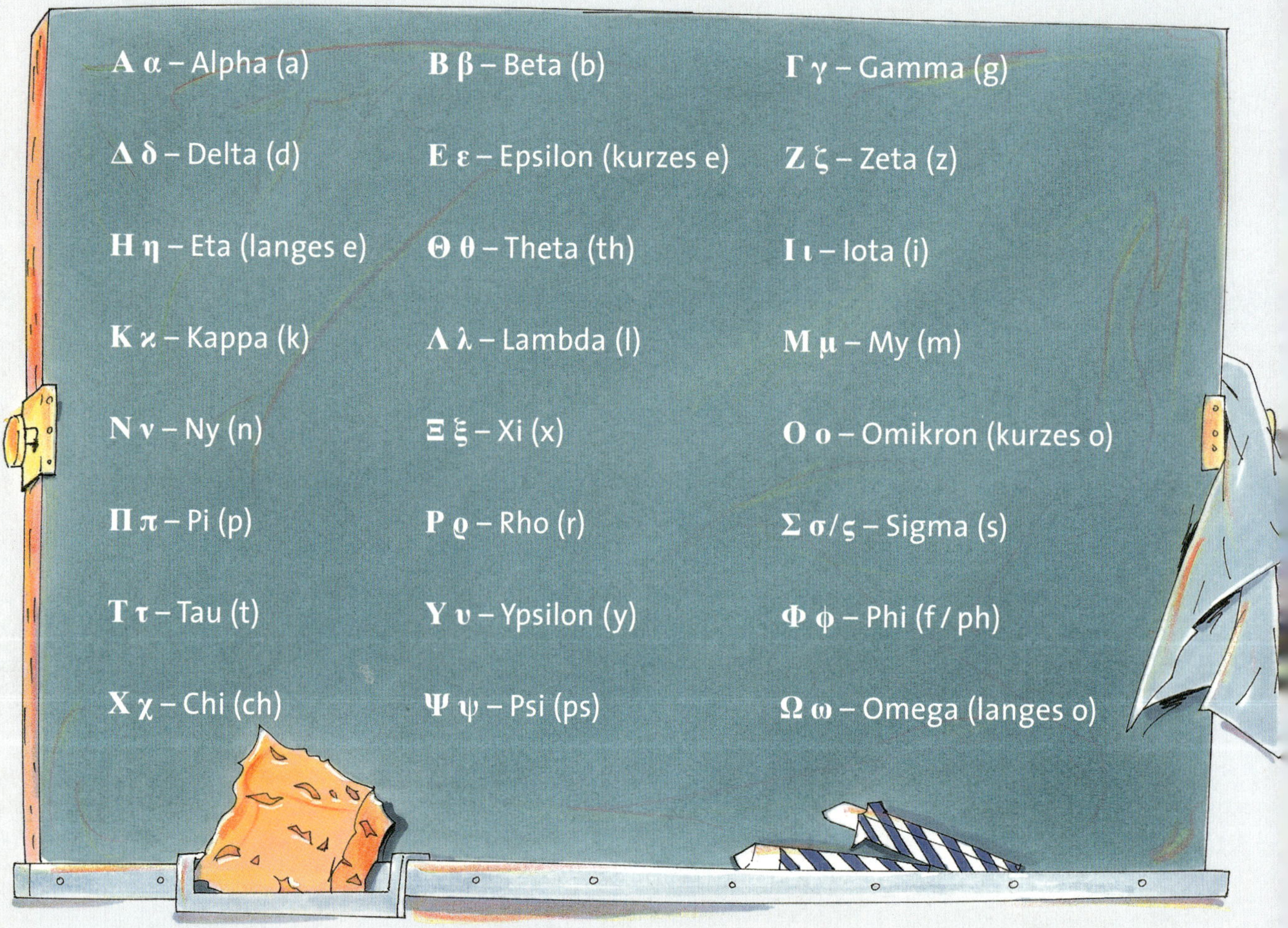

4. ***Welche Buchstaben kennt die deutsche Sprache in dieser Form überhaupt nicht?***
5. ***Schreibe erst mit Großbuchstaben, dann in der üblichen Schreibung (erster Buchstabe bei Namen groß, sonst klein) folgende Namen und Begriffe:***
   Barbara, Georg(os), Philipp(os), Achaia, Naxos, Olympia, philosophos.
   (Wenn ihr auch eure eigenen Namen schreiben wollt, beachtet dabei: u = ου; ä = η, ö = οι, ü = υ, j = ι; das h entfällt und für ein s am Wortende ist das Zeichen ς zu verwenden.)
6. ***Überlege mit Blick auf das griechische Alphabet den Sinn der Redewendung „Das ist das A und O."***

Ein genialer Stratege: Themistokles rettet Griechenland

Der persische Großkönig Xerxes wollte die griechischen Stadtstaaten in sein Reich eingliedern. 480 v. Chr. eröffnete er den Feldzug gegen die Griechen, auf deren Seite die Athener und die Spartaner führend waren, die aber keine einheitliche Strategie hatten. Dem athenischen Feldherrn Themistokles fiel es nicht leicht, seinen Plan, wie der Krieg zu gewinnen sei, gegenüber den anderen griechischen Städten durchzusetzen. Schließlich konnte er aber durch eine geniale List das gesamte Land vor den Persern retten.

Cum Xerxes cum ingentibus copiis Graeciam oppugnaret, Athenienses celeriter legatos ad oraculum[!] Delphicum miserunt. Pythia de sorte Atheniensium rogata respondit necesse esse cives se moenibus ligneis[1] defendere. Cum ceteri ea verba non intellegerent, Themistocles sapientissime sententiam aperuit: „Puto moenia lignea[1] naves esse. Oportet igitur omnes cives bona sua in naves transportare[!] et hostes acerbissimos ibi exspectare.“

Cum Xerxi plures naves quam Graecis essent, Themistocles mente acri angustias[2] petebat, ne classis Graecorum multitudine navium Persarum circumdaretur. Denique apud Salamina insulam classem constituit.

Postquam Xerxes Athenas incendio delevit, plurimi milites flammis[!] perterriti fugere et Themistoclem deserere parabant. Quos verbis gravibus appellans Themistocles dixit: „Vitate[3] turpia! Si universi[4] fortiter pugnabimus, hostem arcere poterimus, sin singuli pugnabitis, vobis caedes instabit.“

Cum socios minus moveret quam vellet[5], dolum adhibere decrevit. Eadem nocte servum ad Xerxem misit, ut fidem simularet eique nuntiaret: Graeci fugae se dant. Si hostes discesserint, maiore cum labore bellum conficies, quia singulos capere cogeris. Si eos statim petiveris, brevi omnes facillime opprimes.

Xerxes se decipi ignorans victoriae cupidus loco Persis pessimo, Graecis autem optimo proelium iniit. Ibi multitudo navium Persis usui non erat, quia classis explicari non poterat. Sic Themistocles potius ratione quam armis victoriam peperit.

1) **līgneus, -a, -um:** hölzern 2) **angustiae, -ārum** f *(Pl.):* Meerenge 3) **vītāre:** (ver)meiden
4) **ūniversī, -ae, -a:** alle (vereint) 5) *Übersetze hier im Indikativ.*

Seeschlacht von Salamis, September 480 v. Chr., Aquarell von Peter Connolly. Die Lage von Salamis und Athen ist auf der Karte im hinteren Buchdeckel zu sehen.

Wiederholungsübung

Mit Sinn: Achte besonders auf die Auflösung des Participium coniunctum und übersetze dann.

1. Hercules monstra[1] terribilia non timens multos homines ab iis liberare non cessavit.

2. Postea Deianira coniugem amans ei vestem mortiferam[1] dedit. **3.** Postremo uxor Herculem veste mortifera[1] vexatum flebat.

1) **mortifer, -era, -erum:** todbringend

bis Lektion 61

***-e, -iter** oder **-ter**: Bilde die Adverbien zu folgenden Adjektiven.*

acer – diligens – brevis – simplex – fortis – egregius – asper – gravis – prudens – miser – turpis – supplex

Übersetze als Substantive.

malum – nostri – ignota – turpia – immortale – mea – boni – tuum – incredibilia

bis Lektion 62

Wer war es? Setze die Namen passend ein. Drücke den Vergleich dann mit Ablativ aus.

Minotaurus – Homerus – Medea – Helena – Ulixes

1. Nullus poeta[1] Graecus clarior erat quam ______. **2.** Nulla femina pulchrior erat quam ______. **3.** Nemo prudentior erat quam ______. **4.** Pauca monstra[1] foediora erant quam ______. **5.** Paucae feminae crudeliores erant quam ______.

bis Lektion 63

Gesteigert: Bilde Komparativ und Superlativ und übersetze.

1. fortuna prospera
2. onus grave
3. liberi tristes
4. vita brevis

Gesteigert: Ergänze die fehlenden Steigerungsformen und übersetze.

1. pugnarum acriorum
2. viris prudentibus
3. spes iucundior
4. cum philosopho[1] sapientissimo

bis Lektion 64

Wer ist wirklich glücklich?

1. Croesus rex vir divitissimus suae aetatis aestimabatur. **2.** Aliquando ille sapientissimus Solo, qui honesta atque simplicia diligebat, eum visitavit. **3.** Qui autem maximis divitiis Croesi non movebatur. **4.** Croesus laudis cupidissimus eum rogavit: „Nonne me felicissimum omnium hominum iudicas? Num tibi vir me felicior notus est?“ **5.** Solo de nonnullis viris narrabat, qui honeste vixerant et fortiter pugnantes in proelio interfecti erant. **6.** Regi stupenti explicavit se neminem ante mortem felicem appellare. **7.** Dixit: „Quamquam tibi plurima bona sunt, fortasse calamitates acerbae tibi accident, dum vitam finies.“

Wiederholungsübung

Ordne jeweils das dem Sinn nach passende Adjektiv zu.

dolor: audax – acer – amplus – alacer
locus: celer – contentus – celeber – crudelis
gens: idonea – inanis – invita – ignota
vir: prudens – perpetuus – plenus – praeceps

bis Lektion 61

Ein vernünftiges Rätsel: Erschließe mithilfe der Angaben die gesuchten neu gelernten Wörter. Die Buchstaben in Klammern ergeben aneinander gereiht ein Lösungswort mit vielen deutschen Bedeutungen.

1. Metall, im übertragenen Sinn zum Kampf eingesetzt (3)
2. in einem Lied zusammen mit *victoria* ein Paar (6)
3. Synonym zu *ergo* (4)
4. Substantiv zu *laudare*, in den Genitiv Singular gesetzt (5)
5. Das Wort bedeutet eigentlich „entgegenstrecken“ (1).

bis Lektion 62

Auf Spurensuche: Erschließe die Bedeutung der fett gedruckten italienischen Wörter mithilfe der ihnen zugrunde liegenden lateinischen.

un **esempio** molto buono – Che **odore** delizioso! – l'ufficio per la **natura** e l'ambiente – l'**arco** di Tito

bis Lektion 63

Finde jeweils Wörter mit gleicher oder ähnlicher Bedeutung.

diversus – secundus – habitare – prudentia – felix

bis Lektion 64

Auf Spurensuche beim Fußballtraining: Erschließe die Bedeutung der fett gedruckten Fremdwörter mithilfe der zugrunde liegenden lateinischen Wörter.

1. Dieses lange Training war eine wirkliche **Tortur**!
2. Gegen unseren nächsten Gegner werden wir uns **vehement** verteidigen müssen.
3. Glücklicherweise hat unsere Mannschaft einen **genialen** Spielmacher.
4. In welcher **Arena** findet das Fußballspiel am Samstag statt?

Finstere Zeiten für die Republik – Bürgerkrieg in Rom

Morsulus hat auf der Suche nach einem Knochen mal wieder ein Loch im Garten gebuddelt. Doch zum Erstaunen der Freunde kommt eine kleine Münze zum Vorschein, die sie sofort säubern. Es handelt sich um einen *nummus aureus,* also eine Goldmünze, die auf der Vorderseite einen Kopf zeigt, beschriftet mit BRVT für den Namen *„Brutus“*. Auf der Rückseite ist EID MAR zu lesen, was für *„eidibus Martiis“* – „an den Iden des März“ – steht. Sie erkennen noch zwei Dolche und eine Kappe. Allmählich dämmert es ihnen: Dieser Schatz ist nicht nur wesentlich älter als sie, er stammt auch aus einer wesentlich schlimmeren Zeit ...

1) **nummus aureus:** Goldmünze 2) **Īdibus Mārtiīs** *(Abl.):* am 15. März 3) **pūgiō, -ōnis** m: Dolch
4) **bellum cīvīle** n: Bürgerkrieg 5) **concordia, -ae** f: Eintracht 6) **pilleus, -ī** m: Kappe *(aus Filz)*
7) **catta, -ae** f: Katze

Morsule, id optime fecisti! Hic nummus bellum civile[4] et tempora mala in memoriam reducit. Tum civis civi insidias parabat, concordia[5] populi delebatur, frater fratrem necabat.
Deis gratias ago, quod bellum mihi solum cum cattis[7] est.
MORSUL

E1

Absolut kurz

Liberi ad Callimachum properant, postquam nummus[1] inventus est.
Liberi ad Callimachum properant nummo[1] invento.

Liberi perterriti sunt, quia sanguis fusus erat.
Liberi perterriti sunt sanguine fuso.

1) **nummus, -ī** m: Münze

a. Bestimme jeweils das Subjekt des Haupt- und Adverbialsatzes.
b. Bestimme Wortart und Kasus der markierten Wörter.
c. Erkläre, wie der Adverbialsatz ersetzt worden ist.
d. Erschließe, warum die markierte Konstruktion „Ablativus absolutus" genannt wird.
e. Welches Zeitverhältnis und welche Sinnrichtung werden durch das jeweilige PPP ausgedrückt?

1 ***Übersetze jeweils den Ablativus absolutus mit einem „nachdem"-Satz.***
deo obsecrato – sidere spectato – liberis perterritis – saxo voluto – re cognita – consilio capto – insidiis paratis – serva dimissa

2 ***Ersetze den Adverbialsatz durch einen Ablativus absolutus.***
1. Postquam cibi empti sunt, servae domum properant.
2. Quia fabulae narratae sunt, Callimachus Rufum laudat.
3. Quamquam pecunia amissa est, domina servum non punit.

E2

Zuvor und zugleich

Nummo[1] **invento** liberi Morsulum laudant. Nachdem ...	Callimacho **narrante** liberi attenti sunt. Während ...

a. Trage die fett gedruckten Partizipien und die dazugehörigen Hauptverben jeweils in einen Zeitstrahl ein.
b. Welches Zeitverhältnis wird durch das PPA im Ablativus absolutus angezeigt?

3 ***Übersetze die Ablativi absoluti jeweils mit einem „während"-Satz ins Deutsche.***
Callimacho ridente – liberis rogantibus – matre stupente – Daco dormiente – nuntiis accedentibus – consule[1] dicente – periculo impendente – senatoribus disputantibus

4 ***Entscheide, welches Zeitverhältnis und welche Sinnrichtung vorliegen, und übersetze.***
1. Amicis convocatis Rufus fabulam narrat. 2. Sceleratis captis homines gaudebant. 3. Puellis flentibus Dacus ridet. 4. Liberis disputantibus Morsulus cibos petit.

L1

Blutsbrüder

Da sich Lucius Sergius Catilina mehrfach ohne Erfolg um das Konsulat beworben hat, fasst er 63 v. Chr. den Entschluss, die Macht im Staat an sich zu reißen.

Consilio capto Catilina plurimos sceleratos et homines pudore pietateque carentes convocavit. Omnibus convocatis in abdita parte domus hanc fere orationem habuit: „In magnis multisque tempestatibus audaciam fidemque vestram cognovi! Nos omnes idem volumus: Ea demum firma amicitia est! Potentia divitiaeque, o fortissimi amici, apud paucos, apud nos miseria inopiaque sunt! Itaque dominationem[1] vi petite, ipsi vos in libertatem vindicate! Evertite hanc rem publicam!"
Oratione habita Catilina coniuratis sanguinem suum vino permixtum[2] praebuit, ut omnes bibentes consilia iure iurando confirmarent. At in numero coniuratorum fuit etiam Q. Curius, qui audita reticere[3] non poterat. Statim Fulviae adulterae[4], mulieri nobili, de consiliis Catilinae narravit maria montesque promittens, ut amorem eius sibi conciliaret.

Der Eid des Catilina, Gemälde von Salvator Rosa, 1663, Palazzo Pitti, Florenz

L2

Tatsächlich lässt sich Fulvia auf Curius ein. Doch bald wird ihr die Sache zu heiß. So entschließt sie sich, die Verschwörung dem Konsul Marcus Tullius Cicero anzuzeigen.

Nocte Curio dormiente Fulvia e lecto surrexit et vestes colligens clam e domicilio exiit. Ore velato[5] celerrime consulem[!] adiit, ut consilia hominum sceleratorum indicaret, putans se coniuratione aperta praemium accipere posse. Fulvia appropinquante custodes consulis[!] insidias metuentes ferrum strinxerunt.
Alter custos: „Consiste aut statim decedes ad aquas Stygis!"
Fulvia: „Vobis cessantibus res est summo in discrimine! Excitate sine mora Ciceronem consulem! Fulvia sum, colloquium peto!"
Alter custos: „Illa Fulvia, illa adultera[4]? Abi ex oculis nostris!"
Custodibus clamantibus Cicero somno excitatus est. Eis nictans[6] signum dedit, ut Fulviam intrare sinerent.

1) **dominātiō, -ōnis** f: Herrschaft 2) **permiscēre (permisceō, permiscuī, permixtum)**: vermischen 3) **reticēre**: für sich behalten 4) **adultera, -ae** f: Ehebrecherin 5) **vēlāre**: verhüllen 6) **nictāre**: zuzwinkern

Die Kraft der Rede

Beschreibe, wie Catilina seine Mitverschwörer für den Umsturzversuch motiviert. Gliedere die Rede (Z. 3–6) in Sinnabschnitte. Welches Wort steht im Zentrum? Welche Satzart dominiert?

Ü1

1 ***Verwandle die Ablativus-absolutus-Konstruktion in lateinische Gliedsätze, die jeweils durch eine dem Sinn entsprechende Subjunktion eingeleitet werden.***

1. Nuntiis missis omnes coniurati ad Catilinam convenerunt. 2. Sociis perterritis Catilina tamen consilium terribile cepit. 3. Auro promisso multi iuvenes coniurationi intererant. 4. Oratione habita omnes amicitiam fidemque confirmaverunt. 5. Sanguine praebito coniurati ius iurandum iuraverunt.

2 ***Was passt? Suche ein inhaltlich passendes Partizip und übersetze den Satz auf drei verschiedene Arten.***

Foedere ______ comites domicilium Catilinae reliquerunt.

Ü2

3 ***Übersetze mit Präpositionalausdruck.***

ludis ineuntibus – sole occidente – urbe condita – puellis canentibus – verbis dictis – consilio capto – iure iurando dato – coniuratis punitis – domo deleta

4 ***Übersetze mit Gliedsätzen in der angegebenen Sinnrichtung. Rufe eine Mitschülerin oder einen Mitschüler auf, die/der zum jeweils übersetzten Gliedsatz einen passenden Hauptsatz bilden soll.***

1. bellis finitis (kausal) 2. nullo resistente (modal) 3. re nuntiata (temporal) 4. hominibus tacentibus (konzessiv) 5. domicilio aedificato (konditional) 6. pecunia abdita (konzessiv) 7. gladio stricto (temporal)

5 ***Nahe Verwandte: Nenne jeweils ein Wort der gleichen Wortfamilie und übersetze beide Wörter.***

coniuratus – miser – amicus – confirmare – consistere

6 ***Nahe Verbindung: Stelle fünf sinnvolle Kombinationen her und übersetze.***

gladium – coniurationem – colloquium – miseriam – discrimen

cognoscere – stringere – sustinere – indicare – petere

7 ***Catilinas letzte Schlacht***

Nachdem die Verschwörung in Rom aufgedeckt worden war, floh Catilina zunächst mit dem Rest seines Heers. Als er aber bemerkte, dass ihn bald römische Truppen einschließen würden, hielt er es für das Beste, eine – wenn auch aussichtslose – Schlacht zu beginnen. Viele seiner Gefährten fielen.

1. Sociis occidentibus Catilina cognoverat rem summo in discrimine esse. 2. Tamen non fugit, sed periculum neglegens invasit aciem Romanorum et pugnans interfectus est. 3. Proelio confecto omnes viderunt milites Catilinae magna cum audacia pugnavisse. 4. Nemo enim se abdiderat, omnes socii gladiis strictis hostes mente firma petiverant. 5. Ius iurandum memoria tenentes omnes fere coniurati eum locum, quem pugnantes ceperant, etiam vita amissa corpore tegebant. 6. Catilina ipse procul a suis inter hostium corpora repertus est.

Bürgerkrieg – Trauma einer Nation

Seit Mitte des 2. Jahrhunderts v. Chr. muss die römische Republik immer wieder die bittere Erfahrung von Bürgerkriegen machen, wovon diese „Zeitungsmeldungen“ berichten:

Rom, 133 v. Chr. **Dramatisches Ende – Volkstribun Gracchus ermordet**
In der Volksversammlung wurde gestern der Volkstribun Tiberius Gracchus mit 300 Anhängern brutal erschlagen, seine Leiche in den Tiber geworfen. Bei den Tätern handelt es sich um Reformgegner im Senat. Gracchus hatte sich nämlich für Bauern eingesetzt, die wegen des Militärdienstes in zahlreichen Kriegen ihr Land nicht mehr bestellen konnten. Sein Bruder Gaius Gracchus plant nun die Fortsetzung der Reformarbeit.

Rom, 88 v. Chr. **Sulla marschiert in Rom ein – Bürgerkrieg wird unvermeidlich**
Gefahr nicht nur aus Kleinasien: Der Streit um den Oberbefehl über die Legionen im Krieg gegen König Mithridates zwischen dem Popularen Marius und dem Optimaten Sulla hat ein neues Ausmaß erreicht. Konsul Sulla ist mit seinem Heer gegen die eigene Vaterstadt gezogen und hat sie eingenommen. Seitdem befindet sich Marius auf der Flucht. Gegen ihn und seine Anhänger wurde die Proskription verhängt.

Rom, 63 v. Chr. **Konsul Cicero konsequent – kurzer Prozess mit Aufständischen**
Die vor kurzem verhafteten fünf Mitverschwörer Catilinas wurden an den Nonen des Dezember (5.12.) auf Senatsbeschluss hingerichtet. Gegen Cäsars Vorschlag, deren Leben zu schonen, setzte sich Cicero mit der Forderung nach der Todesstrafe durch. Catilina, der Kopf der Putschisten, ist auf der Flucht und sammelt neue Gefolgsleute.

Grundwissen: Seit der Sozialreform der Gracchen trugen die **Popularen,** Anhänger der Volkspartei, mit den **Optimaten,** Anhängern der Adelspartei, Machtkämpfe aus. Neue gefährliche Gegner wie die Germanen erforderten eine **Heeresreform.** Marius schuf ein Berufsheer. Danach waren die Soldaten mehr ihrem Feldherrn als dem Volk und Senat verpflichtet, sodass sie diesem sogar in einen Krieg gegen Rom folgten. **Soziale, militärische und politische Spannungen** stürzten Rom – von der Ermordung des Tiberius Gracchus (133 v. Chr.) bis zum Regierungsantritt des Kaisers Augustus (27 v. Chr.) – in einen rund 100-jährigen **Bürgerkrieg.**

Erschließe die Bedeutung der Begriffe „Proskription“ und „Optimat“.

E1

Es muss nicht immer Partizip sein

Catilina ducente	=	Catilina **duce**
Alexandro regente	=	Alexandro **rege**
parentibus vetantibus	=	parentibus **invitis**

a. ***Welche Wortarten sind in der rechten Spalte an die Stelle des Partizips im Ablativ getreten?***

b. ***Finde geeignete deutsche Präpositionalausdrücke für die Übersetzung der Wendungen der rechten Spalte.***

1 ***Übersetze folgende Ablativi absoluti.***

Cicerone auctore – senatoribus invitis – te invito – Caesare duce – Tarquinio rege – Tiberio imperatore

E2

Eng umklammert

Coniuratis **milites Romanos fortiter** petentibus exercitus consulum[1] tamen vicit.

a. ***Bestimme Partizip und Bezugswort der Ablativus-absolutus-Konstruktion.***

b. ***Von welchem Verb sind die fett gedruckten Satzglieder abhängig?***

c. ***Sortiere folgende Regeln zur Vorgehensweise bei der Übersetzung des Ablativus absolutus und schreibe sie in der richtigen Reihenfolge in dein Heft.***

- Überlege dir, in welchem Sinnverhältnis der Ablativus absolutus zum Hauptsatz steht.
- Markiere das Partizip und sein Bezugswort.
- Übersetze den Rest des Satzes.
- Setze eine Klammer um den Ablativus absolutus.
- Füge die Erweiterungen des Ablativus absolutus ein.
- Bilde aus dem Partizip und dem Bezugswort einen Adverbialsatz, einen Präpositionalausdruck oder einen Hauptsatz.

2 ***Übertrage die Sätze in dein Heft, klammere den Ablativus absolutus ein und gib an, wie er jeweils erweitert ist.***

1. Oratione praeclara a Catilina habita coniurati amicitiam sanguine confirmaverunt.
2. Fulvia coniurationem Ciceroni indicante Catilina insidias parabat.
3. Nonnullis coniuratis a consule[1] sine mora captis Catilina Roma exiit.

L1

Der Würfel ist geworfen

Durch Cäsars große Machtfülle fühlen sich Pompeius und der Senat bedroht. Deshalb wird der Eroberer Galliens im Jahre 49 v. Chr. zum Staatsfeind erklärt. Cäsar aber marschiert mit seinen Legionen von Gallien aus gegen Rom. Am Fluss Rubicon, der Grenze zu Italien, hält das Heer an.

Legiones, cum ad Rubiconem flumen pervenissent, constiterunt. Caesare auctore centuriones imperaverunt, ne quis flumen transiret. Militibus convocatis Caesar hanc fere orationem habuit:

„Me ignaro Pompeius senatores sibi conciliavit. Me invito iniuriis Pompeii senatorumque commoti huc processistis! Adhuc redire potestis. Si hunc pontem transierimus, nos Romanos cum Romanis bellum gerere necesse erit."

His verbis dictis vir egregia magnitudine subito apparuit, qui harundine[1] canebat. Cuncti milites statim concurrerunt, ut carmina dulcia audirent. Ille autem, cum tubam[2] militis prope sedentis rapuisset et ad flumen properavisset, tuba[2] canens Rubiconem transiit. Tunc Caesar: „Iacta alea[3] est! Me duce contendite ad alteram ripam! Nam dei nos vocant!"

Ciáran Hinds als Cäsar in der Serie „Rome-TV" (2005)

L2

Im folgenden Bürgerkrieg siegt Caesar über Pompeius. Der flieht nach Ägypten, wohin Cäsar ihm folgt. Bevor er aber in Alexandria eintrifft, wird Pompeius ermordet. In Ägypten streiten sich gerade die Geschwister Kleopatra und Ptolemäus um den Thron; Kleopatra, von ihrem Bruder vertrieben, schöpft durch Cäsars Ankunft wieder Hoffnung.

Fama erat Caesarem amore omnium mulierum pulchrarum incendi. Qua fama etiam Alexandriam perveniente Cleopatra ad novam spem regni incitata est. Nam ea, cum formae pulchrae et venustatis[4] suae conscia esset, non ignoravit Caesarem illecebris[5] suis resistere non posse. Quamobrem Apollodoro ministro dixit: „Apollodore, abde me in peristromate[6] stricto et porta me in regiam ad Caesarem!" Qui Cleopatram in regiam portavit peristromate[6] nullam suspicionem custodum movente. Quo a ministro explicato Cleopatra apparuit et, cum Caesari stupenti oscula dulcia dedisset, eum obsecravit: „Mecum te coniunge! Isidim cum Marte coniunge! Rex reginaque regnum sine fine regemus!"

1) **harundō, -inis** f: Flöte 2) **tuba, -ae** f: Signalhorn 3) **ālea, -ae** f: Würfel 4) **venustās, -ātis** f: Liebreiz, Anmut 5) **illecebra, -ae** f: Verlockung, Reiz 6) **peristrōma, -atis** n: Teppich, Teppichrolle

Die Ereignisse überstürzen sich

Erkläre, was Kleopatra mit den Worten „Isidim cum Marte coniunge!" ausdrücken will.

Ü1

1 ***Ersetze die Adverbialsätze durch einen Ablativ mit Substantiv oder Adjektiv.***

cum Cicero consul[1] esset – quamquam parentes non cupiunt – quia sacerdotes adduxerunt – dum senatores ignorant – cum consules[1] ducerent

2 ***Wähle eine passende Ergänzung zum Ablativ Caesare aus und übersetze die so entstandenen Sätze. Informiere dich zuvor noch genauer über Cäsars Leben.***

	duce	1. Cicero coniuratos interfici iussit.
Caesare	auctore	2. nonnulli senatores coniurationem fecerunt.
	invito	3. tota Gallia subiecta est.
	ignaro	4. fasti[1] novi confecti sunt.

1) **fāstī, -ōrum** m: Kalender

Ü2

3 ***Formuliere aus folgenden Textbausteinen einige Merksätze zum Ablativus absolutus. Verwende alle Stichwörter.***

Vorzeitigkeit – Gleichzeitigkeit – satzwertige Konstruktion – Sinnrichtungen – Erweiterungen in Klammerstellung – Unterordnung, Beiordnung und Präpositionalausdruck – Partizip – Substantiv – Adjektiv

4 ***Wähle ein passendes Partizip aus und übersetze den Satz anschließend sowohl mit Unterordnung als auch mit Beiordnung.***

1. Caesare ad Alexandriam (perveniente – habente – cessante) Cleopatra iussit se in peristromate[1] abditam in regiam portari. **2.** Custodibus nullam suspicionem (dantibus – capientibus – habentibus) Apollodorus peristroma[1] ad Caesarem portavit. **3.** Peristromate[1] (iusso – explicato – privato) Caesar magno amore Cleopatrae incensus est.

1) **peristrōma, peristrōmatis** n: Teppich

5 ***Synonyme gesucht***

quamobrem – rursus – cuncti – ripa

6 ***Kleopatras Ende***

Nach Cäsars Tod tat sich Kleopatra mit Marcus Antonius zusammen; doch dieser nahm sich das Leben, als er im Kampf gegen Octavian, den späteren Kaiser Augustus, unterlag. Was sollte Kleopatra jetzt tun?

1. Post Antonii mortem Cleopatra dolore ardenti affecta multas lacrimas fundebat. **2.** Huc et illuc[1] currens haec fere clamavit: **3.** „Victoria a Romanis parta ego serva Romam abducar. **4.** Octaviano auctore Romani me ridebunt, contemnent, interficient. **5.** Quare mea ipsa manu mortem invenire volo.“ **6.** Quo consilio capto iussit servum doli sui conscium ficos[2] in corbe[1] collectas custodibus ignaris portare. **7.** Quam corbem[1] Cleopatra aperuit custodibus nullam suspicionem habentibus. **8.** Fico[2] de corbe[1] excepta serpens[3] apparuit. **9.** Cleopatra autem manum sua sponte tendebat, ut serpens[3] eam morderet[4] et se veneno interficeret.

1) **illūc**: dorthin 2) **fīcus, -ī** f: Feige 3) **serpēns, -ntis** m/f: Schlange
4) **mordēre (mordeō, momordī, morsum)**: beißen

Kleopatra – Herrscherin Ägyptens mit allen Mitteln

„Sie besaß jene naturgoldene Haut, in die, was bei Frauen selten ist, die Sonne ihre ganze Glut hinein gebrannt zu haben scheint. Ihr Haar war weder ausgesprochen hell noch dunkel, sondern wie nachgedunkelter Bernstein. Ihre Augen konnten je nach Stimmung wechseln zwischen dem Grau eines ruhigen Teichs und, zu Zeiten leidenschaftlicher Erregung, dem bläulichen Farbton, wie er Veilchen eigen ist. [...] Sie war nicht eben hochgewachsen, eher von mädchenhaftem Wuchs, schlank und geschmeidig [...]. Ihre Gesichtszüge waren fein, doch deutlich geprägt, die schmale Nase war vornehm gebogen. [...] Ihre Schönheit war keineswegs unvergleichlich, [...] aber an verführerischem Reiz und geradezu magnetischer Anziehungskraft ließ sie alle hinter sich."

Soweit die Beschreibung Kleopatras durch ihren Leibarzt Olympus.

a. ***Erschließe aus dieser Beschreibung, wie Kleopatra zu Berühmtheit gelangte.***

b. ***Vergleiche folgende Kleopatra-Darstellungen. Welche entsprechen der obigen Beschreibung bzw. deiner Vorstellung am ehesten?***

Ägyptisches Relief

Römischer Porträtkopf

Elizabeth Taylor im Film „Cleopatra" (1963)

Computerrekonstruktion (2008)

Die Ptolemäer waren ein griechisches Herrschergeschlecht, das nach dem Tod Alexanders des Großen in Ägypten regierte und auf einen seiner Generäle namens Ptolemäus zurückging. Alle Königinnen aus der Dynastie der Ptolemäer trugen den Namen Kleopatra, aber nur eine erlangte Weltruhm.

Grundwissen: Kleopatra VII. Philopator bestieg mit 18 Jahren den Thron, musste dazu aber ihren jüngeren Bruder (Ptolemäus XIII.) heiraten; dessen machtgierige Erzieher vertrieben sie nach Syrien. Doch Cäsar griff in den ägyptischen **Thronstreit** zu ihren Gunsten ein.
Kleopatra hatte eine **Liebesbeziehung zu zwei mächtigen Römern**: **Cäsar** gebar sie den Sohn Cäsarion, zusammen mit **Marcus Antonius** kämpfte sie gegen Octavian um Cäsars Nachfolge. Bald nach der verlorenen **Seeschlacht von Actium** (31 v. Chr.) nahm sie sich das Leben, indem sie sich von einer Giftschlange beißen ließ.

E1

Das Partizip im Fut-*ur*

Te in matrimonium ducere volo. = Te in matrimonium duct-**ur**-us sum.

a. Erschließe die Übersetzung von ***ducturus sum****.*

b. Erkläre, wie das Partizip Futur Aktiv ***ducturus*** *gebildet wird.*

1 ***Forme um mithilfe des Partizips Futur und übersetze. Achte auf die KNG-Kongruenz.***

z. B. Cenare volo. → Cenaturus / Cenatura sum.

1. Puella ambulare vult. 2. Custos sceleratum capere cogitat. 3. Liberi avum perterrere in animo habent. 4. Viri navem subducere volunt.

2 ***Was du willst: Überlege dir einen Satz mit einem Partizip Futur Aktiv nach folgender Vorgabe und rufe eine Mitschülerin oder einen Mitschüler zur Übersetzung auf.***

z. B. Risurus sum. → Ich will lachen.

E2

ut gleich *ur*?

Caesar } **, *ut* Gallos superaret,** / **Gallos superaturus** } milites in Galliam duxit.

a. Vergleiche die fett gedruckten Varianten miteinander. Vorausgesetzt, beide haben das gleiche Sinnverhältnis, wie musst du ***Gallos superaturus*** *übersetzen?*

Caesar

incredibili amore Cleopatrae **captus** — manum Cleopatrae **tenens** — Cleopatram in matrimonium **ducturus**

omnia promisit.

b. Bestimme das Zeitverhältnis der fett gedruckten Partizipien und übersetze.

3 ***Übersetze.***

1. Cleopatra Caesarem sibi conciliatura dolum adhibuit. 2. Caesarem amore incensura ei oscula dedit. 3. Caesari dixit: „Tecum rectura sum, te mecum coniunge!“

L1

Die Iden des März

Voller Sorge, die Diktatur Cäsars könne die Republik beenden, entschließen sich im Jahre 44 v.Chr. mehrere Senatoren um Decimus und Marcus Brutus dazu, den „Tyrannen“ zu ermorden. An den Iden des März bietet eine außerordentliche Senatssitzung in der Kurie des Pompeius die Gelegenheit dazu.

Pluribus ominibus Caesari caedes indicata est. Paulo ante enim, cum Caesar sacra facturus esset, Spurinna haruspex[1] eum adiens monuit, ut hoc periculum caveret: „Idibus Martiis[2]“, inquit, „mors tibi instabit. Nam hoc omen pessimum vidi: Variae aves[3] regaliolum[4] laurum[5] gerentem capturae erant. Quem iterum atque iterum effugientem in curia[!] Pompeiana tandem necaverunt.“ Caesar ipse proxima nocte in somno vidit se cum Iove dextras coniungere. Quae omina neglexit.
Idibus Martiis[2] D. Brutus ei persuasit, ut curiam[!] peteret. Cum Caesar curiam[!] intravisset et consessurus esset, multi senatores, qui tyrannum[!] pugionibus[6] necaturi erant, eum cinxerunt. Caesar autem, cum etiam M. Brutum sibi carissimum in numero coniuratorum esse videret, haec verba, ut nonnulli aiunt, dixit: „Et tu, mi fili?“

Der Tod Cäsars (1798), Gemälde von Vincenzo Camuccini, Museo di Capodimonte, Neapel

L2

Primo Caesar prosiluit[7] coniuratos fugiturus. Deinde autem, cum se undique a coniuratis cinctum esse animadverteret, capite toga[!] velato[8] caedem suam aequo animo sustinuit. Omnibus ominibus a Caesare neglectis nonnulli suspicionem traxerunt eum mortem obiturum in curiam[!] venisse. Alii tradiderunt Caesarem haec saepius aperte confirmavisse: „Equidem iam summam gloriam potentiamque peperi! Non mea, sed rei publicae interest me vivere! Me mortuo civibus bella crudelissima instabunt!“ Hoc quidem recte dixit.

1) **haruspex, -icis** m: Wahrsager 2) **Idūs Mārtiae** f *(Pl.)*: Iden des März (15. März)
3) **avis, avis** f *(hier)*: Raubvogel 4) **rēgāliolus, -ī** m: Zaunkönig 5) **laurus, -ī** f: Lorbeerzweig
6) **pūgiō, -ōnis** m: Dolch 7) **prōsilīre (prōsiliō, prōsiluī, –)**: aufspringen 8) **vēlāre**: verhüllen

Cäsars Gattin in Sorge

Cäsars Frau Calpurnia versucht ihn zu überreden, nicht in den Senat zu gehen. Schreibe mithilfe folgender Stichwörter auf Deutsch auf, was sie zu ihm sagen könnte.

haruspex – periculum cavere – aves – regaliolus – necare – somnus – Iuppiter

Ü1

1 ***Bilde zu jedem Infinitiv das PPP. Deine Banknachbarin oder dein Banknachbar bildet dann das Partizip Futur Aktiv. Welches Paar ist am schnellsten?***

z. B. movere → motus → moturus

persuadere – coniungere – stringere – indicare – petere – habere – dicere

2 ***Brutus plant die Verschwörung: Ersetze die kursiv gedruckten Wendungen durch ein Partizip Futur Aktiv und eine Imperfektform von esse und übersetze anschließend.***

1. Brutus Caesarem *necare in animo habebat.* 2. Itaque cum sociis coniurationem *parare studebat.* 3. Caesarem in curiam[1] *arcessere* et ibi *occidere voluit.* 4. Caesar incepta Bruti neglegens sine custodibus curiam[1] *intrare cupivit.*

Ü2

3 ***Ordne folgende Partizipien passend zu und übersetze anschließend die Wortverbindungen.***

doliturus – responsurus – recepturus – obiturus – dicturus

philosophus[1] aequo animo mortem ___ – orator[1] aperte ___ – amicus hospitem magno cum gaudio ___ – discipulus[2] recte ___ – populus morte imperatoris ___

1) **ōrātor, -ōris** m: Redner 2) **discipulus, -ī** m: Schüler

4 ***Ersetze die Finalsätze durch eine sinngleiche Partizipialkonstruktion und übersetze anschließend.***

1. Caesar, ut populum a periculo liberaret, piratas[1] interfici iussit. 2. Caesar, ut valetudinem[1] servaret, corpus semper exercebat. 3. Caesar, ut gloriam sibi pareret, Galliam cepit. 4. Caesar, ut auctoritatem augeret, se cum Pompeio et Crasso coniunxit.

1) **valētūdō, -inis** f: Gesundheit

5 ***Wann genau? Bilde Sätze aus den Vorgaben.***

Rufus	paulo ante	curiam[1] petere
Senator	proximo die	in Graeciam navigare
Aurelia	paulatim	consistere
Flavia	paulisper	amicos convenire
Tu	postea	convivio interesse
Ego	proxima nocte	Romam redire

6 ***Cäsars Neid auf Alexander***

1. „Iam adulescens", ait Caesar, „ Alexander res praeclaras gessit." 2. „Ille terras alienas exploraturus[1] et expugnaturus immensos et varios labores sustinebat. 3. Mihi persuasum est illum adulescentem patriam caram reliquisse magnas res effecturum. 4. Qui mores alienos, gentes ignotas, terras miras cogniturus et imperium maximum capturus erat. 5. Ego autem adhuc res memoria dignas non gessi. 6. Etiam mea interest laude et honoribus affici."

1) **explōrāre:** erkunden

Der wohl berühmteste Römer aller Zeiten – wer kennt ihn nicht?

„Alea iacta est!“ soll ein römischer Feldherr nach einer folgenschweren Entscheidung, nämlich der Überschreitung des kleinen Grenzflusses Rubicon, gesagt haben. **„Veni, vidi, vici!“** soll derselbe nach einer sehr schnell gewonnenen Schlacht ausgerufen haben.
„Et tu, mi fili?“, so lauteten angeblich seine letzten Worte.
Bei wem bis jetzt noch nicht der Groschen gefallen ist, wer hinter diesen berühmten Zitaten steckt, der hat wohl seinen *Asterix* nicht aufmerksam gelesen: Es handelt sich um keinen Geringeren als um **Gaius Julius Cäsar**.

a. Übersetze die drei oben stehenden Aussprüche.
Welche „Fehler“ fallen dir in der bekannten Übersetzung „Die Würfel sind gefallen“ für „Alea iacta est“ auf?

Gaius Iulius Caesar (100 v. Chr. – 44 v. Chr.)

- **100 v. Chr.:** Geburt in Rom, angeblich per Kaiserschnitt
- **Neffe des Popularen Marius**
- **Flucht vor Sulla** aus Rom; mit 19 Jahren Offizier
- 78 v. Chr.: nach Sullas Tod Rückkehr nach Rom, Beginn der **Karriere als Anwalt**
- Studienreise nach Rhodos: Kidnapping durch Piraten
- 65 v. Chr.: Beginn der **politischen Karriere:** große Beliebtheit im Amt eines **Ädils** durch das Ausrichten prachtvoller Spiele
- 63 v. Chr.: Oberpriester (pontifex maximus)
- 60 v. Chr.: **Triumvirat** (Dreierbündnis) mit **Pompeius und Crassus**
- 59 v. Chr.: Konsul
- 58–51 v. Chr.: **Eroberung Galliens,** wachsende Gegnerschaft in Rom; Weigerung, sein Kommando niederzulegen
- 49 v. Chr.: **Überschreitung des Rubicon, Bürgerkrieg und Sieg gegen Pompeius**
- Liebesbeziehung zu Kleopatra, gemeinsamer Sohn Cäsarion
- **44 v. Chr.:** Ernennung zum **Diktator auf Lebenszeit** durch den Senat; Ermordung an den **Iden (15.) des März** durch **Brutus** und dessen Anhänger

b. Informiere dich über Sulla und Pompeius und ihr Verhältnis zu Cäsar.

E1

Aller guten Dinge sind drei – ein neuer Infinitiv

a. Welche Infinitive kennst du bereits? Welches Zeitverhältnis drücken sie im AcI aus?
b. Aus welchen Bestandteilen setzt sich der „neue“ Infinitiv zusammen? Erschließe das Zeitverhältnis, das durch ihn ausgedrückt wird, und übersetze.

Scio milites meos in Gallia barbaros[1] **victur___ esse.**

c. Ergänze die fehlende Endung. Beachte dabei die KNG-Kongruenz.

1 ***Bestimme folgende Infinitive und übersetze dann.***
obiturum esse – dilectum esse – ostendere – temptatum esse – obsecraturum esse – subduci – perterritum esse – traxisse

2 ***Ergänze die Endungen und übersetze anschließend.***
1. Caesar sciebat se per multos annos bellum gestur___ esse.
2. Cleopatra credidit se cum Caesare magnum regnum rectur___ esse.
3. Romani putabant coniuratos Caesarem et Cleopatram a consiliis prohibitur___ esse.
4. Caesar sensit se mox mortem obitur___ esse.

E2

Mit dem Zeigefinger

Istum vicum[1] expugnare in animo habeo.
Sed **isti** viri mihi resistunt. **Iste** omnes superat.
Nam vires **istius** incredibiles sunt.

1) **vīcus**, -ī m: Dorf

a. Erschließe die Bedeutung des Pronomens. Wann wird es wohl verwendet, wenn man sich das Verhältnis zwischen Cäsar und seinen gallischen Gegnern vor Augen führt?
*b. Wie wird **iste, ista, istud** dekliniert? Welches Pronomen kennst du bereits, das die gleiche Bildungsweise hat? Schreibe das Deklinationsschema in dein Heft.*

3 ***Bilde zu jedem Substantiv die passende Form von*** *iste, ista, istud.*
sceleratos – odoris – carminibus – ripam – hostium – captivi – iudices – turrim

L1

Aut res publica aut nihil

Nach Cäsars Tod versuchte Marcus Tullius Cicero mit Cäsars Neffen und Adoptivsohn Octavian, die Republik wiederherzustellen. Entschieden und furchtlos trat er Marcus Antonius mit scharfen Reden entgegen, der eine Alleinherrschaft anstrebte.
Im Senat äußert sich Cicero über diese Zeit wie folgt:

„Illud fuit terribile tempus servitutis, patres conscripti. Equidem, quoniam tunc spem deposueram nos rem publicam liberam mox restituturos esse, ira incensus in Graeciam me recepi. At quasi in vigilia manebam, ut oculos meos numquam a re publica nostra averterem, semper sperans nos senatores auctoritate nostra rem publicam rursus recturos esse. Opinione celerius in patriam redii, cum res summo in discrimine esset. Mihi enim persuasum erat me rem publicam servaturum esse. Tunc Antonium orationibus acerrimis reprehendi, ut ille omnem furorem suum in me unum funderet. Ego vero non effugi, sed eam pestem[!] a patria prohibebam."

L2

Doch Antonius, Octavian und Lepidus schlossen sich im Jahre 43 v. Chr. zusammen. Als Preis für dieses Bündnis verlangte Antonius den Kopf seines Gegners Cicero. Octavian stimmte zu. Sein treuer Sklave und Sekretär Tiro schildert Ciceros Tod:

Marcus Tullius Cicero

„Dominus meus non ignorabat se Romae isti monstro[!] eripi non posse. Quare viis abditis et occultis Formianum petiverat navem conscensurus et istum hominem improbissimum fugiturus. At cum venti adversi navem impedirent et ipse iactationem[1] navis sustinere non posset, taedium istius fugae vitaeque Ciceronem cepit: „Res publica est casura", ait, „casurus sum et ego!"
Nave constituta[2] Formiis sortem se indignam exspectavit. Nam cum Antonii milites, isti homines improbi, eo pervenissent, dominus meus istis cervicem aequo animo praebebat, ut caput caederent. Quod iussu Antonii inter manus etiam caesas indigne positum est in rostris[3], ubi saepissime Cicero senator, ubi Cicero consul[!], ubi Cicero eo ipso anno acerrimas orationes voce divina habuerat."

1) **iactātiō, -ōnis** f: Schwanken 2) **nāvem cōnstituere:** das Schiff festmachen
3) **rōstra, -ōrum** n *(Pl.)*: Rostra *(Rednerbühne auf dem Forum)*

Das traurige Ende eines großen Redners

Was hat Cicero dem Text zufolge dazu bewogen, seine Flucht nicht weiter fortzusetzen? Nenne die Gründe auf Lateinisch.

Ü1

1 ***Vorzeitig und nachzeitig: Setze jeden Infinitiv ins Perfekt Aktiv und ins Futur Aktiv.***
persuadere – reprehendere – temptare – recipere – audire – aestimare – perterrere – subducere – torquere – narrare

2 ***Große Erwartungen des jungen Cäsar: Setze die in Klammern stehenden Infinitive auf Lateinisch ins Futur und übersetze anschließend.***
1. Caesar sperabat se semper (siegen). 2. Putabat sibi mox gloriam et divitias (sein). 3. Sperabat se mox rem publicam (lenken). 4. Sentiebat milites sibi semper (Vertrauen schenken).

Ü2

3 ***Ordne die Pronomina den entsprechenden Substantiven zu und übersetze die Wortverbindung.***
isti – istud – istam – istas – istius
opinionem – taedium – consilii – senatori – voces

4 ***Cicero klagt in einer Rede den ehemaligen Statthalter von Sizilien an: Setze die passenden Formen von iste, ista, istud ein und übersetze.***
1. Verres, ________ vir improbus, totam Siciliam, illam insulam pulcherrimam, omnibus divitiis spoliavit. 2. Quoniam libido ________ scelerati immensa erat, statuas[1], vasa[1], ornamenta omnia rapuit. 3. Etiam contendo ________ nullas eius modi res tota provincia[1] reliquisse. 4. Mihi persuasum est scelera ________ puniri debere.

1) **vās, vāsis** n: Gefäß

5 ***Welche lateinischen Wörter werden hier beschrieben?***
1. Wenn es Nacht wird, passt sie auf. 2. Ist er erst mal ruiniert, lebt es sich ganz ungeniert. 3. Dort hat man manchmal den Schalk. 4. Beim Geruch von faulen Eiern empfinde ich ihn.

6 ***Gegenteil gesucht.***
improbus – dignus – laudare – de nave descendere – inde

7 ***Eine Münze erinnert an bewegte Zeiten***
1. Rufus manu sua nummum aureum[1] tenens dicit: „O tempora, o mores! Caesar ab coniuratis improbis crudelissime occisus est." 2. Flavia: „Equidem Brutum et Cassium non reprehendo. Iste tyrannus[1] occisus est, quoniam libertatem civium atque auctoritatem senatorum tollebat." 3. Aurelia: „Caesari opinio erat se rem publicam melius quam istos senatores gessurum esse. 4. Multas res optime gessit. Non Caesar, sed istud bellum civile[2] patribus conscriptis populoque Romano taedio fuit. 5. Multi enim viri probissimi et fortissimi, cum rem publicam liberam servaturi essent, indigne interfecti sunt." 6. Rufus: „Num imperatores velut Tiberius vel Caligula re publica amissa imperium nostrum melius rexerunt?"

1) **nummus aureus:** Goldmünze 2) **cīvīlis, -is, -e:** bürgerlich, Bürger-

Eine Kichererbse von politischer Größe – Marcus Tullius Cicero

In Robert Harris' Roman „Imperium" (2006, S. 27–29) gibt uns Tiro, der sechsunddreißig Jahre lang Privatsekretär des römischen Anwalts und Staatsmanns Cicero war, einen kleinen Einblick in dessen Alltag:

„Der Tag [...] begann wie jeder andere damit, dass Cicero eine Stunde vor Tagesanbruch als Erster im Haus aufstand. Ich lauschte den dumpfen Schritten auf den Holzbohlen über mir, während er die Übungen absolvierte, die er bei unserem Aufenthalt in Rhodos vor sechs Jahren gelernt hatte. [...] Cicero wohnte auf dem Esquilin in einem bescheidenen zweistöckigen Haus, das zwischen einem Tempel und einem Wohnblock erbaut worden war. [...] Das Haus gehörte eigentlich seinem Vater, aber da der alte Herr nicht mehr der Gesündeste war und nur noch selten vom Land in die Stadt kam, hatte es Cicero ganz für sich – zusammen mit Terentia, seiner fünfjährigen Tochter Tullia und zwölf Sklaven: mir, den mir unterstellten Schreibern Sositheus und Laurea, dem Hausverwalter Eros, Terentias geschäftlichem Berater und Privatsekretär Philotimus, zwei Hausmädchen, einem Kindermädchen, einem Koch, einem Diener und einem Türwächter. Dann gab es da noch einen alten blinden Philosophen, den Stoiker Diodotos, der sich gelegentlich aus seinem Zimmer heraustastete und Cicero, wenn es diesen nach einem Disput verlangte, beim Abendessen Gesellschaft leistete. [...] Terentia beklagte sich zwar ständig über die beengten Verhältnisse, aber Cicero wollte nicht umziehen, weil er zu jener Zeit immer noch ganz in seiner „Mann-des-Volkes-Rolle" aufging und das Haus perfekt zu seinem Ruf passte.
Wie an jedem Tag, so streifte ich mir auch an jenem Morgen als Erstes eine Kordel über mein linkes Handgelenk, an der ein kleines, von mir selbst entworfenes Notizbuch hing. [...] Dann zog ich den Vorhang des Fensters in meinem winzigen Raum auf, ging durch den Innenhof ins Tablinum, zündete die Lampen an und überprüfte, ob alles an seinem Platz war. Auf dem einzigen Möbelstück im Raum, einer Anrichte, stand eine Schale mit Kichererbsen. (Ciceros Name war vom Wort *cicer* abgeleitet, was Kichererbse bedeutet, und da Cicero glaubte, dass in der Politik ein ungewöhnlicher Name von Vorteil sei, achtete er sehr darauf, die Aufmerksamkeit darauf zu lenken.) [...] Draußen in der Kälte wartete schon die übliche Menge an Unglücksraben und Verzweifelten. Während sie eintraten, notierte ich mir die Namen. Die meisten waren mir bekannt. Fremde fragte ich nach dem Namen. Die üblichen Versager schickte ich wieder weg. Die unumstößliche Anweisung lautete: ‚Wenn er wählen darf, lass ihn rein.'"

Grundwissen: Marcus Tullius Cicero (106–43 v. Chr.) war ein Redner, Politiker und Philosoph. Nach einer **Bildungsreise nach Athen und Rhodos** (79–77 v. Chr.) errang er große Erfolge als **Jurist.** Cicero war ein ***homo novus,*** ein Aufsteiger; er durchlief als Erster seiner Familie die **Ämterlaufbahn** bis zum **Konsulat** und vereitelte die **Verschwörung Catilinas** (63 v. Chr.). Unter **Cäsars Diktatur** verfasste er **philosophische Schriften.** Da er ein einflussreicher **Anhänger der alten Republik** war, ließ ihn Marcus Antonius 43 v. Chr. **ermorden.**

a. Ordne den Romanauszug zeitlich in Ciceros Lebenslauf ein.
b. Charakterisiere Cicero mithilfe des Textausschnitts.

Freie Fahrt für den Abl. abs.

Ablativus absolutus

gleichzeitig
Substantiv im Ablativ
mit PPA erkennbar an
-nt-
und den Endungen ***-e / -ibus***

vorzeitig
Substantiv im Ablativ
mit PPP erkennbar an
-tus / -sus
und den Endungen ***-a / -o / -is***

Beispiel: Fulvia celeriter appropinquante custodes periculum timuerunt.
Fulvia kann Ablativ sein. → Noch steht die Ampel auf Rot.
appropinquante ist ein Partizip Präsens, denn es enthält die Buchstaben ***nt***. →
Die Ampel schaltet auf Gelb.
Das Partizip steht im Ablativ, denn es endet auf ***-e***. → Die Ampel schaltet auf Grün.

1. ***Gehe bei dem folgenden Satz ebenso vor wie oben.***
Oratione Catilinae audita socii consilia iure iurando confirmaverunt.

2. ***Knacke nun die Übersetzung des Ablativus absolutus: Entscheide dich dabei jeweils für einen Pfeil.***

a)

PPA
gleichzeitig

PPP
vorzeitig

b)

temporal

kausal
konzessiv

konditional
adversativ

c)

Gliedsatz

Beiordnung

Präpositionalausdruck

3. ***Übersetze nach dieser Methode. Welchen Pfeilen bist du jeweils gefolgt?***
Fulvia coniurationem aperiente Cicero periculum rei publicae cognovit.

Liebe statt Krieg

Die Jahrzehnte, in denen Cicero und Cäsar lebten, waren für Rom erfüllt von großen Auseinandersetzungen: den Bürgerkriegen und den Kämpfen mit äußeren Feinden. Politik und Militär standen in den Augen fast aller Bürger im Vordergrund, nicht so jedoch für eine kleine Gruppe junger Dichter, die sich ins Private zurückzogen und sich völlig ihren Gefühlen und ihrer Dichtung widmen wollten. Der heute bekannteste war Catull, der in seinen Gedichten oft Freude und Schmerz über seine Liebesbeziehung zu einer jungen, aber verheirateten Frau namens Clodia zum Ausdruck bringt, die er jedoch Lesbia nennt.

Wir erleben ihn hier in einem Gespräch mit seinen Freunden. Diese haben Catull wochenlang nur von seiner geliebten Lesbia schwärmen hören. Heute treffen sie ihn plötzlich ganz verändert an:

Catullus versus[1] scribens amicis appropinquantibus oculos non sustulit. Ii autem constiterunt, cum viderent amicum carum lacrimas fundere, atque eum rogaverunt: „Quid tibi est, Catulle? Quid accidit?"

„Lesbia, Lesbia mea, Lesbia illa, quam plus quam me atque omnes meos amavi, me perdit. Fama ad me pervenit eam nunc me ignaro alios viros petere!"

Amici his verbis auditis stupent: „Nonne sperabas amorem inter vos perpetuum fore? Nonne nobis paulo ante carmina recitavisti, quibus innumerabilia[1] oscula a puella amata postulavisti? Nonne contendisti puellam semper tecum futuram esse? Nonne dixisti ne mortem quidem amorem vestrum finituram esse? Nonne amica tibi promisit se neminem amaturam esse nisi te?"

„Sic est! Contendit se etiam Iovem ipsum spernere. Ego quidem toleravi[2] Lesbiam marito praesente mihi plurima mala dicere, ne cognosceret illam mecum coniunctam esse. Nulla mulier potest dicere se tantum amatam esse, quantum a me Lesbia mea! Ista mulier me indigna est! Improba, spero tibi nihil nisi vitam miseram mansuram esse, neminem tibi oscula daturum esse, neminem te amaturum esse, neminem te pulchram appellaturum esse! Non iam mea interest te valere!

Odi[3] et amo! Quare id facio? Id fortasse quaeritis! Ipse causam ignoro! Sed id sentio et torqueor!"

1) **innumerābilis, -is, -e:** unzählig 2) **tolerāre** *(m. AcI):* dulden 3) **ōdī** *(Perf.):* ich hasse

Wiederholungsübung

Bestimme die Verbformen und übersetze.

1. Si Catullus viveret, cum eo de bello et amore disputaremus. 2. Si avis[1] essem, omnes regiones mundi visitarem. 3. Nisi Ariadna Theseo filum[2] dedisset, e labyrintho[1] numquam exisset. 4. Si pater Thesei errorem[3] cognovisset, sua sponte de vita non decessisset.

1) **avis, -is** f: Vogel 2) **fīlum, -ī** n: Faden 3) **error, -ōris** m: Irrtum

bis Lektion 65

Übersetze folgende Sätze, die einen Ablativus absolutus enthalten.

1. Socrates: „Sensibus post mortem exstinctis eam timere non debemus.
2. Doloribus, curis, laboribus finitis profecto felices erimus.
3. Occasione[1] data Homerum, Orpheum, Ulixem multa rogabo."

1) **occāsiō, -ōnis** f: Gelegenheit

Ersetze jeweils den Nebensatz durch einen Ablativus absolutus und übersetze.

1. Archimedes: „Si mihi alteram terram dederitis, nostram e loco suo movebo!"
2. Laus Archimedis maxima erat, cum multa exempla ingenii dedisset.
3. Postquam ingentia saxa in naves torta sunt, Romani perterriti se receperunt.

bis Lektion 66

Bei welchen der vorliegenden Wortverbindungen handelt es sich um einen Ablativus absolutus? Finde sie heraus und übersetze sie. Verwende bei Gleichzeitigkeit Präsens, bei Vorzeitigkeit Perfekt.

coniuratis convocatis – convenite coniurati – puero flente – puero flenti – veniam date – venia data – armis captis – arma capitis – ea victa – ea vita – Antonio duce – Antonio duci – periculis instantibus – pericula timentibus – patri invito – vos invito

bis Lektion 67

Setze die folgenden Verben im passenden Infinitiv ein und übersetze.

appellare – esse – interficere – rapere

1. Pericles contendit civitatem Atheniensium merito ab omnibus magistram[1] Graeciae ________. 2. Ulixes sperans Neoptolemum arma Philoctetae dolo ________ eum secum duxit. 3. Caesar cum M. Brutum inter coniuratos ________ videret, „Et tu, mi fili?" vocavit. 4. Scimus Caesarem profecto a M. Bruto ________.

1) **magistra, -ae** f: Lehrmeisterin

bis Lektion 68

Galliens Nationalheld

1. Cunctis fere Gallis a Vercingetorige ad pugnam incitatis Caesar seditionem[1] oppressurus cum copiis suis in Gallorum fines contendit. 2. Primo Vercingetorix frumentum in agris urens[2] Romanos Gallia prohibiturus erat. 3. Caesare castris Gallorum appropinquante res in summo discrimine erat. 4. Gallis vero opinione celerius in hostes ruentibus Romani coacti sunt, ut se reciperent. 5. Postremo Vercingetorix se suosque servaturus in oppido Alesia Romanis restitit. 6. Gallis victis Vercingetorix captivus Romam portatus ibique post nonnullos annos occisus est.

1) **sēditiō, -ōnis** f: Aufstand 2) **ūrere (ūrō, ussī, ustum):** verbrennen

Wiederholungsübung

Erstelle ein Sachfeld zum Thema „Macht und Politik“.

bis Lektion 65

Suche jeweils bedeutungsgleiche oder -ähnliche Wörter aus dem aktuellen Wortschatz.

nuntiare – paene – sermo – periculum – inopia

bis Lektion 66

Auf Spurensuche: Erschließe die Bedeutung folgender italienischer Wörter aus dem Sachfeld „Gewässer“ (und ihre Umgebung) mithilfe der zugrunde liegenden lateinischen Wörter.

bis Lektion 67

Waagerecht, senkrecht und diagonal: Im Rätselgitter sind neun Wörter aus dem aktuellen Wortschatz versteckt. Schreibe sie heraus und gib die deutschen Bedeutungen an.

	1	2	3	4	5	6	7	8	9	10	11
A	e	p	t	v	a	r	i	u	s	t	l
B	r	c	r	a	n	p	p	a	u	l	o
C	u	d	a	c	t	n	e	u	r	a	b
D	r	o	h	r	e	a	u	r	t	e	i
E	s	g	e	f	u	a	i	o	t	b	r
F	u	c	r	e	h	s	m	b	i	u	e
G	s	r	e	c	t	u	s	a	r	e	s

bis Lektion 68

Gut geschüttelt: Welche Wörter verstecken sich hier? Identifiziere sie und nenne ihre Bedeutung.

exvric – inipoo – udinsing – miqnoua – iilavgi – over

Auf den Spuren der Kaiser – „Entdeckungsreise Prinzipat“

„Wie leicht wäre das Leben doch, wenn man ein Kaiser wäre!“, ruft Rufus aus, als ihm wieder einmal die Motivation fehlt, seine Griechischvokabeln zu pauken. Dabei stellt er sich vor, wie gut es ein Kaiser hat, der ja große Macht und unermesslichen Reichtum besitzt und nur zu machen braucht, worauf er gerade Lust hat. Callimachus hört zwar die vorwitzigen Worte seines Schützlings, tadelt ihn jedoch nicht. Stattdessen bittet er ihn, zur nächsten Stunde seine Schwester, Flavia und Dacus mitzubringen.

1) **dēdicāre:** weihen, widmen 2) **mōlēs, -is** f: Bauwerk 3) **prīnceps, -cipis** m: Kaiser 4) **aenigma, -atis** n: Rätsel
5) **omittere (omittō, omīsī, omissum):** übergehen, außer Acht lassen 6) **peragrāre:** durchstreifen

Tags darauf staunen die Kinder nicht schlecht, als sie im Klassenzimmer eine Nachricht vorfinden: „Griechisch fällt heute aus. Packt eure Wandersachen und erscheint morgen noch vor dem Morgengrauen auf dem Marsfeld an der Ara Pacis. Zur Orientierung dient euch ein Stadtplan. Seid gegrüßt, Callimachus.“ Und tatsächlich liegt der Botschaft eine Rom-Karte bei, auf der verschiedene Bauwerke eingezeichnet sind, zudem ein Papyrusblatt mit einer Art Kreuzworträtsel …

Ü1

1 ***Konjunktivstaffeln: Bilde jeweils die Konjunktive in den angegebenen Zeiten.***

demittam → Impf. → 3. P. → . Plqupf. → Pl. → Präs.

velit → Pl. → Impf. → Plqupf. → 1. P. → Präs.

possemus → Präs. → 3. P. → Sg. → Plqupf. → Impf.

2 ***Was Augustus sich alles wünscht: Ergänze die Verbformen in der angegebenen Person und übersetze die Sätze.***

	ut pacem et foedera cum hostibus (facere: *1. P. Pl. Akt.*).
	ut omnibus Romanis pax (esse: *3. P. Sg. Akt.*).
Cupio,	ut Ara Pacis (exstruere: *3. P. Sg. Pass.*).
	ut tempora obscura (finire: *3. P. Pl. Pass.*).
	ut saeculum aureum (inire: *3. P. Sg. Akt.*).

Ü2

3 ***Erzähl, Callimachus! Bilde sinnvolle Sätze und übersetze sie.***

	cur Augustus Lucifer[1]	sit.
Narra, Callimache,	quod nomen uxori Augusti	ducas.
	utrum fabulam de serpente[2] Apollinis veram an fictam	coniungat.
	quae res Augustum cum Apolline	appelletur.

1) **Lūcifer, -erī** m: Lichtbringer; Morgenstern 2) **serpēns, -ntis** m/f: Schlange

4 ***Übersetze folgende Redewendungen und Zitate. Was ist damit gemeint?***

1. Usus est magister optimus. 2. Scio me nescire. 3. aurea mediocritas[1]

1) **mediocritās, -ātis** f: Mittelweg

5 ***Synonyme gesucht!***

ater – primus – divinus – ignorare – primo

6 ***Verwechslungsgefahr!***

demittere – dimittere divus – dives

quaero – quaeso fugere – fulgere

7 ***Kaiser Tiberius***

Ein alter Freund besucht Kaiser Tiberius, den Nachfolger des Augustus, in seiner Villa auf Capri und möchte ihn dazu bewegen, wieder nach Rom zurückzukehren. Tiberius aber liebt die Zurückgezogenheit und will von den Amtsgeschäften in Rom nichts mehr wissen.

1. Tiberius: „Salve, amice, intra, quaeso. Specta villam[1] et insulam et mare sole fulgens. Opto, ut mecum cenes." 2. Amicus: „Nonne scire vis, cur adsim? Nonne rogas, quae res Romae eveniant?" 3. Tiberius: „Te oro, ne nova mala nunties. Certe non ignoras, quantopere otium mihi cordi sit." 4. Amicus: „Tene memoria te principem Romanorum esse! Animum demittere non debes!" 5. Tiberius: „Annis pristinis Romanos beneficiis affeci. Ut res publica floreat, senatoribus, cunctis civibus, singulis hominibus consului. 6. Tamen eis odio eram et sum. Rebus Romanis non iam sollicitatus sine negotiis hac in insula vitam beatam ago."

Das Augusteische Zeitalter – Octavian wird „der Erhabene“

Octavian berichtet von seiner dunklen Vergangenheit aus Bürgerkriegstagen:

Mit 19 war ich Haupterbe meines Großonkels Cäsar. Ich nahm Rache an seinen Mördern und beseitigte alle Gegner im Senat. Ciceros Todesurteil unterzeichnete ich selbst. Mit Marcus Antonius teilte ich mir das Reich, bis ich mich mit dem Senat gegen ihn und Kleopatra verbündete. Unseren Machtkampf entschied ich durch den Sieg bei Actium.

Grundwissen: Augustus heißt **„der Erhabene“**; dieser **Ehrentitel** wurde Octavian vom Senat verliehen, da er Rom aus dem Bürgerkriegschaos in ein **goldenes Zeitalter** des Wohlstandes und des Friedens **(Pax Augusta)** führte. Unter seiner Regierung **(27 v. Chr.–14 n. Chr.)**, die den **Beginn der Kaiserzeit** markiert, nahm er sich der Bedürfnisse der Stadtbevölkerung an, **restaurierte zahlreiche Tempel** und machte das Rom aus Ziegeln zu einem Rom aus Marmor.

Der römische Dichter Horaz verfasste folgende Lobeshymne auf Augustus:
„Dein Zeitalter, Cäsar, hat den Feldern wieder reiche Frucht gebracht, hat die Feldzeichen unserem Jupiter zurückgegeben, geraubt den hochmütigen Zinnen der Parther, hat geschlossen, frei von Kriegen, den Janustempel.“

Augustus von Prima Porta, Vatikanische Museen, Rom

a. ***Recherchiere, was es mit der Rückgabe der Feldzeichen und dem Janustempel auf sich hat.***
b. ***Du siehst eine Abbildung der berühmten Augustus-Statue von Prima Porta (benannt nach ihrem Fundort Prima Porta nördlich von Rom). Informiere dich, z. B. im Internet, über die Darstellungen auf dem Brustpanzer dieser Statue.***

E1

Die Zeiten ändern sich

Flavia quaerit, quis Aram Pacis exstrux-**erit**.
Cum liberi Aram Pacis spectav-**erint**, ad aliud monumentum properant.

a. In welchem Tempus stehen die Hauptsätze?
b. Überlege, welches Zeitverhältnis zwischen Haupt- und Gliedsatz besteht.
c. Erschließe Modus und Tempus im indirekten Fragesatz bzw. im cum-Satz.

spectav-**eri-m**, spectav-**eri-s**, spectav-**eri-t**,
spectav-**eri-mus**, spectav-**eri-tis**, spectav-**eri-nt**
spectatus **sim**, spectata **sis**, spectatum **sit**,
spectati **simus**, spectatae **sitis**, spectata **sint**

d. Erkläre die Bildungsweise dieser Verbformen.

1 ***Setze in den Konjunktiv.***
spoliavistis – sumpsisti – statutum est – superatus es – tenui – traxit – vetiti sunt – vixerunt – volvimus – neglexistis – lavisti – inventus sum – monuimus

2 ***Mache folgende Fragen abhängig von** Flavia quaerit.*
1. Cur Augustus Lucifer appellatus est? 2. Quis mater Augusti fuit? 3. Nonne Augusto principe saeculum aureum iniit? 4. Quas res Augustus gessit?

E2

Sie will, sie will nicht, sie will, sie will nicht …

Flavia: „Ego ad aliud monumentum ire **nolo**. Rufus: „Cur iter pergere **non vis**, Flavia?“ Flavia ire **non vult**, nam pedes ei dolent. Callimachus rogat: „Cur eo ire **non vultis**, puellae?“ Flavia et Aurelia: „Eo properare **nolumus**, nam pedes nobis dolent. Hic manere volumus.“ Puellae ibi manent, quoniam pergere **nolunt**.

*a. Gib das Konjugationsschema für **nolle** im Präsens an und vergleiche die Formen mit **velle**.*

nolebam – nolui – nolueram – nolim – nollem – noluissem – noluerim – nolam – noluero

*b. Bestimme Tempus und Modus der Formen und ergänze mündlich das jeweilige Konjugationsschema. Orientiere dich an den Formen von **velle**.*

3 ***Ersetze die Formen von** non cupere **durch die entsprechenden von** nolle.*
non cupis – non cupimus – non cuperent – non cupiebat – non cupient – non cupitis – non cupivisti – non cupiveram – non cupivissem – non cupit

L1

Gefürchtet, gehasst, gestiefelt: Caligula

Als die ersten Sonnenstrahlen das Marsfeld erreichen, wiehert Callimachus' Pferd auf, das auf den Namen Incitatus hört. Nicht zufällig hat Callimachus gerade dieses Pferd mitgenommen.

Callimachus: „Animo consiste[1], Incitate!"
Rufus: „Incitatus? Est nomen rarissimum!"
Callimachus: „Vobis explicabo, quibus de causis equus meus eo nomine miro nominatus sit. Cui equo tale nomen est, quia est et animo incitato et unus ex posteris illius Incitati, clarissimi equi Caligulae. Incredibile est, quibus beneficiis honoribusque Caligula furore captus Incitatum equum affecerit!"
Aurelia: „Dic nobis, quid tandem Caligula egerit!"
Callimachus: „Iste princeps equo suo incredibilia praebuit: stabulum[2] marmoreum[!], praesaepe eburneum[3], ornamenta gemmata[4], plurimos ministros. Senatu invito Caligula Incitatum etiam senatorem fecit. Praetorianos[5] quoque per vicos urbis misit provisuros, ne somnus Incitati quiescentis perturbaretur."
Tum Aurelia: „Scisne, num Caligula Romanis odio fuerit?"

Rekonstruktionszeichnung des Palastschiffs des Caligula

L2

Callimachus: „Civibus maximo odio erat! Nam Caligula principe non temperantia, sed luxuria[6] florebat. Iste homo superbus noluit suis inceptis factisque modum vel finem esse. Qui cum etiam legibus naturae ipsius parere nollet, domum regiam in mari collocatam cupivit. Ergo navem tanta magnitudine aedificari iussit, ut templa[!], thermae[!], triclinia[7], variae arbores in ea collocari possent. Quod natura hominibus concedere non vult, id ipsum Caligula volebat. Luxuriae[6] deditus pecunias civium rapuit. Si qui propinqui autem immensum sumptum Caligulae laudare noluerunt, poena gravi affecti sunt. Sed explicare nolo, quanta qualiaque flagitia ab isto monstro[!] commissa sint. Satis erit recitare illud dictum, quod Caligula non raro iactabat: „Oderint[8], dum metuant!"

1) **animō cōnsistere:** sich beruhigen 2) **stabulum, -ī** n: Stall
3) **praesaepe (-is) eburneum** n: Futterkrippe aus Elfenbein 4) **gemmātus, -a, -um:** mit Edelsteinen besetzt
5) **praetōriānī, -ōrum** m: Prätorianer, kaiserliche Leibwache 6) **lūxuria, -ae** f: Verschwendungssucht
7) **triclīnium, -ī** n: Triclinium, Speisezimmer 8) **ōderint:** sie sollen (mich) hassen

Das Rätsel des Callimachus 2

Welche Tugend fehlt Caligula völlig?

Ü1

1 ***Was Eltern alles wissen wollen: Mache die direkten Fragen der Eltern an ihre Kinder abhängig von** Parentes scire volunt **und übersetze sie.***

1. Unde venitis? 2. Ubi fuistis? 3. Quid fecisti? 4. Utrum tabernas an thermas[1] visitavistis? 5. Cur patrem dormientem perturbavisti? 6. Quando tandem officia praestare vis? 7. Ambulavistisne per vicos Romae? 8. Nonne avo in horto laboranti adfuistis?

2 ***O je – Rufus wird von Callimachus ausgefragt: Ergänze die Verben sinnvoll und übersetze. Achte auf das vorzeitige Zeitverhältnis.***

1. Scire cupio, quo tempore Augustus (vivere). 2. Te rogo, quem Augustus bello civili[1] (vincere). 3. Dic, utrum aetas Augusti aurea an atra (nominari). 4. Narra, quod nomen equo Caligulae (esse). 5. Explica, quibus rebus equus Caligulae (affici). 6. Dic, num Caligula imperatore auctoritas senatorum (valere).

1) **cīvīlis, -is, -e:** bürgerlich, Bürger-

Ü2

3 ***Formenstaffel***

nolo → Konj. → Pl. → Impf. → Ind. → 2. P. → Sg.
non vult → Pl. → 2. P. → Perf. → Plqupf. → Sg. → Konj.
nolumus → Sg. → 2. P. → Konj. → Perf. → Pl. → Plqupf.

4 ***Irrläufer gesucht***

nolui – nolo – nolenti – nolueram – nolumus – nolim – nulli – nollem – novo

5 ***Wörter mit Familiensinn: Nenne jeweils ein Wort der gleichen Wortfamilie und übersetze beide.***

nomen – senator[1] – iactare – dictum – locus – velle – providere – perturbare

6 ***Übersetze und erkläre folgende Sprüche und Redewendungen.***

1. Carum est, quod rarum est. 2. Nolens volens. 3. Senatus populusque Romanus 4. Fata[1] volentem ducunt, nolentem trahunt. 5. Idem velle atque idem nolle: Ea vera amicitia est.

1) **fāta:** *übersetze den Plural als Singular*

7 ***Claudius – Kaiser wider Willen***

1. Omnes scimus, quanto odio Caligula Romanis fuerit. 2. Temperantia carens duo dicta iactabat: „Oderint[1], dum metuant“ et „Utinam[2] populus Romanus unam cervicem haberet[2].“ 3. Caligula a praetorianis[3] occiso Claudius timore commotus se abdidit secum volvens: „Cum praetoriani[3] certe decreverint etiam propinquos imperatoris interficere, eis occurrere nolo.“ 4. Sed praetoriani[3] per domum regiam currentes eum inter vela non satis latentem comprehenderunt. 5. Claudius lingua haesitans[4] dixit: „Di-di-dicite, quid commiserim! Dicite, cu-cu-cur me comprehenderitis!“ 6. Praetoriani[3], cum eum imperatorem salutavissent, Claudium nolentem in curiam[1] traxerunt. 7. Claudius, quamquam princeps esse noluit, etiam a senatoribus imperator destinatus est.

1) **ōderint:** sie sollen (mich) hassen 2) **Utinam ... habēret:** Wenn doch ... hätte
3) **praetoriānī, -ōrum:** Prätorianer, kaiserliche Leibgarde 4) **linguā haesitāre:** stottern

Tempora mutantur – die Zeiten ändern sich von der Republik zum Prinzipat

Der römische Geschichtsschreiber Tacitus bringt die Veränderung, die Octavian nach der Beseitigung seiner Feinde vollzog, wie folgt zum Ausdruck:
Cuncta discordiis civilibus fessa nomine principis sub imperium accepit – „Alles, von Bürgerzwist erschöpft, hat er mit dem Namen Prinzeps unter seine Herrschaft gebracht“.

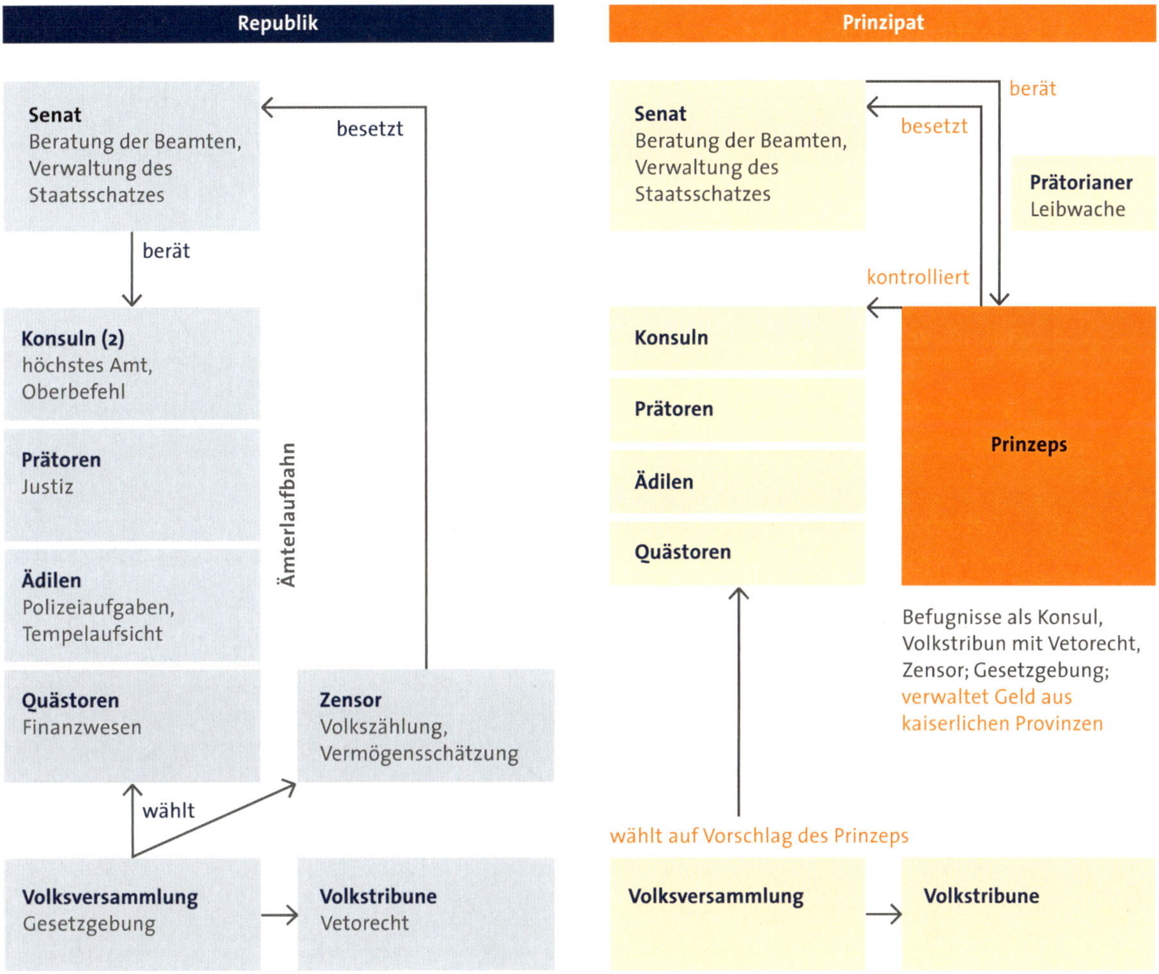

a. Welche Verfassungsänderungen zwischen Republik und Kaiserzeit stellst du fest?

Grundwissen: Prinzipat nennt man die **Herrschaftsform seit Augustus (ab 27 v. Chr.)**, welche nach den Bürgerkriegen die **Republik ablöste**. Der **Prinzeps** (Kaiser) **vereinte große Macht auf sich** und **kontrollierte alle Ämter**. Dennoch war er **kein Alleinherrscher**: Die **Magistrate** (Ämter) der republikanischen Ordnung **blieben weitgehend erhalten**.

b. Überlege, was passieren kann, wenn ein Mann wie Caligula Prinzeps wird.

E1

Wunschlos glücklich?

Hoffentlich sind wir bald da!	Wenn doch Augustus noch leben würde!
Hoffentlich hat Callimachus dort gewartet!	Wenn wir doch zu Hause geblieben wären!

a. *Gib an, welche Wünsche der beiden Mädchen erfüllbar sind und welche nicht.*
b. *Erschließe, welche Wünsche sich auf die Gegenwart, welche sich auf die Vergangenheit beziehen.*

(Utinam/Velim) mox ad finem perveniamus!	Utinam/vellem Augustus viveret!
(Utinam/Velim) Callimachus ibi manserit!	Utinam/vellem domi mansissemus!

c. *Ordne die lateinischen Sätze den entsprechenden deutschen zu und bestimme jeweils Tempus und Modus im Lateinischen.*

1 ***Wetterwünsche: Ordne die Sätze richtig zu.***

1. erfüllbarer Wunsch der Gegenwart
2. erfüllbarer Wunsch der Vergangenheit
3. unerfüllbarer Wunsch der Gegenwart
4. unerfüllbarer Wunsch der Vergangenheit

a. Hoffentlich hat es in den Alpen schon geschneit!
b. Wenn es doch gestern schön gewesen wäre!
c. Hoffentlich ist es nicht zu heiß!
d. Wenn es doch nicht andauernd regnen würde!

E2

Mehr als nur ein Wunsch

Rufus: Opto, ut statim in forum eamus.	Flavia: Statim **eamus**!
Rufus: Opto, ut Dacus nobiscum veniat.	Flavia: Dacus nobiscum **veniat**!

a. *Erschließe aus Flavias Worten, welche weiteren Funktionen der Konjunktiv übernehmen kann.*
b. *Welche Personen werden jeweils angesprochen?*

2 ***Übersetze ins Lateinische.***

1. Lasst uns dorthin eilen! – Gehen wir! – Lasst uns die Denkmäler betrachten! – Warten wir! – Lasst uns trainieren! – Arbeiten wir!
2. Er soll aufhören! – Sie soll gehen! – Sie sollen sich beeilen! – Sie sollen antworten! – Sie soll warten! – Sie sollen die Geschichte lesen! – Er soll schweigen!

L1

Ein Kaiser im Freibad

Wegen der Gespräche über Caligulas Wahnsinn versäumen Callimachus und die Kinder fast das „Schattenschauspiel".

Callimachus: „Utinam Caligula sibi exemplum ab Augusto sumpsisset et rem publicam legibus temperavisset! Sed … videte! Mox hoc spectaculum[!] ad honorem Augusti institutum incipiet. Velim spectaculo[!] delectemini!"
Rufus: „Utinam etiam architecti[!] nostrae aetatis talia aedificia exstruerent!"
Aurelia: „Velim nobis alia monumenta eius modi monstres!"
Callimachus: „Monstrabo. Sicut enim Hadrianus princeps itinera per provincias[!] fecit perspecturus mores, cultus, instituta gentium alienarum, ita nos iter per urbem Romam faciemus, ut principes eorumque monumenta praeclara melius cognoscatis. Nunc vos per urbem ad Mausoleum[!] Hadriani, finem huius itineris, ducam."
Aurelia: „Utinam eo iam pervenissemus vel currum haberemus! Iter enim longius est."
Callimachus ridens respondet: „Itaque Incitatum mecum duco. Vobis pedibus euntibus equidem in equo sedens fabulam de Hadriano lepidam[1] memorabo."

L2

Aurelia: „Eamus! Petamus monumenta principum et comperiamus mores eorum!
Callimachus: „Incipiamus ab Hadriano! Quem imperatorem egregiae liberalitatis cives dilexerunt, quia libenter homines donis et beneficiis afficiebat. Is plerumque thermas[!] publicas adibat corpus animumque recreaturus[2]. Aliquando forte evenit, ut illic veteranus[!] servo carens tergum suum muro tereret. Quae cum Hadrianus videret, statim dixit: ‚Desinat! Servi mei tergum eius terant! Praeterea eum pecunia donabo, ut servum emere possit.' Proximo die Hadriano thermas[!] intrante complures veterani[!] terga muro terebant, cum sperarent principem se eadem liberalitate eodemque beneficio affecturum esse. At Hadrianus ridens dixit: ‚Alius alterius tergum terat!'"

1) **lepidus,- a, -um:** fein, witzig 2) **recreāre:** erfrischen, entspannen

Das Rätsel des Callimachus 3

Unter welchem Schlüsselbegriff lässt sich Hadrians Wesen zusammenfassen?

Der Canopus, ein künstlicher Kanal in der Villa Adriana außerhalb Roms bei Tivoli

Ü1

1 ***Die Kinder zeigen während ihres Rundgangs erste Ermüdungserscheinungen: Übersetze ihre Wünsche und bestimme sie.***

1. Utinam Callimachus mox finem itineris faciat! 2. Vellem currum haberemus! 3. Utinam iam omnia monumenta spectavissemus!

2 ***Die Bürger äußern sich während der Regierungszeit Caligulas ungehalten über den Kaiser. Setze die Verben im Konjunktiv so ein, dass sinnvolle Wünsche entstehen. Eine Mitschülerin oder ein Mitschüler soll die Optative dann bestimmen.***

1. Utinam Caligula rem publicam temperantia (regit)! 2. Velim non solum equo suo, sed etiam civibus (consulit)! 3. Vellem Augustus, ille princeps optimus, (vivit)! 4. Vellem Caligula etiam labores populi (videt)! 5. Ne pecuniam civium (rapit)!

Ü2

3 ***Übersetze die Aussprüche. Welche Konjunktivfunktion liegt jeweils vor?***

1. Quod dei bene vertant! 2. Gaudeamus igitur, iuvenes dum sumus! 3. Audiatur et altera pars! 4. Bene eveniat! 5. Omnia vincit amor, et nos cedamus amori!

4 ***Wandle den Imperativ jeweils in einen Hortativ und einen Jussiv um.***

1. Ora[1] et labora! 2. Verum perspice! 3. Institue liberos! 4. Adhibe liberalitatem! 5. Tempera irae! 6. Amicos libenter adiuva! 7. Memora facta virorum clarorum!

1) **orāre:** beten

5 ***Wortanfänge: Ergänze die Anfangssilben so, dass jeweils zwei verschiedene Wortarten entstehen, und nenne die deutschen Bedeutungen.***

lib___ (Adverb; Substantiv) – curr___ (Substantiv; Verb) – memo___ (Substantiv; Verb) – temp___ (Substantiv; Verb) – ill___ (Adverb, Pronomen) – for___ (Adverb; Adjektiv) — inst___ (Substantiv; Verb)

6 ***Anforderungen an einen Kaiser: Achte beim Übersetzen auf die verschiedenen Bedeutungen der Verben.***

1. Princeps irae temperet! 2. Princeps inimicis temperet! 3. Princeps a superbia temperet! 4. Princeps senatores consulat! 5. Princeps etiam cum senatoribus de re publica consulat! 6. Princeps omnibus civibus consulat!

7 ***Immer auf Reisen – Kaiser Hadrian***

1. Imperator Hadrianus: „Princeps libidini atque superbiae suae temperet! Immo civibus totius imperii consulat!“ 2. Itaque magistratibus[1] dixit: „Ne tempus teramus! Faciamus itinera per provincias[1], ut perspiciamus, quod institui necesse sit!“ 3. Profecto effecit, ut bellis acriter gestis fines imperii ab hostibus invadentibus tuti essent. 4. Hadrianus, cum in Britannia murum exstrui iussisset, dixit: „Velim hostes eo muro ab imperio Romano prohibeantur!“ 5. Ille princeps autem non solum rem publicam modestia[2] temperabat, sed etiam libenter studiis[3] litterisque se dedit. 6. Nonnulli memorant eum mores cultumque Graecorum magni[4] aestimavisse. 7. Utinam omnes principes eiusmodi res gessissent!

1) **magistrātus, -ūs** m: Beamter 2) **modestia, -ae** f: Bescheidenheit 3) **studia, -ōrum** n *(Pl.)*: Wissenschaft 4) **māgnī** *(hier)*: hoch

Hadrian – ein Kaiser auf Reisen zur Sicherung des Reichs

In der *Historia Augusta*, einer spätantiken Sammlung von Kaiserbiografien, wird uns das Erscheinungsbild Kaiser Hadrians wie folgt beschrieben:

Statura fuit procerus,	Er war von schlanker Statur,
forma comptus,	stattlich in seiner Gestalt,
flexo ad pectinem capillo,	von krausem Haar,
promissa barba,	mit langem Bart,
ut vulnera,	um die Wunden,
quae in facie naturalia erant,	die im Gesicht von Natur aus waren,
tegeret,	zu verbergen,
habitudine robusta.	und von kräftiger Erscheinung.

Eine andere Erklärung für Hadrians Bart liegt darin, dass er als „Philhellene" die griechische Kultur und Philosophie liebte und sich äußerlich den griechischen Philosophen anpasste.

Grundwissen: Kaiser **Hadrian (117–138 n. Chr.)** war ein Reise-Kaiser, der zahlreiche Jahre fern von Rom verbrachte, um die Grenzen des Imperium Romanum zu sichern. Hatte das Reich noch unter seinem Vorgänger **Trajan** die **größte Ausdehnung** erreicht, so **gab** Hadrian einige **umkämpfte Gebiete** im Osten **auf**. Für seine **Defensivpolitik** steht auch der Bau des **Hadrianswalls** (122 n. Chr.), eine noch heute sichtbare **Grenzbefestigung in Großbritannien** gegen die Völker des Nordens und gleichzeitig die **nördlichste Reichsgrenze**.

Erschließe aus der hinteren Umschlagkarte, warum sich Hadrian von der Eroberungspolitik abwandte und zu einer Sicherungspolitik überging.

Hadrianswall in Großbritannien

Außer dem Hadrianswall, der heute zum Welterbe der UNESCO gehört, ließ Hadrian noch viele andere Bauwerke errichten, etwa seine Sommerresidenz, die Villa Adriana bei Tivoli, oder seine letzte Ruhestätte, das Hadriansmausoleum, auch bekannt als Engelsburg.

E1 Zutritt strengstens verboten!

a. Erschließe, wie im Lateinischen ein Befehl verneint wird.
b. Richte das Verbot im Lateinischen an mehrere Personen.
c. Erkläre, warum ein Verbot im Lateinischen „Prohibitiv" genannt wird.

1 ***Gebot – Verbot: Verneine folgende Imperative auf zwei Arten.***

Curre! – Audi! – Consiste! – Reprehendite! – Ridete! – Incipe! – Exspectate!

E2 Gewiss, ein gewisser Dieb

1. **quidam** vir	**quaedam** femina	**quoddam** monumentum
2. **quendam** virum	**quandam** feminam	admiratio **quorundam** monumentorum

*a. Erschließe aus den Beispielsätzen, in welchen Fällen man das Pronomen **quidam** verwendet und in welchen Fällen ein Demonstrativpronomen wie z. B. **ille**.*
b. Welches dir bereits bekannte Pronomen erkennst du in den fett gedruckten Formen von 1?
c. Untersuche anhand der Beispiele in 2, in welchen Fällen das Deklinationsschema abweicht.

2 ***Ersetze die Formen von aliqui durch quidam.***
aliquem – aliquas – aliquarum – aliquibus – aliquod – aliquo – alicui – alicuius

3 ***Ergänze durch die entsprechenden Formen von quidam.***
vico – dictum – aram – magistrorum – currui – muros – vigiliae – beneficia

L1

Selbstgespräche im Palast

Auf ihrem Stadtrundgang kommen die Kinder an einer Kaserne vorbei. Da erblickt Aurelia ein Reiterstandbild. Neugierig bleibt sie stehen.

Rufus: „Ne constiteris, Aurelia! Longum est iter usque ad Mausoleum[!]. Veni citius, soror!“

Aurelia: „Ne me impuleris! Ne me reprehenderis! Nonne haec est statua[!] in charta signata[1]?

Callimachus: „Optime! Spectemus hoc monumentum ex aere factum!“

Aurelia: „Quis est hic vir in equo sedens tendensque manum?“

Callimachus: „Est Marcus Aurelius princeps! Propius accedamus! Venite! Ne cessaveritis! Primo haec statua[!] erat aurea, sed partem auri cupiditate vulgi raptam esse, partem sole imbreque tritam esse fama est.“

Aurelia: „Quid inter aures equi est? Estne cucula[2]?“

Rufus: „Minime! Est noctua[3]!“

Callimachus: „Erratis! Neque cucula[2] neque noctua[3] est. Est iuba[4] ornata equi militaris. Noctua[3] quidem M. Aurelio vere digna esset.“

L2

Rufus: „Nonne noctua[3] quandam sapientiam hominis cuiusdam indicat?“

Callimachus: „Ita est. M. Aurelius enim est sapiens philosophus[!], qui disciplinae cuidam semper studet.“

Aurelia: „Nonne Stoicus est?“

Callimachus: „Sic est. Ceterum Stoici appellati sunt ex quadam porticu[5] Athenis aedificata. M. Aurelius libros, qui appellantur „Sermones ad se ipsum“, conscripsit, in quibus praecipit, ut nos omnes secundum[6] naturam vivere studeamus. ‚Prima luce‘, ut scripsit, ‚laeti et sine gemitu surgite! Ne tristes fueritis, cum lectum relinquitis. Nam hominis non est se otio iucundo vel libidinibus quibusdam dare, sed officia sua praestare! Tamquam apes[7] mel[8] perpetuo diligenterque colligunt, ita vos officia humana praestetis!‘“

1) **in chartā sīgnāta:** in der Karte gekennzeichnet 2) **cucūla, -ae** f: Kuckuck 3) **noctua, -ae** f: Eule 4) **iuba, -ae** f: Mähne 5) **porticus, -ūs** f: Säulenhalle, Säulengang 6) **secundum** *(m. Akk.)*: in Einklang mit 7) **apis, -is** f: Biene 8) **mel, mellis** n: Honig

Das Rätsel des Callimachus 4

Welche Eigenschaft zeichnet diesen „Philosophen auf dem Kaiserthron“ aus? Wie lautet das Lösungswort?

Ü1

1 ***Wandle in eine sinngleiche Konstruktion um.***

Nolite consistere! – Noli cessare! – Nolite falsa dicere! – Noli statuam[1] tangere! – Nolite domi manere! – Noli templum[1] intrare! – Noli divitias in vulgus tribuere! – Noli propius accedere!

2 ***Ordne die Konjunktive nach ihrer Funktion.***

Optativ – Hortativ – Jussiv – Prohibitiv

1. Ne cessaveris! 2. Desinant ridere! 3. Utinam pacem facerent! 4. Velim princeps vulgo fidem habeat! 5. Usque ad finem maneamus! 6. Mensam ornent! 7. Taceant! 8. Utinam properavissent! 9. Ne animum demiseristis! 10. Utinam sorori aures praebuerint!

Ü2

3 ***Formenstaffel***

quidam homo → Akk. → Pl. → Gen. → Sg. → Dat. → Abl.
quaedam disciplina → Dat. → Gen. → Pl. → Abl. → Sg. → Akk.
quaedam soror → Gen. → Dat. → Pl. → Akk. → Sg. → Abl.

4 ***Ergänze die fehlenden Formen von quidam, quaedam, quoddam.***

1. __________ imperatores sapientiores erant quam alii 2. A __________ M. Aurelius quidem sapientissimus omnium ducitur. 3. Nam __________ disciplinis se libenter dabat. 4. In __________ sermonibus ab eo conscriptis philosophia[1] Stoicorum laudatur. 5. __________ praeceptum Stoicorum est: Secundum[1] naturam vivas!

1) **secundum** *(m. Akk.):* in Einklang mit

5 ***Stelle ein Sachfeld zum Thema „Schule" zusammen.***

6 ***Sortiere nach positiven und negativen Eigenschaften.***

avaritia – temperantia – ira – cupiditas – audacia – virtus – auctoritas – crudelitas – dignitas – fides – libido – superbia

7 ***Das Rätsel des Callimachus wird aufgelöst***

1. Callimachus gemitum liberorum audiens dicit: „Scio iter longum fuisse. Ne animo defeceritis! 2. Puto vos aedificiis monumentisque spectatis multa de quibusdam imperatoribus Romanis cognovisse." 3. Flavia respondit: „Ita est. Quaedam virtutes principum nobis monstratae sunt. Nunc scimus, qualibus moribus principes esse debeant." 4. Aurelia dicit: „Principes civibus pacem parent!" 5. Et Rufus pergit: „Et eis temperantia ne desit, sicut Caligulae defuit!" 6. Dacus: „Mihi persuasum est principi humano etiam liberalitatem esse. Praeterea imperator sapientiae studeat!"
7. Callimachus ridens dicit: „Rufe, ne otio te dedideris! Etiam tu sapientiae stude! Fortasse aliquando imperator praeclarus tamquam M. Aurelius eris!"

Mark Aurel – Philosoph auf dem Kaiserthron

Vielleicht hast du ja einen Kaiser in deinem Geldbeutel! Immerhin zeigt die 50-Cent-Münze Italiens auf der Rückseite die Reiterstatue Mark Aurels, von der heute eine Kopie auf dem Kapitolsplatz in Rom steht. Viele Kaiser ließen sich mit bronzenen Reiterstandbildern darstellen, die allesamt eingeschmolzen wurden. Nur dieses eine blieb erhalten, weil man es im Mittelalter für ein Abbild des christlichen Kaisers Konstantin hielt und somit verschonte.

a. Schau in deiner Geldbörse nach, ob du die abgebildete Münze hast; wenn nicht, versuche sie von zu Hause mitzubringen. Warum hat Italien gerade dieses Motiv ausgewählt?

Auf Veranlassung seines Vorgängers Hadrian adoptierte Kaiser Antoninus Pius seinen Neffen Mark Aurel (geb. 121 n. Chr.) und ließ den begabten Knaben mit dem Beinamen „Verissimus" in Rhetorik und Philosophie unterrichten, um ihn auf die Herrschaft vorzubereiten. Dabei stieß der Kronprinz auf die ihn zeitlebens prägende Philosophie der Stoa, die lehrt, nach Weisheit zu streben und in Selbstbeherrschung das Schicksal zu ertragen. Auch Mark Aurel ließ sich einen Vollbart wachsen, der ihm das Aussehen eines Philosophen gab.

Grundwissen: Mit **Mark Aurel** verbindet man Wahrhaftigkeit, Menschenliebe und Pflichterfüllung. Er gilt als **Philosoph auf dem Kaiserthron** und verfasste die stoische Schrift **„Selbstbetrachtungen"**. Seine **Regierung (161–180 n. Chr.)** war geprägt von **Stabilität**, doch er verbrachte Jahre im **Krieg gegen Germanenstämme** und die Parther im Osten. Der Nachfolger dieses Philosophenkaisers war sein größenwahnsinniger **Sohn Commodus**.

b. Inwiefern ist der Beiname „Verissimus" für Mark Aurel passend?

c. Welche der folgenden Lebensweisheiten Mark Aurels gefällt dir am besten?

Richard Harris als Mark Aurel in „Gladiator" (2000)

- *Das Glück deines Lebens hängt von der Beschaffenheit deiner Gedanken ab.*
- *Blicke in dein Inneres! Da drinnen ist eine Quelle des Guten, die niemals aufhört zu sprudeln, solange du nicht aufhörst, nach ihr zu graben.*
- *Was dem Schwarm nicht nützt, das nützt auch der einzelnen Biene nicht.*
- *Schäme dich nicht, dir helfen zu lassen.*
- *Sei Herr deiner selbst und bleibe guten Mutes in gesunden wie in schlechten Tagen.*

Parlez-vous français?

„Stell dir vor, gestern habe ich eine Zeitreise gemacht, und auch noch in einer Grammatik!“, sagt Anna im Klassenzimmer zu Max. „Ach so, das ist doch nichts Besonderes. Das machen wir doch in jeder Lateinstunde!“, antwortet Max. „Ich habe aber in einer Französisch-Grammatik gestöbert und Dinge gesehen, die wir in Latein auch schon gelernt haben, z. B. so eine Art PPP“, erklärt Anna stolz, „schau mal, ich habe ein paar dieser Formen aufgeschrieben. Rate mal, von welchen lateinischen Partizipien sie kommen!“

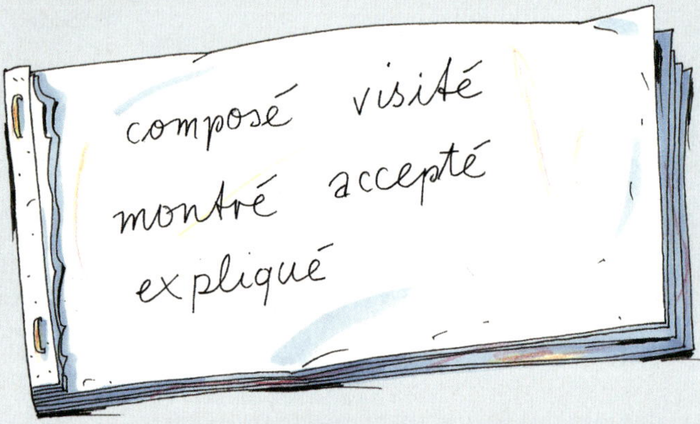

Für Max ist das natürlich gar kein Problem. „Ist doch easy!“, meint er großspurig, „so eine einfache Sprache muss man doch nicht extra lernen!“
„Na ja“, sagt Anna, „ich habe aber auch gelesen, dass das französische Partizip etwas anders gebraucht wird als das lateinische PPP, und zwar zur Bildung einer Art Perfekt – aber im Aktiv! Man nimmt dazu meist das Hilfsverb *avoir*, das vom lateinischen *habere* kommt, und dann …“

Und während Anna erklärt und erklärt, entsteht in Max’ Kopf folgendes Bild:

Nun bist du an der Reihe. Bilde aus den angegebenen französischen Infinitiven die Formen, die zu den in Klammern stehenden lateinischen Formen passen.
appeler (appellavimus) – *aimer* (amavit) – *confirmer* (confirmavi) – *libérer* (liberavimus)

Die ultimative Lösung: Neros Brenn-und-Bau-Programm

Sehr zu seinem Leidwesen ist das Gelände, das an die Domus Aurea des Nero angrenzt und auf das dieser bereits seit einiger Zeit spekuliert, mit Kornspeichern bebaut, sodass eine Erweiterung des Palastgebäudes unmöglich scheint.

Auctor quidam Romanus narrat, quare Nero quondam urbem incenderit. Cum nesciamus, fabulane vera an ficta sit, eam tamen memoremus:

Senex quidam forte Nerone praesente iactavit illud dictum in tragoedia[!] quadam repertum: „Me mortuo terra cum igni miscatur[1]." Nero autem, cum id audivisset, furore captus oculis fulgentibus respondit: „Immo, me vivo!"

Quasi affectus taedio conspectus turpis aedificiorum veterum princeps habebat in animo urbem incendere et locum idoneum villae[!] regiae novae et ingentis parare. Eo consilio capto Nero tandem servos ministrosque per urbem misit haec praecipiens: „Ne cessaveritis! Aedificiis vulgi, domiciliis pauperum ne peperceritis! Imprimis autem illa horrea[2] incendite, quae incepta mea impediunt! Tota urbs ardeat, dum satis magnum spatium Domui Aureae pateat! Velim tota Roma sit regia Neronis!"

Fecerunt servi omnia, quae princeps iusserat, et taedas[3] in manibus tenentes per vias urbis properaverunt. Per sex dies septemque noctes incendium populum Romanum vexabat. Ubique gemitus, ubique clamor. Senatores quidam auxilio veniebant et miseros servare studebant, sed cuncti frustra contendebant. Nero autem, cum hoc incendium e turri quadam spectaret, pulchritudine ignis delectatus carmen praeclarum de Troia deleta conscriptum cecinit.

1) **terra cum ignī miscātur:** *wörtl.:* Erde soll sich mit Feuer mischen; alles soll untergehen

2) **horreum, -ī** n: Scheune, Kornspeicher 3) **taeda, -ae** f: Fackel

Peter Ustinov als Kaiser Nero im Film „Quo Vadis" (1951)

Wiederholungsübung

Übersetze die Sätze und erkläre jeweils den Modus der fett gedruckten Verbform.

1. Catilina, cum populus eum consulem[1] non **creavisset**[1], rebus novis[2] studuit. 2. Coniurati in domum Catilinae convenerunt, ut consilium de coniuratione **caperent**. 3. Catilina consilium coniurationis non **cepisset**, si populus eum consulem[1] **fecisset**. 4. Fulvia cogitavit: „Nisi Ciceroni consilia coniuratorum **nuntiavissem**, res publica in magno periculo **esset**."

1) **creāre:** wählen 2) **rēs (rērum) novae (-ārum):** Umsturz

bis Lektion 69

Wandle das PFA jeweils nach dem Muster in einen ut-Satz um und übersetze dann.

z. B. Liberi Campum Martium petunt Callimachum conventuri. → Liberi Campum Martium petunt, ut Callimachum conveniant.

1. Callimachus liberos convocat eis monumenta monstraturus. 2. Liberi oculos ad Aram Pacis vertunt umbram obelisci[1] visuri. 3. Liberi oculos ad caelum tollunt sidus „Luciferum" spectaturi. 4. Aurelia Callimachum petit novas fabulas cognitura.

bis Lektion 70

Bilde die jeweilige Form des Konjunktivs Perfekt.

eripio – currimus – trahis – commovetis – evenit – praestant

Mache die direkte Frage von dic mihi abhängig und übersetze dann.

z. B. Quare equus Caligulae Incitatus nominatus est? → Dic mihi, quare equus Caligulae Incitatus nominatus sit.

Quibus honoribus Incitatus a Caligula affectus est? – Quas res Caligula Incitato praebuit? – Quando Incitatus dormire non potuit? – Quae aedificia a Caligula in nave collocata sunt?

bis Lektion 71

Begründe jeweils den Konjunktiv in den folgenden Sätzen und übersetze.

1. Romam iter faciamus! 2. Romam petivimus, ut monumenta antiqua in libris memorata videremus. 3. Utinam Domus Aurea Neronis aperta sit! 4. Velim ne claudatur! 5. Utinam ne tot homines ibi essent! 6. Utinam etiam villam[1] Hadriani videremus! 7. Veniat magister, ut nobis omnia explicet! 8. Nunc scimus, quam praeclara Ara Pacis sit.

bis Lektion 72

Übersetze.

1. Liberi optant: „Utinam magister aliam fabulam narret!" 2. Callimachus: „Vobis demonstrabo, quanta modestia[1] Augustus fuerit: 3. Dominus nominari nolebat. 4. Cum princeps aliquando comoediam[1] quandam spectans verba ‚O domine aeque et bone!' audivisset eaque de causa omnes sibi plaudere[2] vidisset, id maxime reprehendit.
5. Postero die omnibus praecepit: ‚Nemo me dominum nominet, ne liberi quidem neque nepotes!'"

1) **modestia, -ae** f: Bescheidenheit 2) **plaudere (plaudō, plausī, plausum):** Beifall klatschen

Wiederholungsübung

Ganz ähnlich, manchmal aber doch ein wenig verschieden. Gib die deutschen Bedeutungen der folgenden Wörter an und erkläre, worin gegebenenfalls ein Unterschied zwischen ihnen besteht.

aestimare – putare – censere – credere – sentire
cibus – cena – convivium
curare – consulere
decernere – statuere – constituere
dicere – disputare – contendere
cupere – optare – velle
decedere – exire – abire – discedere
verbum – sententia – sermo
aedes – domicilium – domus – villa[1]

bis Lektion 69

Wort zum Bild

bis Lektion 70

Erschließe die Bedeutungen der folgenden italienischen Wörter mithilfe der zugrunde liegenden lateinischen Wörter.

nome – raro – vico – divo – principe – scuro

bis Lektion 71

Nenne mit deiner Banknachbarin oder deinem Banknachbarn im Wechsel aus den Wortschatzkapiteln 69–71 acht Adverbien und ihre deutschen Bedeutungen; die Anfangs- und Endbuchstaben helfen euch dabei.

p_____m – r___o – t_____m – s_____s – l__________r – f_____e – i_____c – p________e

bis Lektion 72

Achtung, Verwechslungsgefahr! Gib die deutschen Bedeutungen der folgenden Wörter an.

temperare – temptare
aurum – auris – aureus
prope – propter – propius – prosper
tamquam – quamquam – inquam – numquam
praecipere – praecipitare – praebere – praestare
perspicere – pergere – perire – permittere

Germanen greifen an – Gefahr für das Reich von den Stämmen des Nordens

Einerseits freuen sich Rufus und Aurelia, als sie von ihrer Mutter erfahren, dass deren Bruder Marcellus endlich wieder einmal seinen Besuch angemeldet hat. Beide sind mächtig stolz auf ihren Onkel, einen verdienten Militärtribunen, der von seinen Abenteuern in fernen Provinzen stets spannend zu erzählen weiß.
Andererseits haben die Kinder in einem Gespräch zwischen Vater und Mutter aufgeschnappt, dass die Anwesenheit ihres Lieblingsonkels irgendetwas mit den jüngsten Unruhen, verursacht von wilden Barbarenstämmen am Limes, der nördlichen Grenze des Reichs, zu tun habe. Wiedersehensfreude und Sorge mischen sich, als Marcellus am erwarteten Tag endlich in der Türe steht. Rufus und Aurelia eilen ihm sogleich entgegen, und auch Flavia und Dacus sind da, um den besonderen Gast kennenzulernen …

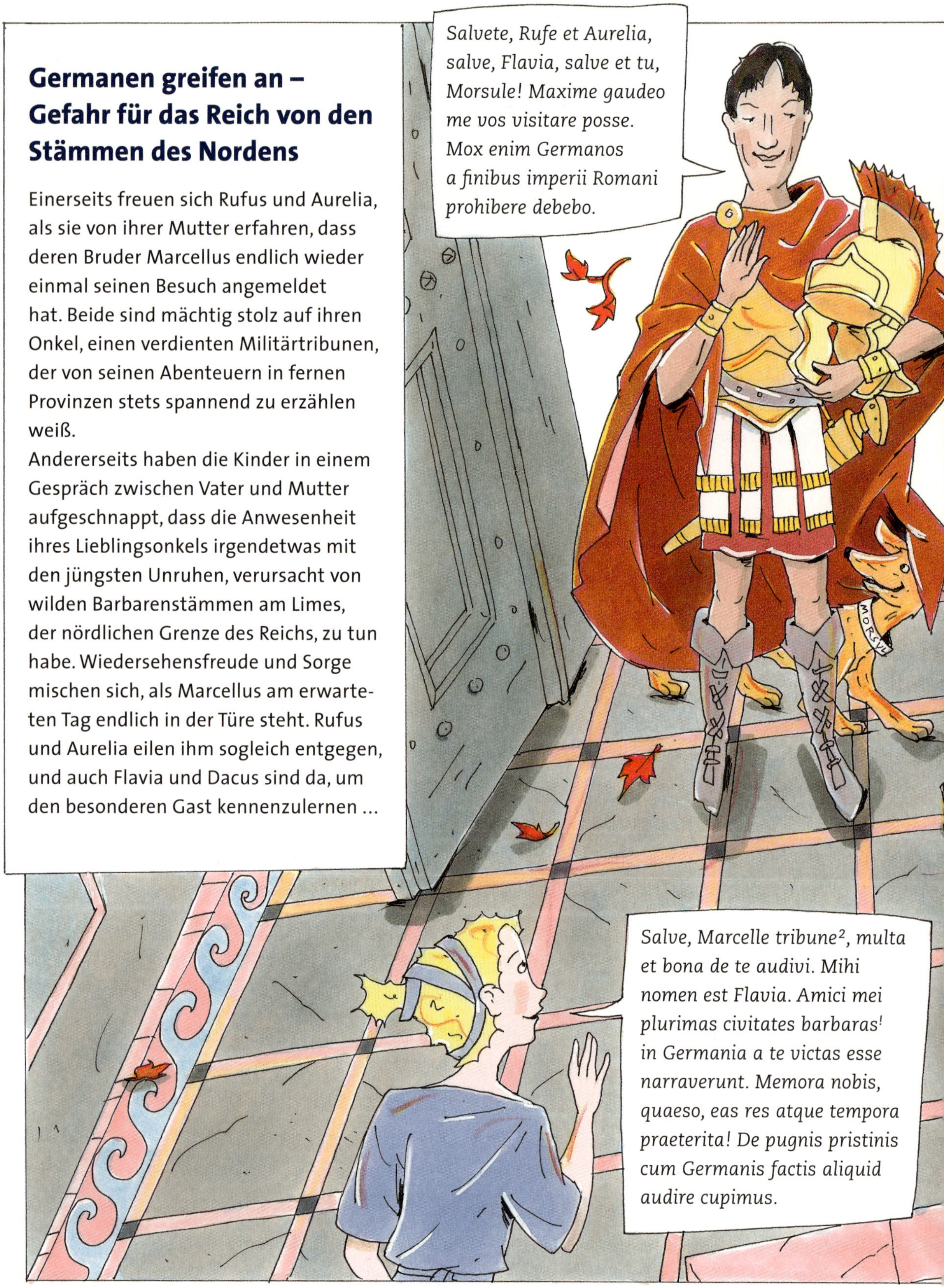

1) **avunculus, -ī** m: Onkel 2) **tribūnus, -ī** m: Tribun *(hoher Offizier des römischen Militärs)*
3) **mulcēre (mulceō, mulsī, mulsum)**: streicheln 4) **farcīmen, -minis** n: Wurst

Salve, avuncule¹ optime! Quam fulgent arma tua auro et argento! Quam digna sunt tribuno²!
Salve, o avuncule¹ carissime! Valesne? Te vehementer desiderabam.
Quam ingens, firmus, fortis est tribunus²! Certe multos hostes, quos Romani barbaros! appellant, interfecit aut in servitutem abduxit – sicut matrem meam …
Marcelle care, mulce³ pellem meam! Fortasse farcimen⁴ Germanicum mihi portavisti!

E1

Kennzeichen ND

Fuga necessaria est.	**Fugere** necesse est.
Nunc tempus **fugae** est.	Nunc tempus **fugiendi** est.
Fugā me servare possum.	**Fugiendo** me servare possum.

a. *Erschließe, welche Wortart bei den Formen* ***fugiendi*** *und* ***fugiendo*** *vorliegt.*

b. *Bestimme die Kasus der fett gedruckten Formen und übersetze.*

laudandi – monendi – ducendi – capiendi – eundi – audiendi

c. *Wie werden die Gerundformen in den einzelnen Konjugationen gebildet?*

Fugiendo nos servare possumus.	– Durch Fliehen können wir uns retten.
	– Durch Flucht können wir uns retten.
	– Indem wir fliehen, können wir uns retten.

d. *Erkläre, wie das Gerund im Ablativ übersetzt werden kann.*

1 ***Setze in den Genitiv und Ablativ.***

facere – adiuvare – intellegere – opprimere – sentire – scribere – tacere – adire

2 ***Übersetze die Wendungen.***

ars dicendi – modus vivendi – consilium abeundi – periculum obeundi – officium laborandi – cupiditas discendi – laborando – complendo – monendo

E2

GeruNDium plus

1. ars legendi   2. ars **librum** legendi   3. ars librum recte legendi

a. *Übersetze die Ausdrücke.*

b. *Erkläre die Richtung der Pfeile und gib die syntaktische Funktion von* ***librum*** *an.*

c. *Kläre die Wortart von* ***recte*** *und überlege dir eine Begründung für die Verwendung.*

3 ***Übersetze die Wendungen.***

consilium urbem condendi – voluntas mihi persuadendi –
ars imperium bene regendi – facultas merces emendi – consilium foedus faciendi

L1

Der Damm bricht

Barbaren aus dem Norden überfluten die Reichsgrenzen. Weder Limes noch Donau oder Alpen können sie aufhalten. Mit Schrecken hören die Bürger auf dem Forum – darunter auch Rufus, Aurelia, Flavia und Dacus – die Nachrichten aus dem Norden.

Nuntius: „Germani montes Alpium transierunt!“
Primum cives diverso affectu[1] et sperandi et metuendi commoventur.
Nuntius: „Fluctibus Danuvii et munitionibus limitis[2] iter intercludentibus tamen barbari[!], cum praesidia oppressissent, in imperium nostrum invaserunt. Cimbrorum Teutonumque modo Naristi, Vandali, Quadi, Marcomanni boves caedunt, agros fructusque vastant[3], oppida vicosque incendendo delent.“
Deinde timor occidendi atque pereundi cives occupat.
Nuntius: „In eis finibus, per quos agmina barbarorum[!] iter fecerunt, nihil superest, nemo superfuit.“
Tum alii: „Fugiendo salutem petamus!“
Postremo alii: „Facultas fugiendi nobis non iam est. Fuga nobis interclusa est.“
Haec enim fama crescit: „Marcomanni ad portas!“

Szene aus der TV-Serie „Kampf um Germanien“ (2009)

L2

Schnell laufen die Kinder heim. Dort unterhalten sich ihr Vater Quintus und der Onkel Marcellus über die Lage. Aufgeregt lauschen die Kinder ihrem Gespräch.

Marcellus: „Non Galli, ne Poeni quidem Romanos totiens lacessebant quotiens Germani. Complures nationes impetus faciendo nobis periculo erant, Germani autem saeviores sunt, quam Poeni umquam fuerunt. Nunc est facultas barbaros[!] fortiter repellendi, nunc est tempus istud periculum omnino avertendi.“
Quintus: „Memoria patrum Marcomanni, qui nunc nos opprimunt, cum populo Romano amicitia iuncti erant neque umquam fidem frangendo se hostes praebuerant. Clade in saltu Teutoburgiensi[4] a nostris accepta Maroboduus, dux Marcomannorum, tamen a Romanis non defecerat. Etiam iussit sectum caput Quinctilii Vari Romam mitti, ut funere digno sepeliretur.“ – Rufus: „Sectum caput Quinctilii Vari?“

1) **affectus, -ūs** m: das (plötzlich auftretende) Gefühl 2) **līmes, -itis** m: Grenzwall, Limes
3) **vāstāre:** verwüsten 4) **saltus** (-ūs m) **Teutoburgiēnsis:** Teutoburger Wald

Zunehmende Panik

Wodurch rufen die Germanen bei den Römern Angst und Schrecken hervor? Suche aus dem Text die entsprechenden Belege heraus.

Ü1

1 ***Irrläufer gesucht: In jeder Zeile findest du Formen, die kein Gerund sind.***

comprehendo – demittendo – nominando – iactando – aliquando
perturbandi – providendi – collocandi – iucundi – defendi
adeundo – secundo – reprehendo – capiendo – ponendo

2 ***Bilde sinnvolle Wendungen mit einem Gerund im Genitiv und rufe eine Mitschülerin oder einen Mitschüler zur Übersetzung auf.***

facultas – consilium – tempus – modus – ars – cupiditas – officium – ius
abire – disputare – redire – vivere – pugnare – defendere – discere – legere

Ü2

3 ***Setze die passende Form des Gerunds ein und übersetze.***

1. Danuvium flumen (transire) Germani in imperium Romanum invaserunt.
2. Cives Romani timore (occidere) commoti sunt. 3. Marcellus cum fratre de facultatibus imperium Romanum (defendere) disputavit. 4. Cupiditate patriam (servare) completus est. 5. Marcellus: „Iter (intercludere) Germanos a finibus nostris prohibebimus."

4 ***Auf Spurensuche: Auch im Italienischen finden sich Formen des Gerunds. Welche lateinischen Verben stecken hinter den fett gedruckten Formen? Nenne den Infinitiv Präsens.***

La famiglia, che cosa sta **facendo**?

Il padre sta **riparando** la bicicletta.
La figlia sta **leggendo**.
Il figlio sta **dormendo**.
La mamma sta **lavorando**.

5 ***Verwechslungsgefahr***

1. funus – fluctus – fructus
2. superare – superesse – subire
3. intercludere – interesse – interficere – incipere
4. tamquam – umquam – numquam
5. clades – caedes – caelum

6 ***Vokalschwund: Ergänze die fehlenden Vokale so, dass sich Wörter aus dem Lernwortschatz 73 ergeben.***

bs – mnt – fclts – clds – lcssr – rpllr – mqm – sprss

7 ***Die Germanen***

Der Historiker Tacitus beschreibt die Germanen folgendermaßen:

1. Germani nullam cupiditatem urbes condendi habent, quia sedes inter se iunctas non sustinent. 2. Omnes sedes suas spatio circumdant sive metu ignis sive inscientia[1] insulas exstruendi. 3. Quorum aedificia e ligno[2] exstructa omni forma carent. 4. Pelles gerendo corpora tegunt neque umquam auro vel argento se ornant. 5. Germani imprimis Mercurium colunt, quem homines sacrificando conciliant. 6. Nullus sumptus Germanis in funeribus est. 7. Omnes armis suis induti[3] sepeliuntur. 8. Tempus lacrimas fundendi breve est, sed dolor diu manet.

1) **īnscientia, -ae** f: Unkenntnis 2) **lĭgnum, -ī** n: Holz 3) **indūtus, -a, -um** *(m. Abl.)*: ausgestattet mit

Ein Großreich am Limit – der Limes

Ursprünglich bezeichnet das Wort *limes* eine Linie zwischen zwei Äckern oder Weinbergen. In der Kaiserzeit versteht man darunter aber eine befestigte Grenzlinie – ein Bollwerk aus Eichenstamm-Palisaden, später aus Wall und Graben oder aus Stein. Der Limes in Deutschland ist nach der Chinesischen Mauer weltweit das längste Bodendenkmal, seine Überreste gehören zum Weltkulturerbe der UNESCO. Auf einer Länge von 550 km sicherten rund 900 Wachtürme sowie zahlreiche Kastelle die Grenze zu Germanien.

Sonderbriefmarke *Limes*, 2007

Wachturm mit Palisadenzaun

a. ***Informiere dich mithilfe der Karte im Umschlag, durch welche Bundesländer der Limes verläuft und welches berühmte Römerkastell die Briefmarke zeigt.***

b. ***Erschließe, warum der Limes nur von Köln bis Regensburg verläuft.***

Grundwissen: Der **Limes (Grenzwall)** markierte die vom Rhein bis zur Donau angelegte **Grenze zwischen dem Römischen Reich** und den **freien Stämmen Germaniens**. Man unterteilt ihn in den **obergermanischen** und den **rätischen Limes**, benannt nach den angrenzenden römischen Provinzen **Germania superior** und **Raetia**. Unter **Kaiser Domitian (81–96 n. Chr.)** entstand erstmals der Plan, eine zusammenhängende Grenzanlage zu errichten, die in den Folgejahren immer weiter ausgebaut wurde. Bis zu seinem **Niedergang im 3. Jahrhundert n. Chr.** war der Limes nicht nur die **Markierung einer militärischen Grenze**; er war **Treffpunkt für Händler** und stellte die **Grenze zwischen römischer und germanischer Kultur** dar.

E1

Neues vom GeruNDium

Marcellus in Germaniam missus est	, ut pugnaret.
	ad pugnandum.
	pugnandi **causa.**
Nuntius familiam terret	, dum cenant.
	in cenando.

Erläutere, wie der Gliedsatz jeweils ersetzt worden ist, und übersetze.

1 ***Übersetze.***
ad rogandum – in disputando – de vivendo – petendi causa – ad docendum – in dormiendo – capiendi causa – ad accipiendum

2 ***Ersetze die fett gedruckten Gliedsätze durch eine Konstruktion mit Gerund.***
1. Marcellus in Germaniam properat, **ut contendat**. 2. Liberi verba patris et avunculi[1] audiunt, **dum discunt**. 3. Marcellus clamat: „Arma capiamus, **ut pugnemus**!“ 4. Marcellus liberos timore afficit, **dum narrat.**

1) **avunculus, -ī** m: Onkel

E2

Ganz allgemein gesprochen

1. Omnes, qui sorte sua contenti sunt, beati nominantur.	2. Quicumque homines sorte sua contenti sunt, beati nominantur.

a. *Erschließe, wie das verallgemeinernde Relativpronomen in Satz 2 übersetzt werden muss, damit sich der gleiche Sinn wie in Satz 1 ergibt.*

qui	quae	quod	quicumque	quaecumque	quodcumque
	cuius			cuiuscumque	
	cui			...	
...	...	...			

b. *Vergleiche die Deklination und vervollständige in deinem Heft das Deklinationsschema im Singular und Plural.*

3 ***Zungenbrecher*** quicumque***: Dekliniert um die Wette. Wer ist am schnellsten?***

4 ***Setze die passenden Formen des verallgemeinernden Relativpronomens ein und übersetze.***
1. ________ pericula acciderint, tibi adero. 2. ________ homines veniunt, a nobis accipiuntur. 3. ________ preces habes, eas audio. 4. ________ homini amici sunt, ille beatus dicitur.

L1

Der Feind wird zum Freund

Rufus will unbedingt wissen, was es mit dem abgeschlagenen Haupt des Quinctilius Varus auf sich hat. Onkel Marcellus erzählt es ihm und holt dabei weit aus:

„Augusto principe regiones trans Rhenum et Danuvium sitas pacaturi eramus. Profecto Drusus vincendi et pacandi causa in latas silvas atque paludes Germaniae tanto impetu invasit, ut omnibus proeliis feliciter commissis usque ad Albim flumen perveniret. Nonnullae civitates velut Cherusci, quae de defendendo et resistendo destiterant[1], sua sponte in amicitiam populi Romani venerunt. Tamen obsides imperavimus: Eo modo efficiebamus, ut obsides mores nostros cognoscerent neque gentes pacatae seditionem facerent.

Germanos Romanos reddentes cogitabamus eos subicere. Quamobrem Flavum et Arminium, filios ducis Cheruscorum, – nonnulli contendunt magis ad effeminandum[2] quam ad docendum vel instituendum – in nostram urbem viis latis, thermis[!] amplis, templis[!] marmoreis[!] ornatam duximus. Quoniam constat Germanos nullas urbes habitare, Flavus et Arminius certe in ambulando et circumspiciendo admiratione urbis affecti sunt.

Römische Legionäre marschieren in Germanien ein; von Laiendarstellern nachgestellte Szene

L2

Beide Brüder treten in die römische Armee ein und machen Karriere als Offiziere. Während Flavus die römische Lebensweise annimmt, empfindet Arminius die Aufgabe der germanischen Identität als Verrat. Flavus versucht, ihn davon abzuhalten, sich gegen Rom zu wenden.

‚Non hac lege, Armini, Roma nos aluit, ut nulla alimenta[3] a nobis exspectans ipsa tantum nostris commodis serviret. Immo nos animum et ingenium et virtutes, quaecumque nobis sunt, Romae debemus. Ne Romam, patriam novam, prodideris! Nam Roma nos, quisquis vel quidquid antea fueramus, homines fecit. Nunc grandia videntes commode in urbe habitamus, urbanitate[4] et humanitate praediti[5] sumus, grandia praemia militaria, quibuscumque vir Romanus dignus est, accepimus. Respice magnitudinem Romae, respice potestatem et auctoritatem Caesaris! Equidem civis Romanus esse volo! Civis Romanus sum!'"

1) **dēsistere (dēsistō, dēstitī, –):** Abstand nehmen von 2) **effēmināre:** verweichlichen
3) **alimenta, -ōrum** n: Gegenleistung 4) **urbānitās, -ātis** f: die feine Lebensweise *(eines Stadtbewohners)*
5) **praeditus, -a, -um** *(m. Abl.)*: versehen mit, ausgestattet mit

Einspruch, Flavus!

Arminius widerspricht seinem Bruder. Schreibe auf Deutsch eine Gegenrede.

Ü1

1 ***Bilde Formen des Gerunds in Abhängigkeit von ad, causa, de und in und übersetze.***
lacessere – intercludere – iungere – repellere – sepelire – monere – rapere

2 ***nt oder nd oder beides? Setze die passenden Buchstaben ein. Deine Banknachbarin oder dein Banknachbar soll die gebildete Form bestimmen.***
explica___o – ineu___i – obsecra___es – obtine___i – abduce___em – adduce___um

3 ***Setze eine passende Präposition ein und übersetze.***
1. Flavus et Arminius Romam missi sunt discendi ___. 2. Roma locus idoneus erat ___ disputandum ___ beate vivendo. 3. ___ ambulando Flavus magna cum admiratione omnia spectabat, sed Arminius monumenta et mores Romanorum contempsit. 4. Hic a iuventute et paratus ___ pugnandum et cupidus seditionem faciendi erat.

Ü2

4 ***Übersetze durch verallgemeinernde Relativsätze ins Lateinische.***
z.B. alle Hoffnungen der Soldaten → quaecumque milites sperant
alle Wünsche der Kinder – alle Befürchtungen der Männer – alle Erzählungen des Großvaters – alle Forderungen der Feinde – alle Bitten der Frauen

5 ***Übersetze folgende bekannte Redewendungen und Zitate.***
1. Quidquid agis, prudenter agas et respice finem. 2. Quidquid id est, timeo Danaos et[1] dona ferentes[2]. 3. Quisquis amat, valeat! Pereat, qui nescit amare! Bis tanto[3] pereat, quisquis amare vetat!

1) **et** = etiam 2) **ferre:** bringen 3) **bis tantō:** zweimal

6 ***Eine Verdopplung (quisquis) oder ein angehängtes -cumque drücken eine Verallgemeinerung aus. Übersetze entsprechend.***
qualiscumque – undecumque – quotquot – quoquo modo – utcumque

7 ***Nenne auf Lateinisch das Gegenteil.***
diesseits – trockener Boden – schmal – Grausamkeit – unangenehm – herrschen – verschweigen – weniger

8 ***Die Seherin Veleda***
Die Seherin Veleda aus dem Stamm der Brukterer sagte während des Bataveraufstandes (69/70 n.Chr.) einen Sieg ihres Stammes gegen die Römer voraus.
1. Germani putabant feminis aliquid divinum esse, imprimis Veledae vati[1], quia futura providebat. 2. Veleda diu a plerisque dea habebatur. 3. Quicumque curis opprimebatur, vatem[1] petebat, ut eam de sorte sua consuleret. 4. Quicumque Veledam, quae sola in turri ad flumen sita vivebat, adire cupiebat, ei aditus non dabatur. 5. Tantum unus e propinquis ad eam admittebatur rogandi causa. 6. Aliquando Veleda dormiens vidit Germanos bellum cum Romanis feliciter gesturos esse et legiones Romanas cladem accepturas esse. 7. Quaecumque indixerat, evenit.

1) **vātēs, -is** f: Seherin

Bunte Gewandspangen gegen blondes Haar – Austausch zwischen Römern und Germanen

Den mit Rom verbündeten Ubiern schenkte Augustus eine römische Stadt, das heutige Köln. Wirf einen Blick auf das Forum:

a. ***Informiere dich, was Bernstein ist und wofür ihn die Römer benutzten.***
b. ***Welche Art von Waren wurde getauscht?***

Grundwissen: Unter Kaiser Augustus führte dessen Stiefsohn **Drusus mehrere Feldzüge gegen die Germanen zwischen Rhein und Elbe** (12–9 v. Chr.). Nach dessen Tod setzte sein Bruder **Tiberius**, der spätere Kaiser, vor allem auf die **Romanisierung der Germanen**: Diese sollten **römische Zivilisationsformen** (Sprache, Lebensstil, Recht, Religion usw.) anerkennen und übernehmen. Als Druckmittel holten die Römer **Fürstensöhne**, z. B. von den Cheruskern, **als Geiseln nach Rom**. Diese lernten dort Latein, erhielten römische Namen – wie Flavus und **Arminius** –, erlangten das **römische Bürgerrecht** und wurden sogar **zu Offizieren ausgebildet**.

c. ***Welche Städte verbergen sich hinter den römischen Kastellen und Feldlagern Augusta Vindelicorum, Bonna, Cambodunum, Castellum apud Confluentes, Mogontiacum und Novaesium?***

E1

Jeder trägt etwas!

Dacus: Magnum onus porto. Onus domum **fero**. Aurelia et Flavia etiam onera **ferunt**. Nos omnes onera **ferimus**. Aurelia! Flavia! Cur etiam vos onera **fertis**? Rufe, quid tu **fers**? – Rufus autem nihil **fert**.

a. *Erschließe aus Text und Bild die Bedeutung des Verbs **ferre**.*

b. *Bestimme die Formen **fers, fert, fertis, ferris, fertur** und vergleiche sie mit den entsprechenden Formen von **agere**. Inwiefern weichen sie von dem dir bekannten Schema ab?*

1 ***Bestimme die Formen von ferre.***

1. ferimus – feremus – feramus – feremur
2. ferre – ferenti – ferent – ferrent – ferunt – ferant – ferebatis
3. feram – ferar – feres – fereris – ferreris – ferris – feraris – ferebaris

2 ***Ersetze die Formen von portare durch die entsprechenden von ferre.***

porto – portabant – portabimus – portantibus – portatur – portaremus – portaberis – portas – portarentur – portabam – portabitis – portor – portent

E2

Durch die Zeiten getragen

ferre **fer**o **tul**i **lat**um

a. *Erschließe aus der Stammformenreihe von **ferre** die Bildungsweise des Perfekts im Aktiv und Passiv.*

b. *Liste auf, über welche Stämme **ferre** verfügt und welche Formen von den verschiedenen Stämmen aus gebildet werden.*

3 ***Bestimme die Tempora.***

tulissem – latae sumus – latus esses – tulerant – tulerit – lati sint – latae erant – tulistis

4 ***Setze in den Perfektstamm.***

fers – ferat – ferimur – ferebam – ferebantur – ferre

L1

Der Freund wird zum Feind

Marcellus erzählt weiter: Obwohl auch Arminius, der sogar zum Hauptmann der Hilfstruppen befördert worden ist, die Gunst Roms genießt, sieht er die Römer und ihre Wohltaten in einem ganz anderen Licht.

„„Durum est, Flave, in Germania vitam ferre. Nam nostra terra universa et silvis et paludibus terribilis est. Imbribus et frigoribus vexatae arbores multos fructus non ferunt, non ferebant, non ferent. Pecora plerumque parva sunt, equi non magna forma, non magnis viribus sunt. Ne a bove quidem cornua in fronte feruntur. Etiam metalla[!] deos nobis negavisse ferunt. Utrum gratia an ira commoti dei nobis aurum argentumque negaverint, nescio. Neque ferrum nobis superest, ut id in alienas terras feramus vendendi causa. Nobis neque agri fructus ferentes neque loca iucunda neque divitiae sunt. Ipsi frigus et caelum asperum vix ferimus.

Das Hermanns-denkmal im Teutoburger Wald

L2

Ergo te interrogo, qua re adducti Romani in Germaniam venerint. Quid volunt aliud nisi terram nostram suo imperio adiungere? Quid volunt aliud nisi nobis servitutem perpetuam imponere? Quid nobis tulerunt aliud nisi vim, miseriam, crudelitatem? Omitto vias, pontes, urbes, thermas[!] ceterasque res, quaecumque nobis a Romanis latae sunt. Quae omnia sunt tantum solacium dulce acerbae servitutis. Equidem servitutem a Romanis latam numquam feram. Neque maiores nostri servitutem umquam tulissent. Tu quoque, Flave, ne servitutem tuleris! Ne nostram gentem prodideris contemnens deos nostros, fas sanctum, libertatem nostrae patriae! Flecte animum! Repellamus invasores[1]!'"

1) **invāsor, -ōris** m: Eindringling

Kein schönes Land?

Wie ist die Argumentation des Arminius aufgebaut? Vergleiche sie mit den Argumenten deiner Gegenrede zum Lesestück 74.

Ü1

1 ***Aufgepasst! Welche der Formen kommen eindeutig von** ferre?*

fere – fer – ferte – ferro – fero – feror – ferrum – ferimur – ferris – feris – fertis – feres – feros

2 ***Übersetze und achte dabei auf eine passende Bedeutung von** ferre.*

1. Germani frigus vix ferebant. 2. Populus iniuriam aequo animo fert. 3. Magna onera ab servis feruntur. 4. Cum hostes signa adversus Romanos ferunt, universi milites se fortiter defendunt. 5. Gloria principis ad sidera ferebatur. 6. Cur ager fructus non fert? 7. Ferunt Germanos fortissime pugnavisse.

Ü2

3 ***Bilde das Passiv.***

fero – tuleram – tulissent – ferebatis – ferrent – ferant – tulerit – tulisti – fers – feremus

4 ***Setze die geforderten Formen von** ferre **ein und übersetze.***

1. Cum arbores et agri paucos fructus ________ (Konj. Impf. Akt.), Germani saepe fame vexabantur. 2. A quibus caelum asperum vix ________ (Ind. Impf. Pass.). 3. Itaque quaedam civitates omnia sua secum ________ (PPA) in fines Romanorum iter faciebant, ut sedes novas reperirent.

5 ***Wort zum Bild***

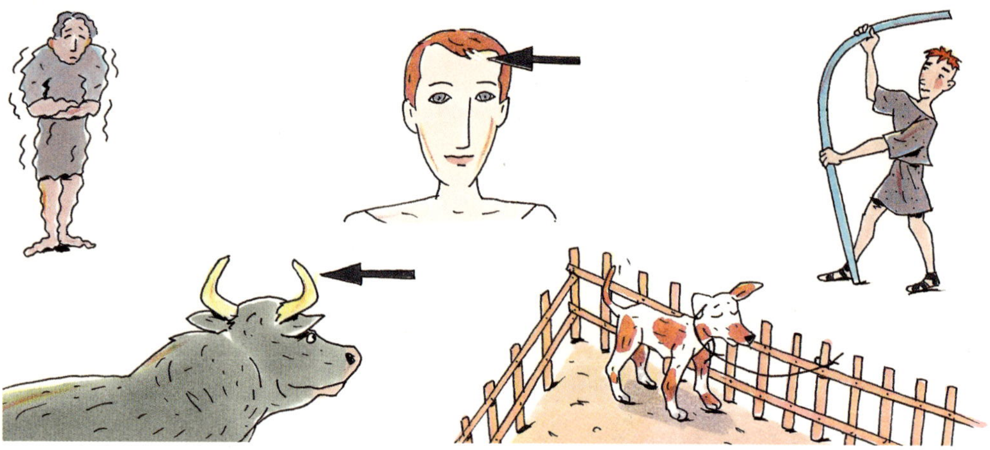

6 ***Gegenteil gesucht***

emere – aestus – tendere – singuli – adiungere – interrogare – negare

7 ***Freiheit für Britannien***

Der Britannier Calgacus hält eine flammende Rede:

1. Quotiens inopiam nostram specto, mihi firmus animus Britanniae auxilium ferendi est. 2. Hodie vos universi ad pugnandum parati convenistis. 3. Omnibus terris subiectis Romani, qui iam multis civitatibus calamitatem inopiamque tulerunt, nunc patriae nostrae instant. 4. Putant sibi esse fas sanctum omnia secum ferendi, rapiendi, occidendi. 5. Sed spes salutis in nostris manibus posita est, quia viri nobilissimi fortissimique totius Britanniae sumus neque nos servitute opprimi ferimus. 6. Spe pacis sublata ne animum omiseritis! 7. A Romanis signa in nostram terram lata sunt, signa nunc ferte in Romanos!

Auf Gedeih und Verderb – Zwangsromanisierung

„Arm betrat er ein reiches Land, reich verließ er ein armes Land.“ – Mit diesen Worten charakterisiert ein Geschichtsschreiber den Provinzverwalter Syriens, P. Quinctilius Varus. Auch deshalb wurde er ab 7 n. Chr. als Statthalter Germaniens eingesetzt.

a. ***Was wird in diesem Zitat über die Statthalterschaft des Varus ausgesagt? Mit welchen sprachlichen Mitteln wird die Aussage noch verstärkt?***

Die Rechnung der Römer, die Barbaren in den Provinzen würden sich schon im Laufe der Zeit an die römische Ordnung anpassen, ging in Germanien nicht auf. Wahrscheinlich trafen sich die Stämme der Brukterer, Chatten, Marser und Cherusker – einst untereinander verfeindet – auf einem *Thing*, einem Versammlungsort im Wald. Sie äußerten ihren Unmut über die Römer und berieten über den Aufstand. Höre ihre Beweggründe:

b. ***Fasse zusammen, worunter die germanischen Provinzbewohner leiden.***

Grundwissen: Um das Jahr 8 n. Chr. kehrte Arminius nach Germanien in das Stammesgebiet der Cherusker zurück, wo er mit der **Unzufriedenheit der Bevölkerung** über die römische Herrschaft konfrontiert wurde: Sie litt **unter hohen Steuern** und verarmte. Der römische **Statthalter P. Quinctilius Varus** wollte sogar das **Cheruskerreich völlig erobern** und das **Römische Reich bis an die Weser ausdehnen**. Enttäuscht darüber, dass die Römer seinen Landsleuten **nicht Kultur und Wohlstand, sondern Armut und Knechtschaft** gebracht hatten, plante Arminius einen Aufstand.

E1 Wir tragen zusammen!

Servi cibos **con-ferunt**. Servi cibos **con-tulerunt**. Cibi **col-lati sunt**.

Dacus donum **af-fert**. Dacus donum **at-tulit**. Donum **al-latum est**.

Liberi cibos dulces cibis acerbis **prae-ferunt**.

a. *Erschließe die Bedeutung der fett gedruckten Komposita.*

b. *Welche lautliche Besonderheit weisen einige Formen von* ***conferre*** *und* ***afferre*** *auf?*

c. *Bilde die Stammformenreihe der drei Verben.*

1 ***Wettkonjugieren im Perfekt***

contuli – attuli – praetuli

2 ***Setze die Formen ins Passiv.***

confert – praeferamus – attulerunt – contuleratis – praeferebas – attulerit

E2 Woher kommt der Ab-lativ?

Post cenam servi cibos reliquos **auferunt**. – Post cenam servi cibos reliquos **abstulerunt**. – Tandem cibi reliqui **ablati sunt**.
Amici auxilium **offerunt**. – Auxilium **oblatum est**.
Legatus nuntium malum **perfert**. – Nuntius malus **perlatus est**.

a. *Erschließe die Bedeutung von* ***auferre, offerre*** *und* ***perferre*** *anhand der Beispielsätze. Die Präfixe* ***ab-, ob-*** *und* ***per-*** *können dir dabei helfen.*

b. *Bestimme die fett gedruckten Formen und ergänze die Stammformenreihen.*

3 ***Übersetze.***

1. Imperator subiectis pacem offeret. 2. Nemo iniuriam perferre vult.
3. Res perlata est. 4. Fluctus navem auferunt. 5. A fure praeda ablata est.

L1

Der Hirsch reißt den Wolf

Während Flavus Rom treu bleibt, so fährt Marcellus fort, schmiedet Arminius, der Stammesführer der Cherusker (das bedeutet „Hirschmänner"), ein Bündnis mehrerer Germanenstämme gegen die Römer. Mittels falscher Nachrichten über einen Aufstand lockt er Varus, den verhassten Statthalter Germaniens, mit drei Legionen in ein unwegsames Wald- und Sumpfgebiet.

„Quinctilius Varus corpore et animo immobiliore[1] erat, pecuniam potentiamque virtuti praeferebat. Cui persuasum erat Germanis nil humanum nisi vocem et membra esse.

Quare Germanis maximo odio erat. Cum Varus tributis exactis et collatis in castra se conferret, Germanus quidam nuntium attulit nonnullas civitates seditionem facere. Hoc nuntio allato Varus cum tribus legionibus per silvas paludesque iter fecit, ut seditionem opprimeret. At Arminius – aciem animi vultu ac oculis praeferens – locis angustis insidias paraverat. Cum nostris iter montibus, paludibus, munitionibus exstructis interclusum esset, Arminius suis, qui in paludibus occulti erant, signum prorumpendi[2] dedit.

Die Hermannsschlacht, Druck nach einem Gemälde von Friedrich Gunkel (1862–1864) im Maximilianeum in München

L2

Arminius nostris facultatem sive aciem instruendi sive effugiendi abstulerat. Qui locis angustis atque imbribus vehementibus impediti – quasi lupi a cervis[3] – oppressi sunt. Quanta crudelitas, quantum scelus, quantum nefas! Quicumque pugnantes non ceciderant, ii crudeliter torquebantur aut in aris deis sacrificati sunt. Quorum manus et capita secta in arboribus figebantur. Aquilae nostris ablatae superbissime illusae sunt[4]. Varus de salute desperans dextera sua mortem invenit. Cuius caput Arminius secari et Maroboduo, duci Marcomannorum, perferri iussit, cum victoriam et triumphum ostentans[6] ei foedus offerre et eum sibi adiungere vellet. Ille autem foedus oblatum negans caput Vari Romam ad sepeliendum pertulit. Sic tribus diebus tres legiones Romanae exstinctae sunt, Germania autem liberata est."

1) **immōbilis, -is, -e:** unbeweglich

2) **prōrumpere (prōrumpō, prōrūpī, prōruptum):** hervorstürzen, hervorstürmen 3) **cervus, -ī** m: Hirsch

4) **illūdere (illūdō, illūsī, illūsum):** verspotten 5) **ostentāre:** stolz herzeigen, stolz zur Schau stellen

Eine schreckliche Niederlage

Marcellus berichtet vom Hass der Germanen auf Varus und die Römer. Was ist der Grund dieses Hasses und wie äußert er sich? Gib die lateinischen Sätze an.

Ü1

1 ***Setze die Präsensformen ins Perfekt und die Imperfektformen ins Plusquamperfekt.***

1. confertur – praefero – afferebatis – afferuntur – conferimus – praeferebant
2. afferretis – feramus – conferrem – afferat – praeferamur – conferreris

2 ***Achte bei der Übersetzung auf eine passende Bedeutung der fett gedruckten Verben.***

1. Varus contra ius fasque supplicia sumens[1] et tributa imponens Germanis vim **afferebat**. 2. Germanis servitutem imponens Varus superbiam suam **praetulit**. 3. Itaque Arminius, cum animadverteret Germanos inopiam, iniuriam, servitutem **ferre**, amorem patriae fidei Romae **praeferens** in Cheruscos se **contulit,** ut eis auxilium **afferret** et libertatem restitueret.

1) **supplicia sūmere:** die Todesstrafe verhängen

Ü2

3 ***Suche aus dem Text die Komposita von ferre heraus und gib jeweils die Stammformen sowie ihre deutsche(n) Bedeutung(en) an.***

Einige Menschen präferieren Früchte aus biologischem Anbau. Diese werden in vielen Supermärkten offeriert. Auf einer Konferenz von Biobauern erklärt der Vorstand die Bedeutung der ökologisch nachhaltigen Landwirtschaft.

4 ***Formenstaffel***

aufero → Impf. → Pl. → Perf. → Pass. → Plqupf. → Konj. → 2. P. → Ind. → Akt.
perfero → Futur I → Impf. → Konj. → Pass. → Perf. → 3. P. → Ind. → Futur II → Akt.
offero → Konj. → Perf. → Pass. → 2. P. → Plqupf. → Ind. → Pl. → Präs. → Akt.

5 ***Aus der Militärsprache: Übersetze die Wendungen.***

1. Procurator[1] tributa exigit. 2. Acies instruitur. 3. Multa bella geruntur. 4. Miles electus aquilam fert. 5. Legatus legionem ducit. 6. Hostes arma capiunt. 7. Socii auxilio veniunt. 8. Imperator iussit milites castra movere. 9. Milites conscribuntur. 10. Hostes patriam acriter defendunt. 11. Urbe capta foedus factum est.

1) **prōcūrātor, -ōris** m: Verwalter (einer Provinz)

6 ***Welche Begriffe bilden Gegensatzpaare?***

victoria – aestus – lupus – angustus – nefas – clades – fas – latus – agnus[1] – frigus

1) **āgnus, -ī** m: Lamm

7 ***Kaiser Augustus erfährt von der schrecklichen Niederlage.***

1. Rufus: „Num princeps Augustus nuntium cladis a Germanis acceptae aequo animo tulit? 2. Certe Varum bellum feliciter gesturum esse et milites salvos redituros esse speravit." 3. Marcellus: „Rufe, nonne audivisti hostes, cum Romanos locis angustis superavissent, nostris militibus signa et aquilas abstulisse? 4. Tres legiones, quae se in silvas contulerant, caesae sunt. 5. Hoc nuntio allato Augustus praesidia per urbem constitui iussit, ne tumultus[1] excitaretur. 6. Ferunt Augustum clade accepta tantis doloribus affectum esse, ut per plures menses barba capilloque summisso[1] caput foribus illideret[2] clamans: ‚Quinctili Vare, redde legiones!'" 7. Rufus: „Nunc et ego puto istum diem Romanis atrum fuisse."

1) **barbam capillumque summittere (summittō, summīsī, summissum):** Bart und Haare wachsen lassen

2) **foribus illīdere (illīdō, illīsī, illīsum):** an Türpfosten schlagen

Die Schlacht in den Wäldern – das Ende römischer Expansion in Germanien

Im Jahre 2009 jährte sich zum 2000. Mal eine Schlacht zwischen Römern und Germanen, die viele Namen trägt: Zum einen ist sie nach dem Sieger **Arminiusschlacht** benannt, seit Martin Luther auch **Hermannsschlacht**. Zum anderen erinnert sie als **Varusschlacht** an den Verlierer. Die Römer nannten sie aus ihrer Sicht ***Clades Variana***, also „Niederlage des Varus".
Da der Geschichtsschreiber Tacitus als Schauplatz des Kampfes den *saltus Teutoburgiensis* angibt, ist sie nicht zuletzt als **Schlacht im Teutoburger Wald** berühmt. Von vielen Orten glaubte man, sie seien der Ort der Schlacht gewesen; jüngste Ausgrabungen geben Hinweise auf einen Ort bei Osnabrück, weshalb man heute auch von der **Schlacht bei Kalkriese** spricht.

a. ***Im 17. Jahrhundert wurde der bewaldete Mittelgebirgszug Osning in Anlehnung an Tacitus in „Teutoburger Wald" umbenannt. Recherchiere seine geografische Lage sowie die Lage von Kalkriese.***

Eine römische Tragödie, erzählt in Bildern:

b. ***Beschreibt die Schlacht anhand der Bilder aus den TV-Filmen „Kampf um Germanien – Die Varusschlacht" (2009).***

Grundwissen: Im Jahre **9 n. Chr.** führte **Arminius den Aufstand der Cherusker und anderer Stämme gegen die Römer** an. Dabei machte er sich das Vertrauen des **Quinctilius Varus** zunutze und lockte ihn mit drei Legionen und Hilfstruppen (ca. 20.000 Mann) in ein **sumpfiges Waldgebiet**, in dem sich die Schlachtordnung der Römer nicht entfalten konnte. In den **sich über drei Tage hinziehenden Kämpfen** wurden die **Truppen** des Varus **völlig aufgerieben**, **Varus selbst nahm sich das Leben**. Danach **gaben die Römer den Plan auf**, die **Gebiete östlich des Rheins ins Römische Reich zu integrieren**.

Exkursionen zu archäologischen Stätten

1. Vorbereitung: Lisas Lateinlehrerin schlägt ihrer 7. Klasse eine Exkursion an eine der bekannten Römerstätten in Bayern vor.

Recherchiert im Internet, welche Orte, v. a. im Umkreis eurer Schule, in Frage kommen könnten. Das macht ihr am besten in Gruppenarbeit.

2. Durchführung: Lisas Klasse fährt nach Weißenburg, lateinisch Biriciana. An der Kasse werden sie von einer Museumsmitarbeiterin empfangen, die sie durch die Anlage und das Museum führen soll. „Vielleicht wisst ihr schon ein wenig über das, was euch hier erwartet", beginnt sie ihre Ausführungen. „Aber klar", meint Lisa, „wir haben uns ja schon schlau gemacht. Hier gibt es ...".

Informiert euch über das Internet oder Prospektmaterial, was es in der Anlage von Weißenburg zu sehen gibt, und vervollständigt Lisas Antwort.

In der Anlage stößt die Gruppe dann auf einen dort tätigen Archäologen. Neugierig fragen die Schüler, was eigentlich alles zu seinem Arbeitsgebiet gehört. Der Archäologe erklärt ihnen, was es in seinem Beruf alles zu tun gibt: nicht nur Ausgrabungen, sondern Konservierung von Funden und das Verfassen wissenschaftlicher Dokumentationen darüber.
Die Schüler werden schließlich ins Museum geführt, in dem Funde aus Weißenburg zu sehen sind. In Gruppenarbeit hat die Klasse vorher Kurzvorträge zu einzelnen Funden vorbereitet, sodass sich einzelne Schüler und ihre Führerin im Vortrag gegenseitig abwechseln.

Listet mithilfe eures Infomaterials wichtige Exponate im Museum von Weißenburg auf.

3. Nachbereitung: In der nächsten Unterrichtsstunde fasst die Klasse das bei der Exkursion neu Gelernte noch einmal kurz zusammen. „Ihr seid ja nun schon richtige Spezialisten geworden", meint die Lateinlehrerin. Als Hausaufgabe gibt es heute etwas zum Tüfteln. Die Schüler erhalten in Kopie folgende Inschrift, die sich auf einem kleinen, in einem anderen Limeskastell entdeckten Metallplättchen findet:

Die Lehrerin erklärt, dass auf Inschriften häufig gebrauchte Wörter, z. B. Titel und Eigennamen, oft abgekürzt wurden.
Am nächsten Tag erfahren die Schüler die Lösung:
[der Soldat] Masclionius Primus aus der Centurie des Primitivus in der Cohors I Biturigum, unter Kaiser Commodus

Überlegt, wie ihr die Abkürzungen auflösen müsst, damit ihr zu dieser Übersetzung kommt.

Merkwürdige Bräuche

Der römische Historiker Tacitus verfasste etwa 60 Jahre vor dem Regierungsantritt Mark Aurels seine Schrift „Germania“, in der er die Lebensweise und die Sitten der Germanen sowie die Eigenheiten der einzelnen Stämme beschreibt. Besonders sonderbar sind bestimmte religiöse Bräuche der Semnonen und der Langobarden.

Tacitus Semnones summum deum hoc modo celebrare narrat:
Tempore quodam omnes populi eiusdem sanguinis legatos in silvam sacram mittunt. Ibi primum homo publice occiditur – id nefas esse negant –, tum sacra barbara! celebrant. Nemo hanc silvam intrat nisi in vincula coniectus; Semnones enim putant eo modo potentiam numinis demonstrari. Quicumque in silva forte cadit, ei neque surgere neque pergere licet: per humum volvendo e silva educitur. Credunt ibi summum deum habitare et necesse esse se eo modo huic numini servire.
Tum de religione Langobardorum haec fere dicit:
Langobardi et nonnullae aliae gentes imprimis Nerthum, id est Terram Matrem, colunt; hanc deam rebus hominum moveri et saepius adiuvandi causa apud gentes esse putant. Est silva in insula quadam sita; ibi est currus sanctus velo tectus; quem nemini nisi sacerdoti uni tangere concessum est. Is cum deam adesse sentit, eam in curru sancto duabus bobus tracto ad gentes fert. Laeti tunc sunt dies, Langobardi enim putant eo tempore arma sumere et bella inire fas non esse. Sacerdos autem, cum deam conversatione[1] hominum satiatam[2] esse viderit, eam reducit. Denique currus et vestes et dea ipsa in lacu[3] quodam sacro abluuntur[4]. Servos, qui haec gesserunt, postea idem lacus[3] haurit[5].

1) **conversatiō, -ōnis** f: das Zusammensein 2) **satiāre:** sättigen 3) **lacus, -ūs** m: See
4) **abluere (abluō, abluī, ablūtum):** waschen 5) **haurīre (hauriō, hausī, haustum):** verschlucken, verschlingen

Auch Pferdeopfer gehörten zu den Bräuchen der Germanen, wie hier auf dem Holzstich von Friedrich Hottenroth (um 1875) gezeigt wird.

Wiederholungsübung

*Übersetze und erkläre jeweils die unterschiedliche Verwendungsweise von **ut**.*

1. Liberi Campum Martium petiverunt, ut magistrum convenirent. 2. Liberi Campum Martium petiverunt, ut magister eis praeceperat. 3. Liberi tam curiosi[1] erant, ut e magistro statim multa quaererent. 4. Liberi, ut magistrum convenerunt, ex eo statim multa quaesiverunt.

1) **cūriōsus, -a, -um:** neugierig

bis Lektion 73

Bestimme jeweils den Kasus des Gerunds und übersetze.

1. Mihi facultas multos libros legendi datur.
2. Legendo multa cognosco.
3. Liber tibi ad legendum donatus est.

Ersetze den fett gedruckten Ausdruck jeweils durch ein Gerund und übersetze dann.

1. **Clamantes** liberi parentibus persuadere non possunt.
2. Sacerdos nunc tempus **sacrorum** esse dicit.
3. Libri liberis donantur, **ut legant.**

bis Lektion 74

1. Unterscheide und übersetze.

pugnandi causa – causa pugnandi
in laborando – laborando – in labore
ad serviendum – ad servandum – ad servum

2. Folge dem Pfad – du erreichst am Ende wieder den Anfang.

quamcumque → Mask. → Pl. → Abl. → Sg. → Dat. → Gen. → Nom. → Akk. → Fem.

bis Lektion 75

Paarweise. Welche Formen entsprechen sich? Schreibe sie in dein Heft.

portarem – portavistis – porta – portans – portate – portata – portabis – portent – portant – portaveratis – portatis
fertis – ferrem – ferte – ferunt – ferens – feres – tuleratis – lata – fer – ferant – tulistis

bis Lektion 76

Auch Germanenfürsten verlieben sich

1. Arminius Thusneldam, filiam Segestis, qui erat princeps Cheruscorum, ceteris virginibus praetulit. 2. Segestes autem, cum amicus Romanorum esset, ei filiam in matrimonium dare noluit. 3. Quamobrem Arminius eam clam e domo parentum abstulit et in matrimonium duxit. 4. Thusnelda iram patris non perferens se rursus ad parentes contulit animum patris rogando et flendo flectura. 5. Is autem sine mora eam captivam reddidit. 6. Arminius arcem Segestis oppugnando uxorem liberare studebat. 7. Hoc nuntio allato Romani Segestem liberaverunt et Thusneldam, quae caede facta superfuerat, secum Romam tulerunt, ubi filium peperit.

Wiederholungsübung

Du kennst schon eine Reihe von Verben, die – mit verschiedenen Präfixen zusammengesetzt – Komposita bilden, z. B. ***ire: abire – adire – exire – redire – transire****. Erschließe mithilfe der Grundverben und der Bedeutung des entsprechenden Präfixes mögliche Bedeutungen folgender Verben. Achte dabei auf die Vokalveränderungen bei manchen Grundverben.*

abripere – abicere – admovere – adigere – educere – effundere – reficere – recidere – transmittere – traicere

bis Lektion 73

Finde – wenn möglich aus dem aktuellen Wortschatz – jeweils ein Wort aus der gleichen Wortfamilie.

facere – flumen – numquam – pellere – munire

bis Lektion 74

Welches Wort ist jeweils gemeint? Die Buchstaben, deren Zahl in Klammern angegeben ist, ergeben aneinandergereiht ein Lösungswort aus Wortschatz 74.

1. das, was unterdrückte Völker planen, um eine verhasste Herrschaft abzuschütteln (5)
2. das Gegenteil zu Sieg (3)
3. die Haltung, für die Cäsar berühmt wurde (5)
4. Wo lebte Dracula? Die Vorsilbe der Region kennst du aus dem Lateinischen, denn sie ist eigentlich die Präposition … (1).
5. Darüber freuen sich Bauern und Gärtner (3).
6. Zum Schluss ganz bequem: das Substantiv zum fast gleichlautenden Adjektiv (8)

bis Lektion 75

Finde Wörter mit einer gleichen oder ähnlichen Bedeutung.

omnis – dicitur – portare – quaerere ex – sacer

bis Lektion 76

Mit deinen Lateinkenntnissen kannst du schon beginnen, ein Sachfeld „Tiere“ im Italienischen aufzubauen. Schreibe die italienischen, lateinischen und deutschen Bezeichnungen in dein Heft.

Ein Opfer in schlimmen Tagen – Jetzt hilft nur noch beten!

Die Lage ist ernst und die ganze Stadt spricht über die jüngsten Unglücksmeldungen: Markomannen hätten erneut die Donau überschritten und seien schon wieder auf römisches Gebiet vorgedrungen. Zugleich breite sich im gesamten Reich eine heimtückische Krankheit aus, welche die Menschen unversehens mit Fieber und Ausschlag heimsuche und ihnen nicht selten einen schmerzvollen Tod bereite. Kein Arzt sei in der Lage, ein Heilmittel gegen diese Seuche zu finden. Angesichts einer so schweren Not hat Kaiser Mark Aurel ein öffentliches Opfer angeordnet, das in wenigen Tagen stattfinden soll. Doch nicht nur im Staatsakt werden die Götter um Hilfe gebeten: Quintus Flavius Pulcher, Flavias Vater, hält im kleinen Kreise eine Andacht vor dem *lararium*, dem Hausaltar, um göttlichen Schutz auch für sich und seine Familie zu erflehen. Als Freunde des Hauses dürfen Rufus und Aurelia dieser Zeremonie beiwohnen …

1) **adōrāre:** anbeten 2) **tūtor, -ōris** m: Beschützer 3) **rīte** *(Adv.):* nach rechtem Brauch
4) **omnipotēns;** *Gen.* **omnipotentis:** allmächtig 5) **vēnātiō, -ōnis** f: Jagd 6) **canis, -is** m: Hund

O di immortales, vos supplices adoramus[1], ut magnam calamitatem a nobis avertatis.
O Iuppiter Optime Maxime, potentissime deorum, iacta fulmina tua in hostes!
O Mars, saevissime dux belli, noli nos deserere in pugna!
O Fortuna, tu fortes adiuves!
O Aesculapi atque Apollo, facite finem huic morbo!
O Geni, meae vitae tutor[2], ades mihi, ut familiam meam protegere possim.

E1 Offen für neue Beziehungen

WORIN ?

In welchem Kasus stehen die fett gedruckten Angaben? Erschließe die Übersetzung.

1 ***Bilde sinnvolle Sätze, indem du je eines der Substantive im richtigen Kasus einsetzt, und rufe eine Mitschülerin oder einen Mitschüler zur Übersetzung auf.***

auctoritas – temperantia – crudelitas – honestas – superbia – sapientia – virtus – audacia

1. Rex aliis _____ praestabat. 2. Romani hostes _____ vicerunt.
3. Rufus comites _____ superabat.

E2 Im Zweifel für den Angeklagten

accusare – anklagen	damnare – verurteilen
convincere – überführen	absolvere – freisprechen

a. *Überlege, zu welchem Sachfeld diese Wörter gehören.*

b. *Versuche zu übersetzen, was Rufus sagt.*
c. *In welchem Kasus stehen die fett gedruckten Satzglieder?*
d. *Was wird durch sie näher bestimmt?*

2 ***Bilde mögliche Wendungen aus Substantiven und Verben und übersetze.***

iniuria – scelus – facinus – contumelia – caedes – crimen

accusare – convincere – damnare – absolvere

L1

Eine seltsame Familie

Im Handwerkerviertel Roms haben die Kinder Balbina, die Tochter eines Schmieds, kennen gelernt. Sie freunden sich mit dem Mädchen an und nehmen Balbina schon bald zu ihren Unternehmungen mit. Doch Pest und Germanenkriege überschatten die neue Freundschaft.

Metus cives opprimit, quod militibus non contingit, ut Germanos bello vincant. Adhuc enim Romani putaverunt se cunctis gentibus re militari[1] praestare atque omnes hostes virtute superare. Peste[!] praeterea populum invadente alii animo deficiunt, alii, velut Flavii, magna cum fiducia orant, ut dei imperium Romanum conservent. At liberi metum omittunt. Quibus non placet domi remanere et tempus deos orando aut de nuntiis pessimis disputando terere. Immo Balbinam amicam visitant sentientes hanc puellam et familiam eius magna comitate[2] et hilaritate[3] a ceteris differre. Profecto cum Balbina ludentes[4] et ridentes timorem curasque paulisper deponunt. At subito ludi et sermones laeti finiuntur.

L2

Familia convocata pater Balbinae deum amicis ignotum orans obsecrat, ut saluti familiae prospiciat et cibos benedicat[5]: „Pater noster, qui es in caelis[6] …“ Rufus rogat: „Quis est ille pater?“ Flavia secum volvit: „Estne Iuppiter?“ – „Dimitte nobis debita nostra …“, ad aures liberorum pervenit, „sed libera nos a malo!“ Aurelia cogitat: „Mihi persuasum est hos homines neque malos neque sceleratos esse. Cuius iniuriae vel culpae haec familia absolvi cupit?“

Amicis eas preces miras audientibus sacrificium publicum rursus in mentem venit. Quare Balbinam rogant: „Tune nobiscum deis sacrificabis?“ Balbina tacente pater magna severitate[7] confirmat: „Balbina domi remanebit. Nos isti sacrificio non intererimus.“ Sed amici timore capti dicunt: „Magno periculo est cultum deorum patriorum contemnere. Audivimus cives quosdam temporibus pristinis, cum sacrificare recusarent, laesae religionis Romanae accusatos, convictos, capitis damnatos esse.“

Balbina und ihre Eltern schweigen daraufhin. Die heitere Stimmung ist plötzlich dahin.

1) **rēs mīlitāris, reī mīlitāris** f: Kriegswesen 2) **cōmitās, -ātis** f: Freundlichkeit 3) **hilaritās, -ātis** f: Heiterkeit
4) **lūdere (lūdō, lūsī, lūsum):** spielen 5) **benedīcere (benedīcō, benedīxī, benedictum):** segnen
6) **caelīs:** *übersetze im Sg.* 7) **sevēritās, -ātis** f: Strenge

Vater unser

Im Lesestück liest du einige Worte des wichtigsten christlichen Gebets. Ergänze das oben abgedruckte Vaterunser und schreibe es vollständig in dein Heft.

Ü1

1 ***Setze im richtigen Kasus ein und übersetze.***

1. Multae gentes _____ (religio) inter se differunt. 2. Nemo Christianis _____ (pietas) par erat. 3. Christiani numquam fiduciam omittebant, numquam _____ (animus) deficiebant. 4. Nemo Christianis _____ (fiducia) dei par erat.

2 ***Entscheide dich für die richtige Ablativfunktion und übersetze.***

Ablativ der Beziehung – Ablativ der Beschaffenheit – Ablativ des Ortes – Ablativ des Mittels – Ablativ der Trennung – Ablativ des Grundes – Ablativ der Zeit

Rufus Balbinae narrat: 1. „Romani omnes gentes non solum **virtute**, sed etiam **pietate** superant. 2. **Toto imperio** cives Romani a deis patriis petunt, ut **pernicie** liberentur. 3. **Sacrificiis** deos conciliare student et **ominibus bonis** valde gaudent."

Ü2

3 ***Setze sinnvoll ein und übersetze.***

convicerunt – damnaberis – accusatus est – absolveris

1. Nefarius quidam aliquando homines orantes et sacrificium facientes oppressit et nonnullos interfecit. 2. Ad ius vocatus est et eius sceleris _____ 3. Iudices eum iniuriae gravis _____. 4. „Crimen tuum maximum est, itaque culpae non _____, sed capitis _____."

4 ***Setze im richtigen Kasus ein und übersetze.***

1. Quicumque hominem necat, _____ (caedes) accusatur et _____ (caput) damnatur. 2. Quicumque scelus committit, _____ (iniuria) accusatur. 3. Quicumque Iovem et deos patrios contemnit, _____ (religio laesa) damnatur. 4. Quicumque foedera violant, _____ (foedus fractum) accusantur. 5. Quicumque _____ (grave scelus) convincitur, _____ (culpa) non absolvitur.

5 ***Erstelle ein Sachfeld zum Thema „Recht und Rechtsprechung".***

6 ***Komposita gesucht: Nenne zu folgenden Verben jeweils das Kompositum aus dem neuen Lernwortschatz und gib die Bedeutung an.***

manere – servare – sumere – ferre – solvere – vincere

7 ***David und Goliath***

1. Goliath, qui omnes ingenti magnitudine praestabat, processit et magna voce clamavit: „Eligite e vobis virum fortem. Si pugnaverit mecum et me occiderit, erimus servi vestri. Sed haec cogitate: Vos omnes audacia viribusque supero." 2. Nemo nisi David, adulescens rufus[1] et pulcher aspectu, paratus erat ad pugnandum. 3. David quasi sine armis baculum[2] in altera manu et fundam[3] in altera ferens processit. 4. Dixit ad Goliath verba: „Tu venis ad me gladium ferens; ego autem venio ad te in nomine Domini. Tu capitis damnatus es!" 5. Tum David cucurrit ad pugnam manum suam in peram[4] mittens. 6. Postquam lapidem comprehendit et funda[3] iecit, Goliath in fronte percussus[5] cecidit.

1) **rūfus, -a, -um:** rotblond 2) **baculum, -ī** n: Hirtenstab 3) **funda, -ae** f: Schleuder
4) **pēra, -ae** f: Hirtentasche 5) **percussus, -a, -um:** getroffen

Jesus Christus – das ABC des Christentums

Apostel: Jünger und Begleiter Jesu, nach dessen Tod ausgesandt (griech. ἀπόστολος „Entsandter"), um den Glauben an ihn allen Menschen zu verkünden.
Bethlehem: Geburtsort Jesu in der Nähe von Jerusalem.
Caspar, Melchior und Balthasar: Die Heiligen Drei Könige oder Weisen aus dem Morgenland beobachten den Aufgang eines Sterns, der sie nach Bethlehem führt. Dort beschenken sie Jesus als den neugeborenen König mit Gold, Weihrauch und Myrrhe.
Dornenkrone: Römische Soldaten setzen dem gefangenen Jesus, dem „König der Juden", einen Kranz aus Dornen auf und verspotten ihn.
Elisabeth: Die schwangere Elisabeth, Mutter Johannes' des Täufers, begegnet der ebenfalls schwangeren Maria; vor Freude hüpft das Kind in ihrem Leib.
Friede: Nach seiner Auferstehung erscheint Jesus seinen Jüngern und spricht den Friedensgruß „Friede sei mit euch!"
Golgotha: Hügel außerhalb Jerusalems, auf dem Jesus gekreuzigt wird.
Herodes: Von Rom eingesetzter König über Galiläa. Als er von der Geburt des „Königs der Juden" hört, befiehlt er in Bethlehem einen grausamen Kindermord.
Ischariot: Beiname des Apostels Judas, der Jesus an die Hohepriester verrät.
Jerusalem: Jesus wirkt in Jerusalem und wird dort zum Tode verurteilt und gekreuzigt. Heute gilt sie Juden, Christen und Muslimen als heilige Stadt.
Kana: Auf der Hochzeit im Dorf Kana verwandelt Jesus Wasser in Wein.
Lazarus: Ihn holt Jesus mit den Worten „Lazarus, komm heraus!" aus dessen Grab.
Maria: Mutter Jesu, Ehefrau des Josef.
Nazareth: Heimatstadt Jesu in der Landschaft Galiläa.
Ostern: Hochfest der Christen, an dem man die Auferstehung Jesu vom Tode feiert.
Pontius Pilatus: Von Kaiser Tiberius in der römischen Provinz Judäa eingesetzter Statthalter, der Jesus zum Tod verurteilt, seine Hände jedoch in Unschuld wäscht.
Qumran: Ruinenstätte am Toten Meer, wo 1947 Schriftrollen des Alten Testaments und bislang unbekannte außerbiblische Texte in Berghöhlen entdeckt wurden.
Römischer Hauptmann: Er erbittet von Jesus die Heilung seines Dieners.
Simon Petrus: Fischer, Sprecher der Apostel, erster Bischof von Rom.
Taufe: Johannes der Täufer tauft Jesus im Wasser des Jordan.
Unser tägliches Brot gib uns heute: Zeile aus dem Vaterunser.
Verhaftung: In der Nacht vor seiner Kreuzigung betet Jesus im Garten Gethsemane. Dort wird er von Judas Ischariot verraten und von den Männern der Hohepriester verhaftet.
Wasser: Jesus geht über das Wasser des Sees Genezareth, um seine Jünger aus Seenot zu retten.
X: So wird der griechische Buchstabe *Chi* geschrieben. Χριστός (Christus) heißt „der Gesalbte".
Ysop: Legionäre stecken einen Schwamm mit Essig auf einen Zweig dieser Pflanze und reichen ihn voller Hohn Jesus am Kreuz, damit dieser damit seinen Durst lösche.
Zimmermann: Beruf von Josef, dem Ehemann der Maria.

*a. **Erstelle aus diesen Informationen eine chronologische Kurzbiografie Jesu.***
*b. **Welche weiteren Personen oder Stationen aus seinem Leben kennst du?***

E1

Der Genitiv ist des Dativs Tod

Liberi fidei Christianae ignari sunt. Itaque omnia comperiendi cupidi sunt. Flavia sola plena timoris est et dicit: „Ne nunc conscii coniurationis simus!" Rufus respondet: „Pater Balbinae mentis suae non potens est, nam sacrificio publico interesse recusat." Aurelia: „Puto familiam Balbinae non peritam morum nostrorum esse."

Übersetze und stelle alle Adjektive zusammen, die einen Genitiv benötigen.

1 ***Übersetze.***

plenus vini – conscius consiliorum – ignarus legis – peritus locorum – potens irae – cupidus laudis

2 ***Setze ein und übersetze.***

1. Feminae ________ (plenus) ________ (timor) erant. 2. Constat Romanos ________ (mores Germanorum) ________ (ignarus) fuisse. 3. Iudices ________ (peritus) ________ (ius) esse debent. 4. Scelerati ________ (conscius) ________ (facinora) erant. 5. Gladiator[1] ________ (cupidus) ________ (gloria) vehementer pugnat.

E2

Aber bitte mit Dativ

tibi faveo	– ich begünstige dich
tibi persuadeo	– ich überrede dich
tibi parco	– ich schone dich

a. *Vergleiche den Kasusgebrauch im Lateinischen und Deutschen.*

b. *Erstelle eine Liste mit dir bekannten Verben, die im Lateinischen abweichend vom Deutschen mit dem Dativ stehen.*

3 ***Übersetze ins Lateinische.***

die Besiegten schonen – den Zorn mildern – die Reichen beneiden – den Richter überzeugen – die Freunde begünstigen – die anderen übertreffen

4 ***Übersetze ins Deutsche.***

tibi praesto – irae temperat – amicis favemus – vinum temperant – senatoribus persuasisti – hostibus parcent – viro nubit – liberis consuluit – rei publicae providemus – futura providet – senatores consuluimus

L1

Einer Verschwörung auf der Spur?

Am nächsten Tag gehen die Kinder ohne Balbina zum öffentlichen Opfer auf das Forum. Warum darf ihre Freundin sie nicht begleiten? Noch können sich die vier Freunde keinen Reim darauf machen.

Dum sacerdotes sacrificiorum periti omnia parant, multi homines et videndi et orandi cupidi conveniunt. Omnibus paratis sacerdotes memores periculorum instantium palam deos obsecrant manus ad caelum tendentes: „O di immortales, prospicite, ne Germani et pestis[1] perniciei sint civitati nostrae! Aperite nobis rerum futurarum ignaris, quemadmodum pericula avertamus. Hunc taurum album vobis sacrificamus, ut nobis faveatis. Accipite sacrificium nostrum!"

Rebus divinis finitis liberi domum redeunt, cum subito familiam Balbinae procul aspiciunt.

Dacus: „Quo eunt Balbini? Neque in forum neque domum eunt. Videamus, quo se conferant!" Cum Balbini una cum aliis hominibus nobili cuidam domui appropinquent, amici curiositatis[1] pleni decernunt: „Nunc omnia exploremus!"

Videntes unum ex istis hominibus portam imagine piscis ornatam ter[2] pulsare[3] Flavia et Aurelia murmurant[4]: „Num coniurationis consciae sumus?"

Wandmalerei mit Anker und Fisch aus den Priscillakatakomben, Rom

L2

Dacus: „Omittite metum et sollicitudinem[5]! Propius accedamus!" Puellae Daco audaci invident. Sed Balbina, dum domum intrat, oculos retro[6] vertens forte amicos aspicit. Statim Flavia: „Balbina, quo itis? Quid in animo habetis? Coniuratine estis?"

Cuius metum et suspicionem sentiens Balbina respondet: „Ne metueritis! Neque sumus coniurati neque rebus nefariis studemus. Credite mihi!" Tum pater Balbinae amicos videt. Primum eos verbis acribus remittit: „Consistite! Continete audaciam vestram! In hac domo faciemus sacra, quibus interesse vobis non licet." Tum explicans addit: „Quia vobis faveo, aditum nego. Certe sensistis nos deum vobis ignotum colere. Sed magno periculo est hunc deum colere. Parentes vestri vos punirent, si scirent vobis rem nobiscum esse." Balbina autem manum patris prehendens verbis dulcibus ei persuadet, ut amicis licentiam intrandi det. Protinus illi quoque domum intrant.

1) **cūriōsitās, -ātis** f: Neugierde 2) **ter:** drei Mal 3) **pulsāre** *(mit Akk.)*: (an etwas) klopfen
4) **murmurāre:** murmeln, flüstern 5) **sollicitūdō, -inis** f: Sorge, Beunruhigung 6) **retrō:** zurück, nach hinten

Spannende Begegnung

Überlege dir, wie im Lesestück Spannung geweckt wird. Belege deine Aussagen am Text.

Ü1

1 ***Suche aus dem Lesestück alle Adjektive heraus, die einen Genitiv nach sich ziehen. Nenne die jeweilige Bedeutung mit der dazugehörigen Genitivergänzung.***

2 ***Bilde sinnvolle Sätze und rufe Mitschüler zur Übersetzung auf.***

sacerdotes	plenus	sacrificium	
flumen	cupidus	puella pulchra	
coniurati	peritus	loca	
Dacus	memor	salus civium	est / sunt
hospites	ignarus	mores nostri	
imperator	studiosus	pisces	

Ü2

3 ***Setze im richtigen Kasus ein und übersetze.***

1. Sacerdos amicis perturbatis dixit: „Spes nostra in ______ (Deus) continetur. 2. Ne ______ (proximi) invideritis, sed eos amate! 3. Ne studueritis ______ (potestas)! Accipite libenter ______ (sors)! 4. Deus ______ (omnes homines) favet: Intereste una nobiscum ______ (cena communis). Intrate!"

4 ***Akkusativ, Dativ oder Ablativ? Bilde die korrekte Form und übersetze.***

1. Celeriter hostes ______ (milites Romani) effugerunt. 2. Fortuna ______ (fortes) adiuvat. 3. Non solum tela, sed etiam vires ______ (milites) defecerunt. 4. Otio mihi opus est, quo facilius ______ (litterae) studeam. 5. ______ (ego) persuasum est unum deum esse. 6. ______ (amici) carere summum malum est.

5 ***Adverbien mit „p": Vervollständige die Wörter und gib ihre Bedeutung an.***

pr___nd__ – p__ot___us – p__l__m – pr__mo – pr___ul – prof____o

6 ***Stelle alle Fragewörter zusammen. Die deutschen Bedeutungen helfen dir.***

wo – woher – wohin – wie – warum – wer – was

7 ***Auf Spurensuche beim Fußball: neuer Trainer, neuer Stil***

1. Fredi Eckstoß hatte endlich seine Trainer**lizenz**. 2. Sofort begann er mit **kontinuierlichem** Training des FC Scharfschuss. 3. Eingehend besprach er verschiedene **Aspekte** der Abwehr und bat alle, noch einmal die Schwächen des Gegners zu **memorieren**.

8 ***Der Sündenfall***

1. Die, quo confecerat Dominus Deus terram et caelum, finxit hominem de arena humi. 2. Dominus tulit hominem et posuit eum in paradiso[I]. 3. Homini multas arbores paradisi[I] aspicienti Deus praecepit: „Tibi licentia est omnia explorandi. 4. Cibi autem huius arboris vetiti sunt. 5. Si fructus comederis[1], memor iniuriae tuae ero, culpam tibi non remittam." 6. Memor praecepti Adam diu una cum uxore in paradiso[I] vixit. 7. Sed aliquando serpens[2] mulieri curiositatis[3] plenae atque rerum vetitarum studiosae persuasit, ut fructus eius arboris comederet[1]: 8. „Si eos comederitis[1], aperientur oculi vestri et sicut Deus periti eritis boni et mali." 9. Fructibus comesis[1] Deus autem eos prehendit et expulit e paradiso[I].

1) **comedere (comedō, comēdī, comēsum):** verzehren, essen 2) **serpēns, -ntis** m/f: Schlange
3) **curiōsitās, -ātis** f: Neugierde

Das Buch der Bücher – die Bibel

„Am Anfang schuf Gott Himmel und Erde." – Mit diesem Satz aus einer Erzählung über die Entstehung der Welt beginnt die Bibel, das meist gelesene Buch der Welt, für das es viele Namen gibt: Man spricht vom **Wort Gottes**, der **Heiligen Schrift** oder dem **Buch der Bücher**. Dabei leitet sich das Wort „Bibel" vom griechischen τὰ βιβλία ab und bedeutet „die Bücher (der Heiligen Schrift)".
Die Bibel besteht nämlich nicht aus einem einzigen Buch; ihre beiden Teile, **Altes Testament** und **Neues Testament**, enthalten wiederum viele Einzelbücher.

Grundwissen: Das **Neue Testament** enthält vier Evangelien (von griechisch εὐαγγέλιον, was „gute Nachricht" bedeutet). Die **Evangelisten Matthäus, Markus, Lukas** und **Johannes** erzählen vom Leben, vom Sterben und von der Auferstehung Jesu. Ferner umfasst es die **Apostelgeschichte,** mehrere **Briefe des Apostels Paulus** an christliche Gemeinden, z. B. in Griechenland oder Rom, sowie die **geheime Offenbarung** des Johannes. Der Theologe **Hieronymus** (387–419 n. Chr.) verfasste die **Vulgata**, eine **„allgemein verbreitete" Übersetzung** der gesamten Bibel aus dem Griechischen ins Lateinische.

a. *Vielleicht kennst du die Redewendung „sich vom Saulus zum Paulus wandeln". Informiere dich, woher sie stammt und was sie bedeutet.*

Die vier Evangelisten, Buchmalerei, um 820, Aachen

b. *Informiere dich, was auf dem Bild dargestellt ist.*

E1 Noch ein rätselhaftes Kürzel: AcP

1. Liberi familiam Balbinae domui nobili **appropinquare** vident.
   Die Kinder sehen, **dass** sich Balbinas Familie einem vornehmen Haus nähert.
2. Liberi familiam Balbinae domui nobili **appropinquantem** vident.
   Die Kinder sehen, **wie** sich Balbinas Familia einem vornehmen Haus nähert.

a. *Vergleiche die beiden Sätze miteinander. Welche Veränderung stellst du in Satz 2 fest?*

b. *Löse das rätselhafte Kürzel AcP.*

c. *Erschließe den inhaltlichen Unterschied zwischen den Sätzen.*

1 ***Forme den AcI in einen AcP um.***

1. Dacus Flaviam ambulare videt. 2. Rufus Aureliam cantare audivit. 3. Dacus servos laborare videt. 4. Dominus liberos intrare animadvertit.

E2 Nichts lieber als das!

1. Liberi sacris Christianorum interesse **malunt** quam domum redire. 2. Rufus dicit: „Constat me Christianos cognoscere **malle** quam domum redire. 3. Cellam obscuram intrare **malo** quam ad portam manere. 4. Quid **mavultis**, Flavia et Aurelia? Quid tu **mavis**, Dace?“ 5. Puer et puellae respondent: „Et nos sacris interesse **malumus**.“ 6. Sed pater Balbinae **mavult** liberos domum redire quam sacris interesse.

a. *Erschließe aus dem Text die Bedeutung von* ***malle*** *und bestimme die Formen.*

b. *Bilde die restlichen Zeiten von* ***malle****; orientiere dich an* ***velle*** *und* ***nolle****.*

2 ***Lieber wollen: Ersetze die Formen von velle durch die entsprechenden von malle.***

volunt – volebat – vellemus – vult – voluistis – vultis – volam – volueras – voluisset – velim

3 ***Aller guten Dinge sind drei: Bilde jeweils die fehlenden Formen von velle, nolle oder malle.***

1. volunt – nolunt – ______ 2. vult – ______ – mavult 3. ______ – nolueratis – ______ 4. voluerunt – ______ – ______ 5. ______ – ______ – mavis 6. ______ – nolim – ______ 7. volam – ______ – ______ 8. ______ – ______ – mavultis 9. ______ – nolebamus – ______

L1

Ein etwas anderes Opfer

Die Kinder werden in einen von Fackeln nur schwach erhellten Raum geführt. Gespannt warten sie auf das, was nun passieren wird.

Initio liberi multos homines in cellam convenientes animadvertunt. Inter quos etiam nonnulli pauperiores et servi sunt. Deinde senem nobilem prodeuntem conspiciunt. Postremo eum ab omnibus circumventum praedicantem audiunt: „Magna cum laetitia hic congregati sumus in nomine patris et filii et spiritus sancti. Nostrum patrem et filium Iesum Christum praedicemus, sicut nobis consuetudo est!" Sacris precibusque finitis senex narrat Iesum Christum, cum hominibus multa beneficia praestitisset, tamen in cruce fixum esse. Liberi secum cogitant: „Cur ille Iesus in cruce fixus est? Nonne ea est poena sceleratorum?"

L2

Liberi nihil malunt quam plura comperire. Nunc senex voce placida pergit: „Oremus etiam pro animis nostrorum fratrum sanctorum, qui vitam amittere pro Christo maluerunt quam imperatori Romano sacrificare. Nonne etiam vos pro Christo mortem obire mavultis quam deos Romanorum colere?" Balbina liberis explicat: „Iesus Christus aetate imperatoris Augusti in Iudaea natus hominibus praedicavit unum deum, patrem omnium hominum, in caelo esse omnes homines pariter curantem et ut liberos amantem. Quamobrem nos ‚Christiani' in pace cum omnibus hominibus, fratribus nostris, vivere malumus quam odium invidiamque excitare vel bella gerere. Nos omnes enim liberi unius patris sumus, nos omnes non solum familiares, sed etiam fratres sororesque sumus."

Viele neue Eindrücke

Suche aus dem Lesestück alle Unterschiede zwischen christlicher und römischer Götterverehrung heraus und fasse sie stichpunktartig zusammen.

Ü1

1 ***Bilde sinnvolle Sätze, in denen ein AcP vorkommt, und übersetze.***

Balbina	videre	homines	senex	intrare
pueri	audire	turba	Iesus Christus	se congregare
pater	animadvertere	Christiani	cella obscura	praedicare
puellae	conspicere	liberi	in unum locum	circumvenire

2 ***Die Kinder nehmen an der Zusammenkunft der Christen teil: Setze jeweils den Infinitiv als Partizip Präsens ein und übersetze.***

1. Liberi multitudinem hominum domum ______ (intrare) spectant. 2. Nonnullos homines senem ______ (salutare) vident. 3. Etiam patrem Balbinae cum filia seni cuidam ______ (appropinquare) conspiciunt. 4. Tum cunctos senem ______ (circumvenire) animadvertunt. 5. Viros et feminas deum carminibus ______ (praedicare) audiunt.

Ü2

3 ***Übersetze die Formen. Deine Banknachbarin bzw. dein Banknachbar bilden dann die in Klammern angegebenen Zeiten.***

mavult (Konj. Präs.) – malueram (Ind. Impf.) – malis (Ind. Präs.) – malumus (Ind. Impf.) – malo (Konj. Plqupf.) – malebat (Fut. I) – maletis (Konj. Impf.)

4 ***velle, nolle oder malle? Setze folgende Verben passend ein und übersetze.***

maluit – noluerunt – noluissent – voluerunt – voluit

1. Iesus Christus liberis et servis beneficia pariter tribuere ______. 2. Sed ab hominibus, qui evangelium[1] eius audire ______, in cruce fixus est. 3. Iesus Christus pro hominibus mortem obire quam animum flectere ______. 4. Multi Christiani, cum imperatorem tamquam deum colere ______, capitis damnati sunt. 5. Christiani in pace cum omnibus hominibus vivere ______.

5 ***Verwechslungsgefahr***

1. consuetudo – coniuratio 2. anima – animus 3. praedicare – praecipitare 4. institutum – initium 5. laetitia – licentia

6 ***Wörter mit Familiensinn: Suche jeweils ein Wort aus der gleichen Wortfamilie und gib die deutsche Bedeutung an.***

natio – familiaris – laetus – memor – inire

7 ***Der Auferstandene***

Balbina erzählt, wie Jesus nach seinem Tod den Jüngern erschienen ist.

1. Balbina amicis dicit: „E vobis quaero, num beneficia Christi quam fabulas deorum Romanorum audire mavultis.“ 2. Cum liberi mores Christianorum cognoscere mallent, Balbina haec narravit: „Duo discipuli[1], quibus Iesus apparuerat, magna laetitia affecti Hierusalem properaverunt et ibi invenerunt congregatos apostolos[1] undecim et eos, qui cum illis erant. 3. Nihil maluerunt quam omnibus nuntium laetum afferre. 4. Itaque magna voce praedicaverunt: ‚Surrexit Dominus!‘ 5. Tum narrabant, quae in via accidissent et quo modo cognovissent eum. 6. Dum apostoli[1] verba audiunt, subito Iesum apparentem viderunt. 7. Qui dixit: ‚Pax vobiscum! Nolite timere!‘“

1) **discipulus, -ī** m *(hier):* Jünger

Zum Staatsfeind erklärt – die Verfolgung der Christen

Grundwissen: Im Römischen Reich kam es immer wieder zu **gesamtstaatlichen Christenverfolgungen**. Zunächst tolerierte man die Christen als **jüdische Sekte**. Bald aber sah man ihre **Ablehnung des Staats- und Kaiserkults** als Hochverrat an, da sie nur ihren Gott anbeteten. Sie wurden **verbrannt, gekreuzigt** oder fanden den **Tod in der Arena**. Im Jahre **313 n. Chr.** schließlich erließ Kaiser **Konstantin** ein **Toleranzedikt**, das ihnen **Religionsfreiheit** zusicherte und die **Verfolgungen beendete**.

a. Informiere dich: Wodurch ist Religionsfreiheit in unserem Staat gewährleistet? Wo finden auch heute Formen von religiöser Verfolgung statt?

Kaiser Nero, der den Christen die Schuld an einem verheerenden Brand in Rom (64 n. Chr.) gab, soll sie grausam verfolgt haben: Der Apostel **Petrus**, das Haupt der christlichen Gemeinde von Rom, starb am Kreuz. **Paulus**, den Missionar des Urchristentums, ließ man enthaupten.

b. Wieso wurde Paulus nicht gekreuzigt? Informiere dich, warum sich Petrus „verkehrt herum“ kreuzigen ließ.

Tod des Petrus und Paulus (1569), Gemälde von Pieter Pietersz, Museum Gouda

Ü1

1 ***Gewusst wie! Ersetze die Formen von scire durch die entsprechenden von cognovisse.***

scio – sciebas – scirent – sciatis – sciunt – sciemus

2 ***Wandle die Sätze nach den angegebenen Beispielen um und übersetze.***

Nemo mihi odio est. → Neminem odi. Avi memor sum → Avi memini.

1. Cur Christiani Romanis odio erant? 2. Hominibus semper vitia[1] aliorum odio erunt. 3. Superbia atque avaritia nonnullis senatoribus odio erant. 4. Vobis semper iniuria odio sit! 5. Multi beneficiorum Iesu Christi memores sunt. 6. Ego suppliciorum de Christianis sumptorum memor sum.

1) **vitium, -ī** n: Fehler, schlechte Angewohnheit

Ü2

3 ***Übersetze.***

1. Suae quisque nationis historiam noscat! 2. Suae quisque fortunae faber[1] est. 3. Sibi quisque consulat!

1) **faber, -brī** m: Handwerker, Schmied

4 ***Entscheide, ob du eine Form von omnis oder quisque bzw. unusquisque einsetzen musst, und übersetze.***

1. Imperator animos ______ militum verbis acerrimis excitat. 2. Imperator ______ nomine appellat. 3. Divitissimus ______ se iustum praebeat. 4. Puto Iesum Christum ______ homines dilexisse.

5 ***Ersetze die fett gedruckten Wörter durch ein sinngleiches Wort.***

1. Piratae[1] naves **incenderunt**. 2. Milites **salvi** domum redierunt. 3. Historiam Romanorum **scimus**. 4. **Interdum** homines iniuriis consuescunt.

6 ***Nichts als Pronomina: Bestimme die Kasus und gib die deutsche Bedeutung der Wörter an.***

aliquibus – illos – istius – cuidam – unumquemque – earum – ipsas – iisdem

7 ***Geschafft!***

1. Etsi constat vos omnes ferias[1] magno gaudio exspectare, memores sitis eorum, quae hoc anno didicistis: 2. Quosdam Graecos claros cognovistis. 3. Sed non solum in Graecia viri clari consueverant rem publicam regere; certe etiam Romanorum clarorum meministis. 4. Multi Caesarem propter cupiditatem rem publicam regendi oderant. 5. Cicero, qui libertatem civium servare volebat, crudeliter occisus est. 6. Bellis civilibus[1] confectis princeps Augustus civibus pacem diu desideratam tulit. 7. Cui unusquisque civium cordi erat. 8. Quidam principes autem iuste regere in animo non habebant, sed luxuriae[2] et divitiis studebant. 9. Meministisne M. Aurelii, qui non solum princeps, sed etiam philosophus[1] clarus erat? 10. Et imperatorem Hadrianum novistis, qui itinera per provincias[1] facere consueverat. 11. Postremo cognovistis quosdam homines unum Deum colere consuevisse.

Nunc autem licet se quemque otio dare!

1) **cīvīlis, -is, -e:** bürgerlich, Bürger- 2) **lūxuria, -ae** f: Verschwendungssucht, Zügellosigkeit

Das Christentum auf dem Weg zur Staatsreligion – die Konstantinische Wende

Konstantin der Große (272/85–337 n. Chr.) herrschte in einer Zeit, zu der das Römische Reich aufgrund seiner Größe nicht mehr nur von einem Kaiser allein und nicht nur von Rom aus regiert wurde: Es war aufgeteilt in Ost- und Westrom. Als Konstantin und sein Schwager **Maxentius**, ein erbitterter Christenverfolger, die Herrschaft über das Weströmische Reich gleichzeitig beanspruchten, kam es zum Bürgerkrieg.

Abguss des Kopfes der einst zwölf Meter hohen Konstantin-Statue für eine Ausstellung in Trier (2007). Das Original steht in den Kapitolinischen Museen in Rom.

a. ***Informiere dich, welchen Namen die türkische Stadt Istanbul früher hatte und warum sie so hieß.***

Grundwissen: Im Jahre **312 n. Chr.** standen sich **an der Milvischen Brücke** vor Rom die Heere des **Konstantin** und des **Maxentius** gegenüber. Vor der Schlacht soll Konstantin **im Traum ein Kreuz gesehen** und eine Stimme gehört haben, die sagte: **„*In hoc signo vinces* (In diesem Zeichen wirst du siegen).“** Mit seinem Sieg über ein zahlenmäßig überlegenes Heer wurde Konstantin **zum ersten christlichen Kaiser**. Im Jahre **380 n. Chr.** machte Kaiser **Theodosius I.** das **Christentum zur Staatsreligion**.

Fresko von Giulio Romano, um 1520/25, im Vatikan in Rom

b. ***Erschließe, was auf dem Bild von Giulio Romano dargestellt ist.***

Sprachwerkstatt Englisch

"How's the psalms' title page coming along?"

Welchen Fehler hat der englische Mönch bei der Gestaltung der Titelseite für die Psalmen gemacht? Kannst du dir erklären, wie es zu dem Fehler gekommen ist? Tipp: Denke an englische Wörter wie know, knife, knock.
Übrigens: psalm reimt sich auf calm – Kannst du psalm jetzt korrekt aussprechen?

„Wie geht's mit dem Titelblatt der Psalmen voran?" – Karikatur der englischen Zeitschrift Punch vom 12.11.1986

Im Englischen gibt die **Schreibung** eines Wortes oft viel genauere Hinweise auf seine Herkunft als die **Aussprache**. Deswegen lohnt es sich, bei einem scheinbar unbekannten Wort genauer hinzuschauen, ob sich darin nicht lateinische „Verwandte" verbergen.

Finde die lateinischen Verwandten von preacher, saint, infinite, charity, eternity.

Bei **zusammengesetzten Wörtern** ist es wichtig, die einzelnen Bestandteile richtig voneinander abzugrenzen:

Vorsilbe:
- Bei *in-correct* lässt sich, wie bei *in-visible, in-complete* und vielen anderen lateinischstämmigen Adjektiven, die Vorsilbe *in-* abspalten. Diese entspricht der deutschen Vorsilbe *un-* und bewirkt wie diese eine Verneinung: *un-richtig, un-sichtbar, un-vollständig.*
- Außerdem findet hier im Englischen dieselbe Assimilation statt, die es auch im Lateinischen gibt: *in- + regular > ir-regular, in- + mortal > im-mortal, in- + patient > impatient* („un-regelmäßig", „un-sterblich", „un-geduldig").
- Die Vorsilbe *un-* wird im Englischen zur Verneinung von germanisch-stämmigen Adjektiven verwendet: *un-friendly, un-healthy, un-happy.*

Nachsilbe:
- Die englische Nachsilbe *-ity* hat sich aus der lateinischen Endung *-itas* (wie in *celer-itas, cupid-itas, crudel-itas*) entwickelt. Sie verwandelt ein Adjektiv in ein zugehöriges Substantiv.

Versuche dich nun selbst an zusammengesetzten englischen Wörtern.
1. *Verneine mit* ***un-*** *oder* ***in-(ir- / il- / im-)****: lucky, cool, different, direct, easy, fair, free, frequent, kind, mobile, possible, true.*
2. *Erschließe die deutsche Bedeutung: possibility, immortality, security, vanity, stupidity, clarity, reality, irregularity, instability.*

Ein besonderes Ereignis auf einer besonderen Säule

Wohl erst nach dem Tod Mark Aurels ließ der Senat eine Ehrensäule für den Kaiser errichten. Hören wir, wie einige römische Jungen sich kurz nach der Aufstellung über diese Säule unterhalten.

Aulus: „Specta, Luci: Hic exercitum Romanum Danuvium transeuntem et fines Marcomannorum Quadorumque invadentem conspicio. Et ibi milites Romani barbaros[!], sive viros sive feminas, prehendunt et in servitutem abducunt. Barbaris[!] non parcunt!"

Lucius: „Milites nostri certe copiis barbarorum[!] virtute et gloria praestant animoque numquam deficiunt. Tamen bella longa ac gravia contra Marcomannos Quadosque, hostes feros cupidosque vincendi, gesta sunt. Sed … quis est hic senex mirus, e cuius barba[1] aqua in capita militum defluit[2]?"

Aulus: „Tibi fabulam inauditam narrabo: Milites M. Aurelii imperatoris inopia gravi premebantur. Nam per multos dies imber non ceciderat. Itaque omnes magna siti[3] laborantes impetum hostium vix sustinebant. Qua de causa magus[4] quidam Aegyptius, qui huic pugnae intererat, a Mercurio deo petivit, ut legionibus Romanis auxilium ferret. Profecto milites Romani magnis imbribus subito cadentibus gaudebant, sed barbari[!] tempestate gravi territi fugerunt."

Plötzlich mischt sich ins Gespräch ein recht einfach gekleideter etwa gleichaltriger Junge ein, der schon eine Weile neben ihnen stand:

„Non erat Mercurius ille deus adiuvans, sed alius deus Romanis sic favebat: Erat Deus pater, qui a militibus Christianis suppliciter rogatus hoc miraculum[5] effecit. M. Aurelius profecto putavit legiones Romanas precibus Christianorum servatos esse. Qua de causa dixit se unumquemque capitis damnaturum esse, qui Christianos alicuius sceleris accusaret[6].

Diese verschiedenen Ansichten darüber, wie es zu diesem „Regenwunder" kam, geben die Meinungen von christlichen und heidnischen Schriftstellern der damaligen Zeit wieder, wie sie in ihren Schriftwerken zu finden sind.

1) **barba, -ae** f: Bart 2) **dēfluere (dēfluō, dēflūxī, –):** herabfließen 3) **sitis, -is** f: Durst
4) **magus, -ī** m: Zauberer 5) **mīraculum, -ī** n: Wunder 6) *Übersetze hier im Indikativ der entsprechenden Zeit.*

Das Regenwunder, Ausschnitt vom Reliefband der Mark-Aurel-Säule in Rom

Wiederholungsübung

*Übersetze und erkläre jeweils die unterschiedliche Verwendungsweise von **quod**.*

1. Augustus bene fecit, quod rem publicam temperantia rexit. **2.** Quod Caligula ab eo sibi exemplum non sumpsit, populo Romano odio erat. **3.** Callimachus: „Monumentum, quod ibi videtis, Mausoleum[1] Hadriani est.“ **4.** Quod videntes liberi Callimachum rogaverunt, ut mores huius principis ostenderet.

bis Lektion 77

Formuliere in vier Sätzen auf Lateinisch und auf Deutsch eine „Mordsache“, die positiv oder negativ für den Angeklagten enden kann.

Beginne mit: **1.** Homo quidam caedis accusatur. **2.** Tum caedis ... **3.** Deinde a) aut ... b) aut ...

bis Lektion 78

Bilde möglichst viele sinnvolle Wortverbindungen und übersetze.

peritus – cupidus – memor – plenus – conscius
imperii – sapientiae – sceleris – iuris – amicorum

bis Lektion 79

Setze jeweils das Verb in Klammern in der richtigen Partizipform ein und übersetze.

1. Homines barbaros[1] agros ______ (delere) videbant.
2. Liberi Marcellum ______ (venire) audiebant.
3. Flavus et Arminius Romanos urbem templis[1], domibus, viis latioribus ______ (ornare) videbant.
4. Arminius Romanos in silvas Germaniae ______ (invadere) conspexit.

Setze jeweils ein selbst gewähltes, dem Sinn nach passendes Partizip in der richtigen Form ein.

1. Liberi Balbinam ______ audiverunt.
2. Balbina liberos ______ vidit.
3. Omnes patrem Balbinae ______ aspexerunt.
4. Liberi homines domum ______ viderunt.

bis Lektion 80

Quo vadis?

1. Nerone imperatore magnae partes urbis flammis[1] comprehensae sunt. **2.** Nonnulli imperatorem auctorem incendii fuisse putabant. **3.** Qua de causa Nero Christianos urbem incendisse contendit. **4.** Sic plures Christiani comprehensi et capitis damnati sunt. **5.** Ferunt Petrum apostolum[1] animo defecisse et fugere quam interfici maluisse. **6.** Sed ex urbe fugiens subito Iesum Christum urbi appropinquantem vidit. **7.** Cupidus se Christo coniungendi rogavit: „Quo vadis, Domine?“ **8.** At Christus respondit: „Romam peto, ut iterum in cruce figar.“ **9.** Petrus Dominum haec verba facientem audiens protinus in urbem rediit et se ipsum in cruce figi sivit.

Wiederholungsübung

Nenne jeweils den oder die Kasus, den folgende Adjektive oder Verben bei sich haben und übersetze diese. Achte darauf, wo es mehrere Möglichkeiten gibt.

conscius – adiuvare – nubere – plenus – consulere – favere – indignus – curare – interesse – providere – studiosus – deficere – cupidus – persuadere – fugere – praeterire – imperare – parcere – ignarus – opus est – poscere – spoliare – transire

bis Lektion 77

Nenne zu jedem der folgenden Wörter ein neu gelerntes Adjektiv oder Verb aus der gleichen Wortfamilie (auch Komposita) und seine deutsche Bedeutung.

servare – patria – sacer – solvere

bis Lektion 78

pppp – lauter p! Gehe vom Zentrum aus und ergänze den Wortstern um die fehlenden Buchstaben; gib die deutschen Bedeutungen dieser Wörter an.

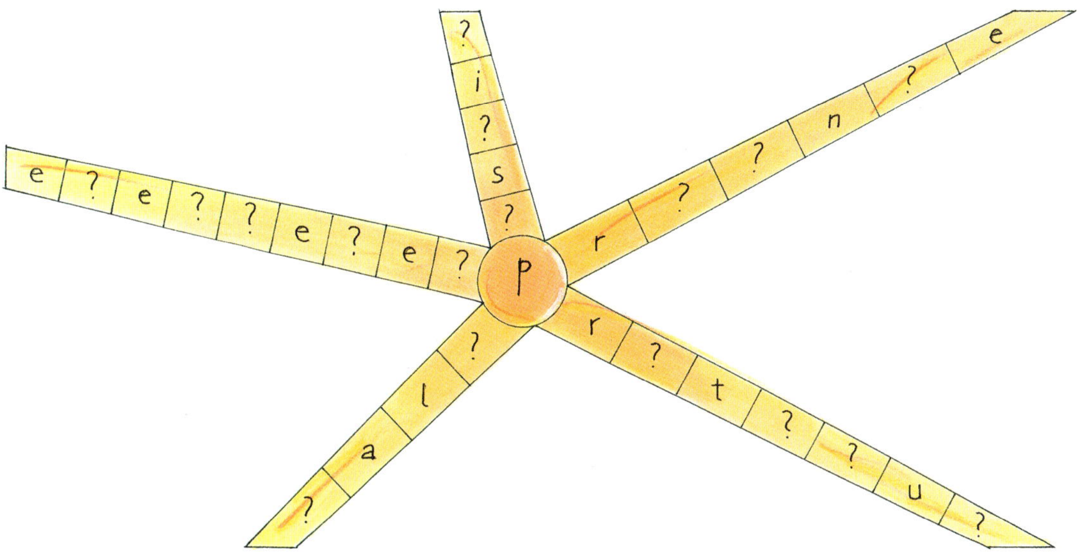

bis Lektion 79

Erkläre die Bedeutung der fett gedruckten Fremdwörter mithilfe der zugrunde liegenden lateinischen Wörter.

1. Die **Crux** an der Sache ist, dass …
2. Bei uns in der Klasse herrscht eine **familiäre** Atmosphäre.
3. Wir erörterten das **Pro** und Contra der Gründung einer Klassenzeitung.
4. Im Gebäude nebenan lebt eine **Kongregration** von Ordensschwestern.

bis Lektion 80

Suche aus dem aktuellen Wortschatz Synonyme zu:

nonnumquam – memoria tenere – salvus – quamquam – omnis

So viel hast du in diesem Schuljahr gelernt – ein Abschlussquiz

Beantworte die folgenden Fragen. Die Zahl in den Klammern nach jeder Frage gibt den Buchstaben an, den du in den Lösungszeilen unter der Nummer der jeweiligen Frage eintragen musst. Übertrage dazu das Antwortschema in dein Heft.

Lektion 61–64

1. Das Museion in Alexandria war die bedeutendste _______ der Antike. (1)
2. Wie nennt man die „Herrschaft des Volkes“? (2)
3. Wie heißt der älteste der berühmten drei griechischen Tragödiendichter? (1)
4. Wie heißt der bedeutendste Schüler des Sokrates? (4)

Lektion 65–68

5. Wo fand die Schlacht statt, in der Octavian über Marcus Antonius und Kleopatra siegte? (5)
6. Wie heißt das Bündnis, das Cäsar mit Pompejus und Crassus schloss? (3)
7. Welches Land unterwarf Cäsar während seiner Statthalterschaft? (3)
8. Wessen Verschwörung deckte Cicero auf? (5)

1 2 3 4 5 S   6 7 8 9 (EST),

Q U 10   11 12 13 C 14 L   15 16 17 O 18 19 I 20 (EST).

Lektion 69–72

9. Was bedeutet der Name „Augustus"? „Der ______" (1)

10. Wie heißt die Herrschaftsform in Rom seit Augustus? (3)

11. Mark Aurel wird „der ______ auf dem Kaiserthron" genannt. (1)

12. Wie heißt die Grenzbefestigung in Britannien? (2. Wort, 4. Buchstabe)

Lektion 73–76

13. Bis zu welchem Fluss verlief der Limes vom Rhein aus? (2)

14. Wie hieß der Stiefsohn des Augustus, der Feldzüge gegen die Germanen unternahm? (3)

15. Wer führte den Aufstand der Cherusker gegen die Römer an? (5)

16. Man nennt die „Varus-Schlacht" auch die Schlacht ______ ______. (1. Wort, 2. Buchstabe)

Lektion 77–80

17. Auf welchem Berg wurde Jesus gekreuzigt? (1)

18. Wie heißt die Bibelübersetzung, die Hieronymus verfasste? (6)

19. Welcher Kaiser ließ das Christentum offiziell tolerieren? (9)

20. Unter welchem Kaiser wurde das Christentum Staatsreligion? (7)

L61 W1

glōria, -ae f	Name „Gloria"; glorreich	**der Ruhm**
laus, laudis f	vgl. laudāre	**das Lob; der Ruhm**
ratiō, ratiōnis f – *Ratiōne carēs.* – *Id nūllā ratiōne faciam.*	rational	**die Vernunft; die Art und Weise; die Berechnung, die Überlegung** – *Du bist unvernünftig.* – *Dies werde ich auf keine Weise / keineswegs tun.*
cupidus, -a, -um *(m. Gen.)* *cupidus pecūniae*	vgl. cupere	**gierig, begierig** *gierig nach Geld, geldgierig*
honestus, -a, -um	vgl. honōs	**ehrenhaft**
aestimāre	vgl. ex-īstimāre	**schätzen, einschätzen, meinen**
igitur		**also**

L61 W2

exemplum, -ī n	exemplarisch; engl.: example	**das Beispiel; das Vorbild**
ferrum, -ī n	ital.: ferrovia (Eisenbahn)	**das Eisen; die Waffe, das Schwert**
vehemēns (m f n) *Gen. Sg.* vehementis	vehement	**heftig, nachdrücklich**
oportet oportuit *Nōs amīcōs adiuvāre oportet.*		**es gehört sich, man muss** *Es gehört sich, dass wir Freunden helfen. / Freunden müssen wir helfen.*
dīligere dīligō, dīlēxī, dīlēctum	⟷ neglegere; vgl. dīligēns	**lieben, hochschätzen**
ostendere ostendō, ostendī, –	ob („entgegen") + tendere: entgegen-strecken	**zeigen, erklären, offenbaren**
sīve ... sīve ... *sīve cāsū (durch Zufall) sīve cōnsiliō deōrum immortālium*	vgl. sī	**sei es (, dass) ... oder (dass ...)** *sei es durch Zufall oder auf Beschluss der unsterblichen Götter*

Tipps zur Worterschließung I

Über die Kenntnis des Stamms und der Suffixe von Substantiven kannst du die Bedeutung von Substantiven zum Teil selber erschließen. Merke dir folgende Suffixbedeutungen und finde dazu Beispiele im Vokabelverzeichnis:

-ia / -itia / -tās / -tūs / -tūdō / -or → Zustand, Eigenschaft ***-iō / -tiō / -ium*** → Handlung, Ergebnis

L62 W1

nātūra, -ae f *Nātūra huius scelerātī nōs omnēs terret.*		**die Natur; das Wesen** *Das Wesen dieses Verbrechers erschreckt uns alle.*
odor, odōris m	De-**odor**ant	**der Geruch; der Duft; der Gestank**
foedus, -a, -um		**hässlich, abscheulich**
āter, ātra, ātrum	„Diēs āter“	**schwarz, finster**
sapiēns m f n *Gen. Sg.* sapientis	Homo sapiens	**weise;** *Subst.* **der Weise**
paulisper	vgl. paulātim, paulō post	**ein Weilchen, kurze Zeit**
quam *(nach dem Komparativ)*		**als**

L62 W2

contumēlia, -ae f		**die Beleidigung; die schmachvolle Behandlung**
arcus, arcūs m	Arkaden; Arc de Triomphe	**der Bogen**
acerbus, -a, -um	vgl. ācer	**bitter; schmerzlich, rücksichtslos**
iūdicāre	iūs + dīcere: Recht sprechen; Judikative	**urteilen, beurteilen, entscheiden**
obsecrāre	ob (entgegen) + sacrum, eigtl. „etwas Heiliges entgegenhalten“	**anflehen, beschwören**
etiam *(vor dem Komparativ)* *etiam clārior*		**noch** *noch berühmter*
meritō	vgl. merēre	**verdientermaßen**

Tipps zur Worterschließung II

Über die Kenntnis des Stamms und der Suffixe von Substantiven kannst du die Bedeutung von Substantiven zum Teil selber erschließen. Merke dir folgende Suffixbedeutungen und finde dazu Beispiele im Vokabelverzeichnis:

-tor / -trīx → handelnde Person (m / f)
-mentum / -men → Mittel, Gemachtes
-tura → Handlungsergebnis
-ulus / -culus / -ellus → Verkleinerung

L63 W1

sēnsus, sēnsūs m	vgl. sentīre; Sensor, sensibel; engl.: sense	**der Sinn, das Gefühl, die Empfindung**
alter, altera, alterum **alter … alter …** *Gen. Sg.* alterīus, *Dat. Sg.* alterī	Alternative	**der eine (von beiden)** **der eine … der andere …**
beātus, -a, -um	Name „Beate“	**glücklich**
iūcundus, -a, -um		**angenehm, erfreulich**
uterque, utraque, utrumque *Gen. Sg.* utrīusque, *Dat. Sg.* utrīque *Utraque fīlia adest.*		**jeder von beiden, beide** *Jede der beiden Töchter ist da. / Beide Töchter sind da.*
hinc	vgl. hīc	**von hier; hierauf; daher**
quod – *bene ēvenit, quod* – *bene / male facere, quod*	Das sog. „faktische quod“ trifft eine Feststellung.	**dass** – *es trifft sich gut, dass* – *gut / schlecht daran tun, dass*

L63 W2

sapientia, -ae f	vgl. sapiēns	**die Weisheit**
iūdex, iūdicis m	vgl. iūs, iūdicāre	**der Richter**
prosper, prospera, prosperum	**prosper**ierend	**günstig, segensreich**
dissimilis (m, f), **dissimile** (n) *Gen. Sg.* dissimilis	vgl. similis; vgl. facilis – difficilis	**unähnlich**
temptāre – *fortūnam bellī temptāre* – *fidem sociī temptāre* – *manū caput temptāre* – *moenia temptāre*	**Tent**akel, A**ttentat**; Grundbedeutung: sich an etwas versuchen	**versuchen, auf die Probe stellen; betasten; angreifen** – *das Kriegsglück versuchen* – *die Treue des Gefährten auf die Probe stellen* – *mit der Hand den Kopf betasten* – *die Stadtmauern angreifen*
incolere **incolō, incoluī, incultum**	vgl. colere	**bewohnen**
sīn (autem)	vgl. sī	**wenn aber**

Tipps zur Worterschließung III

Über die Kenntnis des Stamms und der Suffixe von Adjektiven kannst du die Bedeutung von Adjektiven zum Teil selber erschließen. Merke dir folgende Suffixbedeutungen und finde dazu Beispiele im Vokabelverzeichnis:

-ōsus → Fülle
-eus → Stoff
-ius / -icus → Zugehörigkeit / Herkunft
-ālis / -īlis / -idus → Eigenschaft
-bilis → Möglichkeit
-tus → Ausstattung mit etwas

L64 W1

ingenium, -ī n	vgl. gēns, genus; genial, Genie, Ingenieur	**die Begabung; das Genie**
mōlēs, mōlis f *Gen. Pl.* **mōlium**	Mole, de**mol**ieren	**die schwere Masse; die Last**
sīdus, sīderis n	vgl. dē-sīderāre: sich etwas (von den Sternen herab)wünschen	**der Stern, das Sternbild**
propinquus, -a, -um	vgl. prope	**nahe, benachbart;** *Subst.* **der Verwandte**
stupēre **stupeō, stupuī, –**	 stumm sein vor Schreck engl.: stupid	**starr sein; stutzen, staunen**
subdūcere **subdūcō, subdūxī, subductum** – *Virī nāvēs subdūcunt.* – *Fūrēs aurum subdūcunt.*	sub + dūcere	**an Land ziehen; stehlen** – *Männer ziehen Schiffe an Land.* – *Diebe stehlen Gold.*
tunc	= tum	**dann, darauf; da; damals**

L64 W2

arēna, -ae f	Die Gladiatoren kämpften auf dem Sand der Arena.	**der Sand;** **der Sandplatz, die Arena**
radius, -ī m	Radius, Radio, Radar	**der Strahl**
vēlum, -ī n		**das Tuch; das Segel; der Vorhang**
arcēre **arceō, arcuī, –** *victōs (ā) fugā arcēre*	vgl. arx	**abwehren, abhalten, fernhalten** *die Besiegten von der Flucht abhalten*
perterrēre *(m. Akk.)* **perterreō, perterruī, perterritum**	per (Verstärkung) + terrēre	**heftig erschrecken**
torquēre **torqueō, torsī, tortum**	Torte; Tortur	**drehen; schleudern; foltern**
quam *(vor dem Superlativ)* *quam celerrimē*		**möglichst** *möglichst schnell / so schnell wie möglich*

Tipps zur Worterschließung IV

Über die Kenntnis des Stamms und der Suffixe von Verben kannst du die Bedeutung von Verben zum Teil selber erschließen. Merke dir folgende Suffixbedeutungen und finde dazu Beispiele im Vokabelverzeichnis:

-scere → Handlungsbeginn ***-itāre / -sāre*** → Handlungswiederholung, -verstärkung

L65 W1

amīcitia, -ae f	vgl. amīca, amīcus	**die Freundschaft**
miseria, -ae f	vgl. miser, misericordia; Misere	**das Elend, das Unglück**
coniūrātus, - ī m	con + iūrāre	**der Verschwörer, der Mitverschwörer**
iūs iūrandum, -ī n iūsiūrandum, -ī n	vgl. iūrāre	**der Eid, der Schwur**
firmus, -a, -um	vgl. cōnfirmāre; firm, Firmung	**stark, fest**
abdere abdō, abdidī, abditum *sē in silvās abdere*	ab + dare	**verstecken, verbergen** *sich in den Wäldern verstecken*
ferē *(nachgestellt)* *Omnēs ferē arborēs caesae sunt.*	= paene	**fast, ungefähr** *Fast alle Bäume sind gefällt worden.*

L65 W2

lectus, -ī m		**das Bett, das Lager**
colloquium, -ī n	Kolloquium	**die Unterredung, das Gespräch**
discrīmen, discrīminis n *Rēs summō in discrīmine est.*	Diskriminierung	**der Unterschied; die Entscheidung; die Gefahr** *Es besteht höchste Gefahr. / Die Sache steht auf des Messers Schneide.*
coniūrātiō, coniūrātiōnis f	vgl. coniūrātus	**die Verschwörung**
indicāre	Indiz, Indikator	**anzeigen, melden, verraten**
cōnsistere cōnsistō, cōnstitī, – – *mediā in viā cōnsistere* – *in aciē cōnsistere* cōnsistere ex *ex aurō cōnsistere*	con + sistere; Konsistenz	**stehen bleiben; sich aufstellen** – *mitten auf dem Weg stehen bleiben* – *sich in der Schlachtreihe aufstellen* **bestehen aus** *aus Gold bestehen*
stringere stringō, strīnxī, strictum *gladium stringere*	Boa Constrictor *(Würgeschlange, die ihr Opfer „zusammenschnürt“)*	**zücken; zusammenschnüren** *sein Schwert ziehen*

L66 W1

rīpa, -ae f		**das Ufer**
carmen, carminis n	vgl. canere; Name „Carmen“	**das Lied, das Gedicht**
flūmen, flūminis n		**der Fluss**
pōns, pontis m *Gen. Pl.* **pontium** *Pōns ad alteram rīpam flūminis pertinet.*	 Ponte Vecchio, Pont du Gard	**die Brücke** *Die Brücke erstreckt sich zum anderen Ufer des Flusses.*
cunctī, -ae, -a	= omnēs	**alle**
īgnārus, -a, -um *(m. Gen.)*	vgl. īgnōrāre	**unwissend, ohne Wissen**
hūc	vgl. hīc, hinc	**hierher**

L66 W2

fāma, -ae f *Fāma per urbem it.*	vgl. fābula; famos	**das Gerücht;** **der (gute oder schlechte) Ruf** *Ein Gerücht geht durch die Stadt.*
ōsculum, -ī n	„-(c)ulus, -(c)ula, -(c)ulum“ ist ein Deminutiv (Verkleinerungsform). ōs: „Mund“ → ōsculum: „das Mündchen“ (der zum Kuss gespitzte Mund)	**der Kuss**
cōnscius, -a, -um *(m. Gen.)* – *cōnscius coniūrātiōnis* – *cōnscius necis*	con + scīre	**mitwissend, eingeweiht; sich bewusst;** *Subst.* **der Mitwisser** – *eingeweiht in die Verschwörung* – *Mitwisser an einem Mord*
rēgius, -a, -um *(domus) rēgia*	vgl. regere, rēgīna, rēx	**königlich** *der Königspalast*
coniungere **coniungō, coniūnxī, coniūnctum**	vgl. coniūnx; Konjunktion	**verbinden, vereinigen**
ob *(m. Akk.)* **quam ob rem / quamobrem** **quā rē / quārē**	vgl. occurrere, obsecrāre; eigtl. „wegen welcher / dieser Sache; durch welche / diese Sache“	**wegen; entgegen** **weswegen;** **deswegen** *(rel. Satzanschluss)*
rūrsus	= iterum	**wieder; zurück**

L67 W1

cārus, -a, -um	„Caritas“: (Nächsten)Liebe; franz.: chéri	**lieb, teuer, wertvoll**
proximus, -a, um	Superlativ zu prope	**der nächste**
varius, -a, -um	variabel, Varieté	**vielfältig, verschieden, bunt**
āiō (āis, āit, āiunt) *ut aiunt*	Verbum dēfectīvum	**ich sage, ich behaupte** *wie sie (die Leute) sagen, wie man sagt*
persuādēre *(m. Dat.)* **persuādeō, persuāsī, persuāsum** – *Mercātor (Händler) nōbīs persuāsit, ut mercēs suās emerēmus.* – *Sacerdōs hominibus persuāsit deum mundum fīnxisse.* – *Mihi persuāsum est.*	vgl. suādēre; engl.: to persuade	**überreden** *(m.* ut*)*, **überzeugen** *(m. AcI)* – *Der Händler überredete uns (dazu), dass wir seine Waren kauften.* – *Der Priester überzeugte die Menschen (davon), dass Gott die Welt erschaffen hat.* – *Ich bin überzeugt.*
ante, anteā	vgl. ante	**vorher**
paulō *paulō ante*	vgl. paulō post, paulisper, paulātim	**ein wenig, ein bisschen** *ein wenig vorher*

L67 W2

aequus, -a, -um *aequō animō*	Äquator („Gleichmacher“, der den Erdball in zwei Halbkugeln teilt)	**gleich, gerecht, gelassen** *mit Gelassenheit*
apertus, -a, -um	vgl. aperīre	**offen, offenkundig**
mortuus, -a, -um *Caesare mortuō*	vgl. mors, mortālis	**tot** *nach dem Tod Cäsars*
rēctus, -a, -um	vgl. regere; engl.: right	**richtig; gerade**
trahere **trahō, trāxī, tractum** *suspiciōnem trahere ex*	kon**trahieren**, sub**trahieren**, at**trak**tiv, **Trak**tor	**ziehen, zerren, schleppen** *Verdacht schöpfen aus*
obīre *(m. Akk.)* **obeō, obiī, obitum** *(mortem) obīre*	ob + īre	**entgegengehen, begegnen** *sterben*
interest *(m. Gen. und Abl.)* – *Rōmānōrum interest* – *meā interest* – *vestrā interest*	inter + est: eigtl. „es ist etwas dazwischen“, „es macht einen Unterschied: Es ist also wichtig“	**es ist wichtig (für)** – *es ist wichtig für die Römer* – *es ist für mich wichtig* – *es ist für euch wichtig*

L68 W1

vigilia, -ae f *dē tertiā vigiliā surgere*	⟷ somnus; die Vigil (Nachtmesse)	**die Nachtwache, die Wache** *während der dritten Nachtwache (zwischen 0:00 und 3:00 Uhr) aufstehen*
opīniō, opīniōnis f *opīniōne celerius*	engl.: opinion	**die Meinung; die Erwartung** *schneller als erwartet, unerwartet schnell*
patrēs (cōnscrīptī), patrum (cōnscrīptōrum) m	pater, con + scrībere: „in die Senatslisten eingetragene Väter“	**die Senatoren**
spērāre	vgl. spēs, dēspērāre	**hoffen, erhoffen**
reprehendere reprehendō, reprehendī, reprehēnsum	vgl. comprehendere; re + prehendere: jemanden durch Tadel oder Kritik vom falschen Verhalten **zurück**halten	**tadeln, kritisieren**
quoniam	kausale Subjunktion, die verwendet wird, wenn der Grund offensichtlich ist	**da ja, da nun**
vērō	vgl. vērus	**wirklich; aber; jawohl**

L68 W2

taedium, -ī n		**der Ekel, der Überdruss**
cervīx, cervīcis f		**der Nacken, der Hals**
improbus, -a, -um	in (Gegenteil) + probus	**schlecht, unanständig, niederträchtig**
indīgnus, -a, -um *(m. Abl.)* – *Iste vir mūnere indīgnus est.* – *Cōnsulem! indīgnē reprehendit.*	in (Gegenteil) + dīgnus	**unwürdig, empörend** – *Dieser Mann da ist eines öffentlichen Amtes unwürdig.* – *Er hat auf empörende Art den Konsul kritisiert.*
cōnscendere cōnscendō, cōnscendī, cōnscēnsum *nāvem cōnscendere*	= ascendere	**hinaufsteigen, besteigen** *ein Schiff besteigen, in See stechen*
eō	„Cum eō eō eō eō.“ „Mit ihm gehe ich deswegen dorthin.“	**deswegen; dorthin**
iste, ista, istud *Gen. Sg.* istīus *Dat. Sg.* istī	vgl. ille, illa, il**lud**	**dieser, dieser da**

L69 W1

āra, -ae f	Ara Pacis	**der Altar**
magister, magistrī m	Meister, Mister	**der Lehrer; der Vorsteher**
prīnceps, prīncipis m	< primus + capere: der, der den ersten Rang einnimmt; Prinz	**der Erste, der führende Mann; der Kaiser**
aureus, -a, -um	vgl. aurum; Goldmünze „Aureus“, Name „Aurelia“	**golden; vergoldet**
dīvus, -a, -um	vgl. deus, dīvīnus; Film-Diva	**göttlich**
obscūrus, -a, -um	obskur	**dunkel; unverständlich**
dēmittere dēmittō, dēmīsī, dēmissum – *animum dēmittere* – *capite dēmissō*	dē + mittere	**hinabschicken, sinken lassen** – *den Mut sinken lassen* – *mit gesenktem Haupt*

L69 W2

beneficium, -ī n	< bene + facere; Benefiz-Veranstaltung	**die Wohltat, der Gunstbeweis, die Gefälligkeit**
prīstinus, -a, -um *mōs prīstinus*		**der frühere, der ehemalige** *die frühere Sitte*
fulgēre fulgeō, fulsī, –	vgl. **ful**men	**blitzen, leuchten, strahlen**
nescīre	⟷ scīre; = īgnōrāre	**nicht wissen, nicht kennen**
quaesō / quaesumus *Cane mihi, quaesō, carmen!*	Verbum dēfectīvum	**(ich) bitte / wir bitten** *Sing mir bitte ein Lied!*
prīmum – *prīmum ... deinde* – *prīmum ... postrēmō*	vgl. prīmō; Adverb zur Ordnungszahl „prīmus“	**erstens, zuerst, zum ersten Mal** – *zuerst ... dann* – *zuerst ... zuletzt*
num / -ne (utrum) ... an / (-ne) ... an ...	Verwendung jeweils im indirekten Fragesatz	**ob ob ... oder ...**

L70 W1

vīcus, -ī m	vīcus meint eigtl. jede Ansammlung von Häusern: Gehöft, Häuserblock, Wohnviertel	**das Dorf; die Gasse**
senātus, senātūs m	eigtl. „Ältestenrat“; vgl. **sen**ex	**der Senat**
rārus, -a, -um *Adv.* rārō	rar, Rarität	**selten, vereinzelt**
nōmināre	vgl. nōmen; nominieren, Nominativ	**nennen**
perturbāre	per (Verstärkung) + turbāre	**durcheinanderbringen, verwirren, stören**
prōvidēre prōvideō, prōvīdī, prōvīsum prōvidēre, ut	vgl. vidēre; Provision	*(m. Dat.)* sorgen für *(m. Akk.)* vorhersehen **dafür sorgen, dass**
tandem	„Wann fahren wir *denn endlich* Tandem?“	**endlich, schließlich;** *(im Fragesatz)* **denn?**

L70 W2

temperantia, -ae f		**das Maßhalten, die Besonnenheit**
dictum, -ī n	= PPP zu dīcere: „dictum“ das Gesagte; engl.: dictionary	**der Ausspruch, das Wort**
collocāre	con + locus; eigtl. „alles sammeln und an einen Ort schaffen“	**aufstellen, errichten; ansiedeln**
iactāre – *saxa in nāvēs iactāre* – *dictum iactāre*	ein „Verbum intensivum“ zu iacere, das dessen Bedeutung verstärkt: eigtl. „hin und her werfen“	**schwingen; schleudern; immer im Munde führen** – *Felsbrocken auf Schiffe schleudern* – *einen Ausspruch immer im Munde führen*
nōlle, nōlō, nōluī, –	⟷ velle	**nicht wollen**
dum		*(m. Ind.)* solange, solange bis *(m. Ind. Präs.)* während *(m. Konj.)* **wenn nur**
satis / sat	satt	**genug**

L71 W1

currus, currūs m	vgl. currere	**der Wagen**
memorāre	vgl. memoria	**in Erinnerung rufen, erwähnen, erzählen**
temperāre – *temperāre īrae* – *temperāre hostibus victīs* – *temperāre vīnum* – *temperāre rem pūblicam lēgibus* **temperāre ā** *Temperāte ā malō!*	vgl. temperantia; **Temp**eratur (nach dem Mischen erreichter Wärmegrad) „sich schonen vor etw."	*(m. Dat.)* **mäßigen; schonen** *(m. Akk.)* **mischen; ordnen** – *seinen Zorn mäßigen* – *die besiegten Feinde schonen* – *den Wein mischen* – *den Staat durch Gesetze ordnen* **sich fernhalten von** *Haltet euch von dem Bösen fern!*
īnstituere **īnstituō, īnstituī, īnstitūtum** **īnstitūtum, -ī** n	in + statuere Institut, Institution	**einrichten; unterweisen; erbauen** **die Einrichtung, der Brauch**
perspicere **perspiciō, perspexī, perspectum**	vgl. cōnspicere, aspectus	**durchschauen, untersuchen, erkennen**
ēiusmodī *ēiusmodī rēs*	eius + modī: „von dieser Art" (Genitiv der Beschaffenheit)	**derartig** *derartige Dinge*
utinam *(Partikel beim Optativ)*		*(erfüllbar)* **hoffentlich** *(unerfüllbar)* **wenn doch**

L71 W2

mūrus, -ī m		**die Mauer**
līberālitās, līberālitātis f	vgl. līber, līberāre, līberī, lībertās	**die Freigebigkeit, der Edelmut**
libēns *Gen. Sg.* libentis, *Adv.* libenter	vgl. libīdō	**gern**
terere **terō, trīvī, trītum** – *aetātem terere* – *tempus terere*		**reiben, abreiben;** **verbringen, vergeuden** – *sein Leben verbringen* – *seine Zeit vergeuden*
forte	vgl. fortūna	**zufällig**
illīc	hīc: hier, an diesem Ort; illīc: dort, an jenem Ort	**dort**
plērumque	vgl. plērīque	**meistens**

L72 W1

avāritia, -ae f	⟷ līberālitās	**die Habgier; der Geiz**
auris, auris f *Gen. Pl.* aurium – *ad aurēs alicuius venīre* – *aures alicui praebēre / dare*	engl.: ear	das Ohr – *jemandem zu Ohren kommen* – *jemandem Gehör schenken*
cupiditās, cupiditātis f	vgl. cupidus, cupere	**die Begierde, das Verlangen, die Leidenschaft**
soror, sorōris f	pater et māter, soror et frāter	**die Schwester**
vulgus, -ī n	vulgär, Vulgata	**das Volk, die Volksmasse**
propius	Komparativ zu prope	**näher**
ūsque ad *(m. Akk.)*	ūsque („ununterbrochen") verstärkt das ad	**bis nach, bis zu**

L72 W2

disciplīna, -ae f	militärische Disziplin; die sportliche Disziplin „Speerwurf"	**die Lehre; das Unterrichtsfach; die Ordnung**
gemitus, gemitūs m		**das Seufzen, das Stöhnen**
hūmānus, -a, -um	vgl. homō; human, humanitär, Humanismus	**menschlich; gebildet**
cōnscrībere cōnscrībō, cōnscrīpsī, cōnscrīptum – *Hunc librum ipse cōnscrīpsī.* – *mīlitēs / cōpiās / legiōnēs cōnscrībere*	con + scrībere; eigtl. „in eine Liste (von Senatoren oder Soldaten) eintragen"; patrēs cōnscrīptī	**verfassen; ausheben** – *Dieses Buch habe ich selbst verfasst.* – *Soldaten / Truppen / Legionen ausheben*
praecipere praecipiō, praecēpī, praeceptum praeceptum, -ī n	prae (vor) + capere	**vorwegnehmen; vorschreiben, lehren** **die Vorschrift, die Lehre**
quīdam, quaedam, quoddam *(Adj.)* quīdam, quaedam, quiddam *(Subst.)* – *tacitus quīdam sermō* – *incrēdibilis quaedam māgnitūdō*		**ein gewisser;** *Pl.* **einige;** *(abschwächend)* **eine Art von,** *(verstärkend)* **geradezu** – *ein Art stilles Gespräch* – *eine geradezu unglaubliche Größe*
tamquam *tamquam sī*	tam + quam	**so wie, gleichsam** *als ob*

L73 W1

bōs, bovis m/f *Gen. Pl.* boum *Dat. Pl.* bōbus	engl.: beef, frz.: bœuf	**das Rind: der Ochse, die Kuh**
facultās, facultātis f	vgl. facere; fakultativ, Fakultas (Lehrbefähigung für ein Unterrichtsfach)	**die Fähigkeit; die Möglichkeit, die Gelegenheit**
mūnītiō, mūnītiōnis f	vgl. mūnīre, moenia; Munition (Bedeutungsverschiebung vom Bauwerk zum Pulver und Blei, das in ihm lagerte)	**die Befestigung, das Bollwerk**
flūctus, flūctūs m	vgl. flūmen	**die Flut**
frūctus, frūctūs m		**die Frucht; der Ertrag, der Gewinn**
interclūdere **interclūdō, interclūsī, interclūsum** *hostibus viam interclūdere*	inter + claudere	**versperren, abschneiden; verhindern** *den Feinden den Weg abschneiden*
superesse **supersum, superfuī, –**	super (darüber) + esse	**übrig sein; überleben; im Überfluss vorhanden sein**

L73 W2

clādēs, clādis f *Gen. Pl.* clādium *clādem accipere*		**die Niederlage; der Verlust** *eine Niederlage erleiden*
fūnus, fūneris n		**die Bestattung**
sepelīre **sepeliō, sepelīvī, sepultum**		**bestatten**
iungere **iungō, iūnxī, iūnctum**	vgl. iugum, coniungere	**verbinden, vereinigen**
lacessere **lacessō, lacessīvī, lacessītum** *ad pūgnam lacessere*		**reizen, herausfordern** *zum Kampf herausfordern*
repellere **repellō, reppulī, repulsum**	re + pellere; ⟷ impellere	**zurückstoßen, abwehren, vertreiben**
umquam *neque umquam*	vgl. numquam	**jemals** *und niemals*

L74 W1

palūs, palūdis f		**der Sumpf**
sēditiō, sēditiōnis f	sē(d) (auseinander) + īre; vgl. **sē**parāre	**der Zwist; der Aufstand**
pācāre	vgl. pāx	**befrieden, unterwerfen**
lātus, -a, -um	**Lat**ifundium (ausgedehnter Grundbesitz)	**breit, weit, ausgedehnt**
situs, -a, -um *domus in silvā sita*	**Situ**ation	**gelegen** *ein Haus im Wald*
magis	vgl. **magis**ter	**mehr**
trāns *(m. Akk.)* – *trāns Tiberim portāre* – *trāns Tiberim situs*	vgl. trānsīre; transportieren, Transplantat; ital.: Trastevere (Ortsteil Roms, der „trāns Tiberim“ liegt)	**über ... hinüber; jenseits** – *über den Tiber hinüber bringen* – *jenseits des Tiber gelegen*

L74 W2

hūmānitās, hūmānitātis f	vgl. homō, hūmānus; Humanität	**die Menschlichkeit, die Bildung**
commodus, -a, -um commodum, -ī n	kommod, Kommode	**vorteilhaft, bequem** **der Vorteil, die Annehmlichkeit**
grandis (m, f), grande (n)	grandios; Grand Canyon, Canale Grande, Gran Canaria	**großartig; wichtig**
servīre	vgl. serva, servus; ⟷ imperāre; servieren, Service	**dienen, Sklave sein**
prōdere prōdō, prōdidī, prōditum *Iūdās Iēsum prōdidit.*	prō + dare eigtl. „einen aus einer Gruppe nach vorne geben, um ihn auszuliefern“	**verraten, preisgeben; überliefern** *Judas verriet Jesus.*
quīcumque, quaecumque, quodcumque *(Adj.)* quisquis, quidquid *(Subst.)* (beide Zeilen durch Klammer zusammengefasst) quōquō modō	quī + cumque; Das Suffix -cumque drückt eine Verallgemeinerung aus: „... auch immer“	**wer auch immer; jeder, der;** *(m / f Pl.)* **alle, die,** *(n Pl.)* **alles, was** **auf welche Weise auch immer, auf jede Weise**
tantum	= sōlum	**nur**

L75 W1

frīgus, frīgoris n	⟷ aestus engl.: fridge	**die Kälte, der Frost**
frōns, frontis f *Gen. Pl.* frontium	Front, frontal, Konfronta- tion	**die Vorderseite, die Stirn**
cornū, cornūs n *(ū-Dekl.!)*	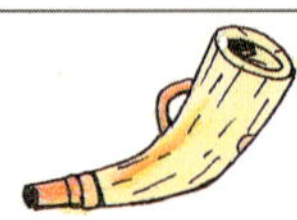	**das Horn; der Heeresflügel**
ūniversus, -a, -um	Universum, Universität	**all, ganz, sämtlich**
negāre	negieren, Negation, negativ	**sagen, dass nicht: leugnen; verweigern**
vendere vendō, vendidī, venditum	< vēnum (zum Verkauf) + dare: zum Verkauf geben	**verkaufen**
ferre, ferō ferunt *Ferunt eum modo redīsse.*	Luci**fer** („Lichtbringer“); ferunt: sie (die Leute) erzählen = man erzählt	**tragen, bringen; ertragen man erzählt** *Man erzählt, dass er eben heimgekehrt ist.*

L75 W2

sōlācium, -ī n		**der Trost**
fās n *(nur Nom. und Akk.)*	vgl. fātum; iūs: von Menschen gesetztes Recht fās: von Göttern gesetztes Recht	**das Recht**
sānctus, -a, -um	vgl. sacer; dt.: Sankt Martin, franz.: Saint Simon engl.: Saint Paul ital.: Santa Maria span.: San Salvador portug.: São Paulo	**heilig, geweiht**
interrogāre	vgl. rogāre; Interrogativpronomen	**fragen**
adiungere adiungō, adiūnxī, adiūnctum	vgl. iungere, coniungere	**anbinden, anfügen, anschließen**
flectere flectō, flexī, flexum *animum flectere*	flektieren, flexibel, Reflex, Flexion	**biegen, beugen** *seine Meinung ändern*
omittere omittō, omīsī, omissum	ob + mittere	**übergehen, außer Acht lassen**
ferre ferō, **tulī, lātum**		**tragen, bringen, ertragen**

L76 W1

tribūtum, -ī n	= PPP zu tribuere: „tributum“ das Zugeteilte; Tribut, Attribut	**die Steuer, die Abgabe**
angustus, -a, -um *loca angusta*	⟷ lātus; Angst	**eng** *die Engstelle*
exigere exigō, exēgī, exāctum *trībūta exigere*	< ex + agere: eigtl. „etwas machen, bis es aus / fertig ist“; exakt	**vollenden; einfordern, eintreiben** *Steuern eintreiben*
afferre afferō, attulī, allātum *vim afferre*	ad + ferre	**herbeibringen, bringen; melden** *Gewalt antun*
cōnferre cōnferō, contulī, collātum sē cōnferre	con + ferre; Abk. „cf.“: „vergleiche“; Konferenz; engl.: to confer	**zusammentragen, zusammenbringen; vergleichen** **sich begeben**
praeferre praeferō, praetulī, praelātum	prae (vor) + ferre; präferieren; engl.: to prefer	**vorziehen; zeigen, an den Tag legen**
nīl	= nihil	**nichts**

L76 W2

aquila, -ae f		**der Adler; der Legionsadler**
lupus, -ī m	Der Wer**wolf** Professor Remus **Lup**in in den Harry-Potter-Romanen	**der Wolf**
nefās n *(nur Nom. und Akk.)*	⟷ fās; iniūria: Unrecht gegen Menschen nefās: Unrecht gegen Götter	**das Unrecht, der Frevel**
īnstruere īnstruō, īnstrūxī, īnstrūctum	= īnstituere; vgl. exstruere; instruieren, Instruktion	**einrichten; unterweisen; erbauen**
auferre auferō, abstulī, ablātum	< ab + ferre; Ablativ	**wegtragen, wegbringen, wegnehmen**
offerre offerō, obtulī, oblātum	ob + ferre; Offerte, Oblate	**entgegenbringen, anbieten**
perferre perferō, pertulī, perlātum	per + ferre	**überbringen; ertragen**

L77 W1

fīdūcia, -ae f	vgl. fidēs, perfidus	**das Vertrauen, die Zuversicht**
patrius, -a, -um	vgl. pater, patria	**väterlich, heimisch**
cōnservāre *mōrēm māiōrum cōnservāre*	= servāre; Konserve, konservativ	**retten; bewahren, beschützen** *die Sitte der Vorfahren bewahren*
ōrāre	eigtl. „reden"; vgl. ōs und ōrātiō; Orakel, Oratorium	**bitten, beten**
remanēre remaneō, remānsī, remānsum	re + manēre	**zurückbleiben**
cōnsūmere cōnsūmō, cōnsūmpsī, cōnsūmptum – *omnēs cōpiās cōnsūmere* – *labōrem in litterīs cōnsūmere* – *diēs sermōnibus cōnsūmere*	con + sūmere; konsumieren, Konsum	**verbrauchen, verwenden; verbringen** – *alle Vorräte verbrauchen* – *Mühe auf einen Brief verwenden* – *Tage mit Gesprächen verbringen*
differre differō, distulī, dīlātum – *in aliud tempus differre* – *ā barbarīs differre*	dis (auseinander) + ferre; differieren, Differenz	**aufschieben; sich unterscheiden** – *auf eine andere Zeit verschieben* – *sich von Barbaren unterscheiden*

L77 W2

sacrificium, -ī n	= sacrum; vgl. sacer, sacerdōs, sacrificāre	**das Opfer**
accūsāre *(m. Gen.)*	< ad + causa: eigtl. „jmd. zum Prozess bringen"	*(einer Sache)* **anklagen**
damnāre *(m. Gen.)*	verdammen; engl.: damned!	*(wegen einer Sache / zu einer Strafe)* **verurteilen**
absolvere absolvō, absolvī, absolūtum *(m. Gen.)*	ab + solvere; eigtl. „von einem Vorwurf los-lösen"; Ablativus absolutus	*(von einer Sache)* **freisprechen**
convincere convincō, convīcī, convictum *(m. Gen.)*	con + vincere	*(einer Sache)* **überführen**
laedere laedō, laesī, laesum	eigtl. „stoßen"; = violāre; lädieren, kollidieren	**verletzen; beschädigen**
prōspicere prōspiciō, prōspexī, prōspectum	prō + spicere; vgl. aspectus, cōnspicere; Prospekt	*(m. Dat.)* **sorgen für** *(m. Akk.)* **vor sich erblicken; vorhersehen**

L78 W1

piscis, piscis m *Gen. Pl.* **piscium**	ital.: pesce	**der Fisch**
memor (m, f, n) *(m. Gen.)* *Gen. Sg.* memoris *Memor beneficiī tuī tē adiuvō.*	vgl. memorāre, memoria	**eingedenk, in Erinnerung (an)** *Eingedenk deiner Gefälligkeit helfe ich dir. / In Erinnerung an deine Gefälligkeit helfe ich dir.*
explōrāre	engl.: to explore	**auskundschaften, erforschen**
aspicere **aspiciō, aspexī, aspectum**	ad + spicere; = cōnspicere; vgl. aspectus; spicken, Aspekt	**ansehen, erblicken**
palam	⟷ clam	**öffentlich, offenkundig**
quō *Oportet lēgem brevem esse, quō facilius intellegātur.*	⟷ unde	**wohin; wodurch;** **dorthin; dadurch;** *(rel. Satzanschluss)* *(m. Konj.)* **damit umso** *Ein Gesetz muss kurz sein, damit es umso leichter verstanden wird.*
ūnā *ūnā cum amīcīs cēnāre*	vgl. ūnus, ūniversus; ⟷ singulus	**zusammen** *zusammen mit Freunden speisen*

L78 W2

licentia, -ae f	vgl. licet; Lizenz; engl.: licence	**die Erlaubnis, die Freiheit, die Willkür**
continēre *(m. Abl.)* **contineō, continuī, contentum** – *Rēs gestae Rōmānōrum in hōc librō continentur.* – *Spēs nostra in virtūte continētur.*	con + tenēre; kontinuierlich, Kontinent, Container	**zusammenhalten; festhalten, im Zaum halten;** *Pass.* **enthalten sein (in), beruhen (auf)** – *Die Geschichte der Römer ist in diesem Buch enthalten.* – *Unsere Hoffnung beruht auf unserer Tapferkeit.*
invidēre *(m. Dat.)* **invideō, invīdī, invīsum**		**beneiden**
prehendere **prehendō, prehendī, prehēnsum**	vgl. comprehendere, reprehendere	**ergreifen**
remittere **remittō, remīsī, remissum**	re + mittere	**zurückschicken;** **nachlassen, erlassen**
proinde	vgl. inde	**deshalb; ebenso**
prōtinus	= statim	**sofort, auf der Stelle**

L79 W1

laetitia, -ae f	vgl. laetus; ⟷ luctus; Name „Letizia“	**die Freude; die Fröhlichkeit**
initium, -ī n initiō	in + īre; ⟷ exīre; Initiative, Initialen	**der Eingang, der Anfang** **eingangs, anfangs**
cōnsuētūdō, cōnsuētūdinis f		**die Gewohnheit**
crux, crucis f *in cruce fīgere*	**Kruzi**fix	**das Kreuz** *kreuzigen*
congregāre	⟷ dīmittere; Kongregation	**zusammenscharen, versammeln**
praedicāre	vgl. indicāre; Predigt, Prädikat	**rühmen, verkünden**
circumvenīre circumveniō, circumvēnī, circumventum	circum + venīre	**umringen, umzingeln**

L79 W2

anima, -ae f	vgl. animus; = spīritus	**der Atem, die Seele, das Leben**
nātus, -a, -um nātus, -ī m / nāta, -ae f	vgl. nātūra, nātiō; prä**natal** = fīlius, fīlia;	**geboren** **der Sohn / die Tochter**
placidus, -a, -um		**sanft, ruhig, friedlich**
familiāris (m, f), familiāre (n)	vgl. familia; = amīcus ⟷ aliēnus; familiär	**vertraut, verwandt;** *Subst.* **der Vertraute,** **der Verwandte**
mālle mālō, māluī, – *pācem quam bellum mālle*	< magis + velle; vgl. velle, nōlle	**lieber wollen** *lieber Frieden als Krieg wollen*
pariter pariter atque / pariter ac	Adverb zu pār	**in gleicher Weise** **in gleicher Weise wie**
prō (*m. Abl.*) – *prō castrīs stāre* – *prō lībertāte pūgnāre* – *prō imperatōre Deum colere*	pro forma, das Pro und Contra, pro Besucher zwei Euro	**vor; für; statt** – *vor dem Lager stehen* – *für die Freiheit kämpfen* – *statt des Kaisers Gott verehren*

L80 W1

supplicium, -ī n *supplicium sūmere dē*	vgl. sub; eigtl. „das Hinknien zu Gebet oder Hinrichtung“	**das flehentliche Bitten;** **die Strafe, die Todesstrafe** *die Todesstrafe vollziehen an*
inaudītus, -a, -um	vgl. audīre; in (Gegenteil) + audītus	**unerhört, beispiellos**
cōnsuēscere cōnsuēscō, cōnsuēvī, – cōnsuēvisse	vgl. cōnsuētūdō	**sich gewöhnen an** **gewohnt sein**
nōscere nōscō, nōvī, nōtum nōvisse	vgl. cōgnōscere, nōtus engl.: to know	**kennen lernen, erkennen** **kennen, wissen**
meminisse *(m. Gen./Akk.)*	vgl. memorāre, memoria, memor; Verbum dēfectīvum	**sich erinnern (an)**
ōdisse	vgl. odium; ⟷ amāre; Verbum dēfectīvum	**hassen**
quamvīs *Quamvīs māgnās cōpiās habeās, mē nōn vincēs!* quamvīs *Quamvīs māgnīs cōpiīs mē nōn vincēs!*	quam vīs: „wie du willst“	*(Subj. m. Konj.)* **wenn auch** *Wenn du auch große Truppen haben solltest, wirst du mich nicht besiegen!* *(Adverb)* **(wenn auch) noch so** *Mit noch so großen Truppen wirst du mich nicht besiegen!*

L80 W2

historia, -ae f	Historie, historisch; engl.: history, story	**die Forschung, die Geschichtsschreibung, die Geschichte**
iūstus, -a, -um	vgl. iūs; Name „Justus“; Justiz	**gerecht, rechtschaffen**
incolumis (m, f), incolume (n)	= salvus	**heil, unversehrt**
accendere accendō, accendī, accēnsum	= incendere; ⟷ exstinguere; anzünden; engl.: candle	**entflammen, in Brand setzen**
etsī *(Subj. m. Ind.)*	< et sī; konzessive Subjunktion	**auch wenn**
interdum	= nonnumquam	**manchmal**
quisque, quidque *Gen. Sg.* cuiusque ūnusquisque, ūnaquaeque, ūnumquidque / -quodque *Gen. Sg.* ūnīuscuiusque		**jeder, jedes** **jeder Einzelne, jede Einzelne, jedes Einzelne**

Grammatische Grundbegriffe

S

1 Satzglied

Prädikat	Satzaussage
Subjekt	Satzgegenstand
Objekt	Satzergänzung
A-Objekt	Satzergänzung im Akkusativ
D-Objekt	Satzergänzung im Dativ
Attribut	Beifügung
Adverbiale	Umstandsbestimmung
Prädikativum	nicht notwendige Prädikatsergänzung
Prädikatsnomen	notwendige Prädikatsergänzung

2 Sinnrichtung

final	Absicht ausdrückend
kausal	Grund ausdrückend
konditional	Bedingung ausdrückend
konsekutiv	Folge ausdrückend
konzessiv	Gegengrund ausdrückend
modal	Art und Weise ausdrückend
temporal	Zeit(punkt) ausdrückend

F

1 Beugung

Deklination	Beugung des Nomens
Positiv	Grundstufe
Komparativ	erste Steigerungsstufe (Vergleichsstufe)
Superlativ	zweite Steigerungsstufe (Höchststufe)
Konjugation	Beugung des Verbs
Infinitiv	Grundform des Verbs
finites Verb	konjugiertes (gebeugtes) Verb

2 Kasus (Fall)

Nominativ	1. Fall / Wer-, Was-Fall
Genitiv	2. Fall / Wessen-Fall
Dativ	3. Fall / Wem-Fall
Akkusativ	4. Fall / Wen-, Was-Fall
Ablativ	Fall zur Angabe des Mittels, des Grundes, der Art und Weise, der Trennung, des Ortes, der Beschaffenheit, des Ausgangspunktes, des Vergleichs, der Beziehung
Vokativ	Anredefall

3 Genus (Geschlecht)

Maskulinum	männliches Wort
Femininum	weibliches Wort
Neutrum	sächliches Wort

4 Genus verbi (Handlungsart des Verbs)

Aktiv	Tatform
Passiv	Leideform

5 Wortart

Nomen	deklinierbares Wort (Substantiv / Adjektiv / Pronomen)
Substantiv	Hauptwort
Gerund	substantivierter Infinitiv
Adjektiv	Eigenschaftswort
Partizip	Mittelwort
Pronomen	Fürwort
Demonstrativ-	hinweisendes Fürwort
Indefinit-	unbestimmtes Fürwort
Interrogativ-	Fragefürwort
Personal-	persönliches Fürwort
Possessiv-	besitzanzeigendes Fürwort
Reflexiv-	rückbezügliches Fürwort
Relativ-	bezügliches Fürwort
Korrelativa	zueinander in Beziehung tretende Adjektive, Adverbien, Pronomina
Verb	Zeitwort / Tätigkeitswort
Adverb	Umstandswort
Konjunktion	beiordnendes Bindewort
Subjunktion	unterordnendes Bindewort
Präposition	Verhältniswort
Artikel	Begleiter

6 Numerus (Zahl)

Singular	Einzahl
Plural	Mehrzahl

7 Tempus (Zeit)

Präsens	Gegenwart
Imperfekt	1. Vergangenheit / Präteritum
Perfekt	2. Vergangenheit
Plusquamperfekt	3. Vergangenheit
Futur I	Zukunft
Futur II / Futur exakt	Vergangenheit in der Zukunft

8 Modus (Aussageweise)

Imperativ	Befehlsform
Indikativ	Wirklichkeitsform
Konjunktiv	Nicht-Wirklichkeitsform

61 G1

Adverb – Adverbbildung

1. **Substantiv ← Adjektiv**

Equum——**celerem**——amō.

↓

Was für ein? → Attribut

↓

Ich mag das **schnelle** Pferd.

Adverb → Verb

Equus——**celeriter**——currit.

↓

In welcher Weise? → Adverbiale

↓

Das Pferd läuft **schnell**.

2. **ā-/o-Deklination:**	**Stamm**	**– Endung -ē**
clārus →	**clār**	– ē
pulcher →	**pulchr**	– ē

3. Deklination:	**Stamm**	**– Endung -iter / -er**
celer →	**celer**	– iter
prūdēns →	**prūdent**	– er

S

1. Adjektive dienen in der Funktion eines Attributs dazu, Eigenschaften von Substantiven näher zu beschreiben. Sie erteilen Auskunft auf die Frage „Was für ein?". Dagegen bestimmt das **Adverb** in der Funktion eines Adverbiales **Handlungen von Verben** näher. Es gibt Antwort auf die Frage **„In welcher Weise?"**.

F

2. Wie im Englischen (z. B. *quick – quickly*) unterscheiden sich die lateinischen Adverbien von den Adjektiven durch eine **eigene Form**. Sie werden regelmäßig gebildet, indem man an den Stamm der Adjektive der **ā-/o-Deklination** die Endung ***-ē*** anhängt, an den Stamm der Adjektive der **3. Deklination** die Endung ***-iter***, bei den nt-Stämmen die Endung ***-er***. Daneben gibt es „unregelmäßige" Adverbien, wie z. B. *citō* oder *clam,* die nicht von einem Adjektiv gebildet werden.

Beachte: Das Adverb von *bonus* lautet ***bene***, das von *facilis* ***facile*** und das von *audāx* ***audācter***.

61 G2

Substantivierte Adjektive

Aedificia **nova** spectō.	Ich betrachte die **neuen** Gebäude.	→ **nova = Adjektiv**
↕	↕	↕
Nova audiō.	Ich höre **Neues**.	→ **nova = Substantiv**

S

Als Substantive werden im Lateinischen vor allem die **Adjektive** verwendet, die Verallgemeinerungen vornehmen, z. B. *pauperēs* „die *(Gruppe aller)* Armen", oder abstrakte moralische Begriffe bezeichnen, z. B. *bonum* „das *(moralisch)* Gute".

Verallgemeinerungen		abstrakte Begriffe		weitere Substantivierungen	
pauperēs	die Armen	bonum	das Gute	fīnitimus	der Nachbar
dīvitēs	die Reichen	bona	die Güter; der Besitz	necessārius	der Verwandte, der Freund
bonī	die Guten				
probī	die Anständigen	malum / mala	das Schlechte	novum	die Neuigkeit
malī	die Schlechten	honestum / honesta	das Ehrenhafte	dext(e)ra	die rechte Hand
mortālēs	die Menschen	turpe / turpia	das Schändliche	sinistra	die linke Hand
immortālēs	die Götter	vērum / vēra	das Wahre	pūblicum	die Öffentlichkeit
		falsum / falsa	das Falsche		

62 G1

Adjektivsteigerung: Komparativ

1.	Sōl clārus est. ↕ Nihil clārius quam sōl est.	Die Sonne ist **hell**. ↕ Nichts ist heller als die Sonne.	**Grundstufe** ↕ **Vergleichsstufe**

2. Grundstufe = **Positiv** — Vergleichsstufe = **Komparativ**

Positiv		Komparativ	
clārus, -a, -um	hell	clār-ior, -ius	heller
celer, -is, -e	schnell	celer-ior, -ius	schneller

S

1. Adjektive können **gesteigert** werden, d. h. sie können verschiedene Ausprägungsgrade einer Eigenschaft angeben. Der **Positiv (= Grundstufe)** drückt den Normalzustand aus. Die erste Steigerungsstufe dient dazu, Personen oder Sachen miteinander zu vergleichen. Dabei wird festgestellt, dass eine Eigenschaft in höherem Maße vorliegt. Deshalb bezeichnet man die erste Steigerungsstufe als **Komparativ (= Vergleichsstufe)**. Zur Herstellung des Vergleichs dient ***quam* „als"**.

F

2. Um ein Adjektiv in den **Komparativ** zu setzen, wird das Suffix ***-ior*** (m, f), ***-ius*** (n) an den Stamm angehängt. Dekliniert werden die gesteigerten Adjektive im Komparativ nach der 3. Deklination wie die Adjektive *dīves, pauper, vetus* mit ***-e*** im Ablativ Singular.

	m / f		n	m / f		n
Nom. Sg.	clārior		clārius	celerior		celerius
Gen. Sg.		clāriōr-**is**			celeriōr-**is**	
Dat. Sg.		clāriōr-**ī**			celeriōr- **ī**	
Akk. Sg.	clāriōr-**em**		clārius	celeriōr-**em**		celerius
Abl. Sg.		clāriōr-**e**			celeriōr-**e**	
Nom. Pl.	clāriōr-**ēs**		clāriōr-**a**	celeriōr-**ēs**		celeriōr-**a**
Gen. Pl.		clāriōr-**um**			celeriōr-**um**	
Dat. Pl.		clāriōr-**ibus**			celeriōr-**ibus**	
Akk. Pl.	clāriōr-**ēs**		clāriōr-**a**	celeriōr-**ēs**		celeriōr-**a**
Abl. Pl.		clāriōr-**ibus**			celeriōr-**ibus**	

62 G2

Ablativ des Vergleichs – Komparativ ohne Vergleich

1.	Nihil clārius **quam sōl** est.	Nichts ist **heller als die Sonne**.	→ **quam** drückt Vergleich aus.
	Nihil clārius **sōle** est.	Nichts ist **heller als die Sonne**.	→ **Ablativ** drückt Vergleich aus.
2.	Sōl **clārior** est.	Die Sonne ist **ziemlich hell / allzu hell**.	

S

1. Der Vergleich beim Komparativ kann durch *quam* oder durch den **Ablativ des Vergleichs (Ablativus comparationis)** ausgedrückt werden.
2. Steht bei einem Adjektiv im Komparativ kein Vergleich, so übersetzt man das Adjektiv mit dem Positiv in Verbindung mit **„ziemlich / allzu"**.

63 G1

Adjektivsteigerung: Superlativ auf -issimus

1.	**Grundstufe**	→	**erste Steigerungsstufe**	→	**zweite Steigerungsstufe**
	Lūx stellārum[1] clāra est.		Lūx lūnae[2] clār**ior** est.		Lūx sōlis clār**issima** est.
	Das Sternenlicht ist hell.		Das Mondlicht ist hell**er**.		Das Sonnenlicht ist das hell**ste**.

2.	Hercules vir **fortissimus** erat.	Theseus vir **fortissimus** erat.
	↓	↓
	Herakles war **der stärkste** Mann.	Theseus war **ein sehr starker** Mann.
	↓	↓
	Superlativ	**Elativ**

3.	**Positiv**		→	**Komparativ**		→	**Superlativ**	
	clārus, -a, -um	hell		clār-**ior**, -**ius**	heller		clār-**issim-us, -a, -um**	hell**ster**
	prūdēns	klug		prūdent-**ior**, -**ius**	klüger		prūdent-**issim-us, -a, -um**	klüg**ster**

1) **stella, -ae** f: der Stern 2) **lūna, -ae** f: der Mond

S

1. Liegt eine Eigenschaft in höchster Ausprägung vor, muss das Adjektiv in die zweite Steigerungsstufe, den **Superlativ (= Höchststufe)**, gesetzt werden.
2. Der Superlativ wird im Lateinischen in zweierlei Weise verwendet: Er drückt entweder aus, dass eine Eigenschaft im **höchsten Maße** vorliegt, oder dass eine Eigenschaft in **sehr hohem Maße** vorliegt. Dementsprechend muss man ein Adjektiv in der zweiten Steigerungsstufe, z. B. *fortissimus*, je nach Sinn und Kontext entweder mit dem **Superlativ „stärkster"** oder mit dem **Elativ „sehr / äußerst stark"** übersetzen. Der Superlativ kann gelegentlich auch metaphorisch, d. h. mit einem **bildhaften Ausdruck** wie z. B. **„bärenstark"**, übersetzt werden.

F

Der **Superlativ** wird in der Regel durch Anhängen von ***-issim-us, -a, -um*** an den Adjektivstamm gebildet. Dekliniert werden die Adjektive im Superlativ wie die Adjektive der **ā-/o-Deklination** auf *-us, -a, -um*.

63 G2

Adjektivsteigerung: Superlativ auf -rimus und -limus

Grundstufe	**= Positiv** →	**Vergleichsstufe**	**= Komparativ** →	**Höchststufe**	**= Superlativ**
pulcher, -chra, -chrum	schön	pulchr-**ior**, -**ius**	schöner	pulcher-**rim-us, -a, -um**	**schönster**
celer, -is, -e	schnell	celer-**ior**, -**ius**	schneller	celer-**rim-us, -a, -um**	**schnellster**
facilis, -e	leicht	facil-**ior**, -**ius**	leichter	facil-**lim-us, -a, -um**	**leichtester**
similis, -e	ähnlich	simil-**ior**, -**ius**	ähnlicher	simil-**lim-us, -a, -um**	**ähnlichster**

F

Endet ein Adjektiv auf ***-er***, so wird der Superlativ aus der Nominativ-Singular-Form des Maskulinum und ***-rim-us, -a, -um*** gebildet. Bei einigen Adjektiven, deren Stamm auf ***-l*** endet, wie z. B. ***facil-is, difficil-is*** und ***simil-is***, wird anstelle von *-issim-us, -a, -um* das an den *l*-Stamm assimilierte ***-lim-us, -a, -um*** angehängt.
Beachte: Die *l*-Stämme ***ūtilis, nōbilis*** und ***crūdēlis*** erhalten im Superlativ das regelmäßige Suffix ***-issim-us, -a, -um***.

64 G1

Unregelmäßige Steigerung des Adjektivs

	Positiv →	Komparativ →	Superlativ	
regelmäßig:	clār-us	clār-ior	clār-issimus →	gleicher Stamm
unregelmäßig:	bon-us	mel-ior	opt-imus →	unterschiedliche Stämme

F

Bei einer Reihe von Adjektiven erfolgt die **Steigerung unregelmäßig.** In den verschiedenen Steigerungsstufen werden jeweils **verschiedene Wortstämme** verwendet. Diese Erscheinung gibt es auch im Deutschen, z. B. bei „gut, besser, bester".
Die unregelmäßig gesteigerten Adjektive müssen wie die Verbstammformen **auswendig gelernt** werden. Wichtige unregelmäßig gesteigerte Adjektive sind:

Positiv		Komparativ		Superlativ	
bonus, -a, -um	gut	**mel**ior, -ius	besser	**opt**imus, -a, -um	bester
malus, -a, -um	schlecht	**pe**ior, -ius	schlechter	**pess**imus, -a, -um	schlechtester
māgnus, -a, -um	groß	**mā**ior, -ius	größer	**max**imus, -a, -um	größter
parvus, -a, -um	klein	**min**or, -us	kleiner	**min**imus, -a, -um	kleinster
multī, -ae, -a	viele	**plū**rēs, -a	mehr	**plū**rimī, -ae, -a	(die) meisten

64 G2

Steigerung des Adverbs

Positiv	→	Komparativ	→	Superlativ / Elativ	
clār-**ē**	hell	clār-**ius**	hell**er**	clār**issim-ē**	**am** hell**sten** – **sehr / äußerst** hell
facil-**e**	leicht	facil-**ius**	leicht**er**	facil**lim-ē**	**am** leicht**esten** – **sehr / äußerst** leicht
celer-**iter**	schnell	celer-**ius**	schnell**er**	celer**rim-ē**	**am** schnell**sten** – **sehr / äußerst** schnell

S

Auch ein **Adverb** kann **gesteigert** werden, da Handlungen in verschiedenen Intensitätsgraden ausgeführt werden können. So kann jemand z. B. „schneller" laufen als andere, ein anderer kann „am schnellsten" von allen laufen, und es kann jemand „sehr oder ziemlich schnell" laufen.

F

Der **Komparativ des Adverbs** entspricht der Neutrum-Singular-Form des Adjektivs im Komparativ. Zur Bildung des **Superlativs des Adverbs** hängt man an den Stamm der Superlativform des Adjektivs die Endung ***-ē*** an. Im Folgenden sind einige Adverbien mit unregelmäßigen Formen in ihrer Steigerungsreihe aufgeführt:

Positiv		Komparativ		Superlativ	
bene	gut	melius	besser	optimē	am besten
male	schlecht	peius	schlechter	pessimē	am schlechtesten
facile	leicht	facilius	leichter	facillimē	am leichtesten
multum	viel	plūs	mehr	plūrimum	am meisten

Beachte: ***Minimē*** übersetzt man in der Regel mit **„am wenigsten, keineswegs"**, ***maximē*** mit **„am meisten, besonders, hauptsächlich"**.

65 G1

Ablativus absolutus (I): Ablativ mit PPP

1.

Subj.	Obj.	Präd.	Subj.	Obj.	Präd.
Ulixēs	arcum	accēpit.	Ulixes	arcum	accēpit.

↑ ↑ **kausal vorzeitig zu** ↑ ↑

dolō —**Erweiterung mit PPP**→ **dolō adhibitō**

Adverbiale: Ablativ des Mittels → **Adverbiale: Ablativ mit PPP → Ablativus absolutus**

2.

Dolō adhibitō Ulixes arcum accēpit.
Ablativ + PPP

Adverbialsatz: Weil eine List angewendet worden war, bekam Odysseus den Bogen.
Nom.-Subjekt + Prädikat des GS

oder

Hauptsatz: Eine List war angewendet worden und deshalb bekam Odysseus den Bogen.
Nom.-Subjekt + Prädikat des HS

oder

Präp.-Ausdruck: Durch die Anwendung einer List bekam Odysseus den Bogen.
Substantiv + Genitivattribut

3.

Odysseus = Anwender der List

Adverbialsatz (Passiv): Weil eine List angewendet worden war, bekam **Odysseus** den Bogen.
↓
Adverbialsatz (Aktiv): Weil er eine List angewendet hatte, bekam Odysseus den Bogen.

S

1. Der **Ablativus absolutus** (Abl. abs.) ist ein um ein Partizip Perfekt Passiv erweitertes Ablativ-Adverbiale, also ein **Ablativ mit PPP**. Weil zwischen dem Ablativ mit PPP und dem Subjekt bzw. Objekt des Satzes keine grammatische Verbindung besteht, spricht man – im Gegensatz zum Participium coniunctum – vom Ablativus absolutus.
2. Der **Ablativ mit PPP** ist eine **satzwertige Konstruktion** und wird ebenso **wie ein Participium coniunctum übersetzt**: mit einem untergeordneten **Adverbialsatz**, einem **beigeordneten Satz** oder einem **Präpositionalausdruck**. Bei der Übersetzung mit Unter- oder Beiordnung wird das Nomen im Ablativ zum **Subjekt**, das PPP zum **Prädikat** des Glied- bzw. Hauptsatzes. Bei der Übersetzung mit Präpositionalausdruck wird der Ablativ zum **Genitivattribut**, das PPP zum **Substantiv**. Der Ablativ mit PPP weist dieselben **Sinnrichtungen** und dasselbe **vorzeitige Zeitverhältnis** auf **wie ein adverbiales PPP (PC)**. Für die Übersetzung stehen deshalb dieselben Subjunktionen, Konjunktionen und Präpositionen zur Verfügung wie bei der Übersetzung eines adverbialen PPP (siehe 65G2).
3. Geht aus dem Sinn hervor, dass das Subjekt des Satzes zugleich der Ausführende der Handlung des Ablativus absolutus ist, kann man den **Ablativ mit PPP aktivisch übersetzen**.

65 G2

Ablativus absolutus (II): Ablativ mit PPA

1. Subj. Obj. Präd.

Ulixēs——arcum——accēpit.

↑ ↑

temporal gleichzeitig zu

↑ ↑

Philoctētā dormiente

Adverbiale:

Ablativ mit PPA → Ablativus absolutus

2. Philoctētā dormiente Ulixēs arcum accēpit.

Ablativ + PPA

Adverbialsatz: Während Philoktet schlief, bekam Odysseus den Bogen.

Nom.-Subjekt + Prädikat des GS

oder

Hauptsatz: Philoktet schlief und dabei bekam Odysseus den Bogen.

Nom.-Subjekt + Prädikat des HS

oder

Präpositionalausdruck: Während Philoktets Schlaf bekam Odysseus den Bogen.

Substantiv + Genitivattribut

S

1. Den **Ablativus absolutus** gibt es nicht nur in der Form Ablativ mit PPP. Es ist genauso möglich, ein **Ablativ-Adverbiale** mit einem **Partizip Präsens Aktiv** (PPA) zu erweitern.
2. Auch der Ablativus absolutus in der Form **Ablativ mit PPA** ist eine **satzwertige Konstruktion** und wird nach demselben Prinzip **wie ein Ablativ mit PPP übersetzt** (siehe 65G1).
Der Ablativ mit PPA weist dieselben **Sinnrichtungen** und dasselbe **gleichzeitige Zeitverhältnis** auf **wie ein adverbiales PPA (PC)**. Für die Übersetzung stehen deshalb dieselben Subjunktionen, Konjunktionen und Präpositionen zur Verfügung wie bei der Übersetzung eines adverbialen PPA.
In der folgenden Übersicht sind die möglichen **Sinnrichtungen und Einleitungen** für die Übersetzung eines Ablativus absolutus zusammengestellt.

Sinnrichtung	Angabe	Subjunktion	Konjunktion + Adverb	Präposition
temporal	Zeit (vorzeitig)	als, nachdem	und dann	nach
	Zeit (gleichzeitig)	als, während	und dabei	während, bei
kausal	Grund	da, weil	und deshalb	wegen, aus
konzessiv	Gegengrund	obwohl, auch wenn	und / aber trotzdem	trotz
modal	Art und Weise	indem, dadurch dass	und dadurch, und so	durch; ohne (verneint)
konditional	Bedingung	falls, wenn	und in diesem Fall	im Fall

66 G1

Ablativus absolutus (III): Ablativ mit Adjektiv / Substantiv

1\. Ulixēs—arcum—accēpit.
↑ ↑
konzessiv gleichzeitig zu
↑ ↑
Philoctētā invītō
Adverbiale:
Ablativ mit Adjektiv → Abl. abs.

Ulixēs—arcum—accēpit.
↑ ↑
kausal gleichzeitig zu
↑ ↑
Agamemnone auctōre
Adverbiale:
Ablativ mit Substantiv → Abl. abs.

2\.

	Philoctētā invītō …	**Agamemnone auctōre** …
	Ablativ + Adjektiv	*Ablativ + Substantiv*
Präpositionalausdruck:	**Gegen den Willen Philoktets** …	**Auf Veranlassung Agamemnons** …
	Substantiv + Genitivattribut	*Substantiv + Genitivattribut*

S

1\. Der **Ablativus absolutus** tritt auch in den Formen **Ablativ mit Adjektiv** und **Ablativ mit Substantiv** auf. Diese beiden verkürzten Erscheinungsformen sind durch **Ausfall** des ungebräuchlichen **PPA** von ***esse*** entstanden.
2\. Da also der **Ablativ mit Adjektiv** bzw. der **Ablativ mit Substantiv** nichts anderes ist als ein „verkürzter" Ablativ mit PPA, drückt er ebenfalls ein gleichzeitiges Zeitverhältnis mit den entsprechenden Sinnrichtungen aus. Allerdings empfiehlt sich oft die Wahl eines **Präpositionalausdruckes**. Häufig auftretende Wendungen sind:

Ablativ mit Adjektiv		Ablativ mit Substantiv	
patre invītō	gegen den Willen des Vaters	Cicerōne cōnsule	unter dem Konsulat Ciceros
amīcīs ignārīs	ohne Wissen der Freunde	Caesare auctōre	auf Veranlassung Cäsars
		mē duce	unter meiner Führung
		Alexandrō rēge	unter der Herrschaft Alexanders
		Nerōne imperātōre	unter Kaiser Nero
		nōbīs comitibus	in unserer Begleitung

66 G2

Ablativus absolutus: Erweiterung

Klammerstellung

Philoctētā	nōnnūllās hōrās	**dormiente**	Ulixēs arcum conciliāvit.
Da Philoktet	einige Stunden	**schlief**	, gewann Odysseus den Bogen für sich.

S

Der **Ablativus absolutus** tritt nicht nur in seinen beiden Grundelementen Ablativ mit Partizip, Adjektiv oder Substantiv auf, sondern häufig auch in **erweiterter Form**. Die Erweiterung – das kann ein Objekt oder ein Adverbiale sein – steht fast immer in **Klammerstellung** zwischen den beiden Grundelementen.

67 G1

Partizip Futur Aktiv (PFA) – PFA mit einer Form von esse

1.	**Vocātūrus sum.**		Ich **habe die Absicht** zu rufen. / Ich **will** rufen.
	PFA + Form von *esse*	→	**beabsichtigte Handlung**
2.	**PPP:** vocātus ——— **Einfügung von -ūr-** ———	→	**PFA:** vocāt-**ūr-us**
	gerufen		einer, der rufen wird / will

S

1. Im Lateinischen gibt es **drei Partizipien. PPP** und **PPA** sind dir bereits bekannt. Das dritte Partizip ist das **Partizip Futur Aktiv (PFA)**. Das **PFA** wird u.a. dazu gebraucht, in Verbindung **mit** einer **finiten Form von *esse*** eine Handlung auszudrücken, die man auszuführen **beabsichtigt**, z.B. *vocātūrus sum* „ich habe die Absicht zu rufen / ich will rufen".

F

2. Das **Partizip Futur Aktiv** bildet man durch Einfügen des **Infixes *-ūr-* in das PPP** vor der Endung *-us*, *-a*, *-um*, z.B. *vocāt-**ūr**-us*. Die wörtliche Übersetzung des PFA („rufen werdend, rufen wollend") ist ungebräuchlich, weshalb in der folgenden Übersicht eine Übersetzung mit Relativsatz gewählt ist.

Bestimmte Verben wie *vivere* bilden zwar kein PPP, aber ein PFA. Bei solchen Verben steht in der Stammformenreihe anstelle des PPP das PFA.

Partizip Futur Aktiv	vocāt-**ūr**-us, -a, -um	einer, der rufen wird / will
	rīs-**ūr**-us, -a, -um	einer, der lachen wird / will
	audīt-**ūr**-us, -a, -um	einer, der hören wird / will
	duct-**ūr**-us, -a, -um	einer, der führen wird / will
	capt-**ūr**-us, -a, -um	einer, der fassen wird / will

67 G2

Adverbiales PFA (Partizip der Nachzeitigkeit)

1. **Caesar** ——————— **sē dēfendit**.

nachzeitig ↑ **final**

victūrus (durch KNG-Kongruenz verbunden mit Caesar)

Zu welchem Zweck? → Adverbiale

2.	**Schritt 1 →**	**Relativsatz:**	Cäsar, **der leben will**, verteidigt sich.	**Ü-Hilfe**
	↓			↓
	Schritt 2 →	**Finalsatz:**	**Damit** er lebt, verteidigt sich Cäsar.	**Lösung**
			Um zu leben, verteidigt sich Cäsar.	
		Umschreibung:	**Weil** er leben **will**, verteidigt sich Cäsar.	

S

1. Wie PPP und PPA kann auch das **PFA** als **adverbiales Partizip** gebraucht werden. Dabei drückt das PFA grundsätzlich ein **nachzeitiges Zeitverhältnis** und die **finale** Sinnrichtung aus.
2. Übersetzt wird das PFA am besten mit einem **Gliedsatz**, eingeleitet mit **„damit"**, mit einem Infinitiv mit **„um ... zu"** oder auch mittels der Umschreibung mit **„weil ... (wollen)"**.

68 G1

AcI der Nachzeitigkeit – Infinitiv Futur Aktiv (Infinitiv der Nachzeitigkeit)

1.

nachzeitig zu

Calpurnia **sēnsit** Caesarem mox **occāsūrum esse**. — Calpurnia **spürte**, dass Cäsar bald **sterben wird**.

Calpurnia **sēnsit** calamitātem **ēventūram esse**. — Calpurnia **spürte**, dass ein Unglück **eintreten wird**.

Kongruenz

2.

Infinitiv Präsens Aktiv	**Infinitiv Perfekt Aktiv**	**Infinitiv Futur Aktiv**
Präsensstamm + Endung	Perfektstamm + Endung	Partizip Futur Aktiv + esse
vocā – **re**	vocāv – **isse**	vocātūrum esse

S

F

1. Im **AcI** drückt der Infinitiv Präsens eine gleichzeitige, der Infinitiv Perfekt eine vorzeitige und der **Infinitiv Futur** eine **nachzeitige Handlung** aus **(Infinitiv der Nachzeitigkeit)**. Nachzeitig im AcI ist eine Handlung, die erst nach der Prädikatshandlung eintreten wird.
2. Der **Infinitiv Futur Aktiv** wird aus **zwei Bestandteilen** gebildet: **PFA** und Infinitiv ***esse***, z. B. *vocātūrum esse* „rufen (zu) werden". Steht der Infinitiv Futur Aktiv **im AcI**, besteht zwischen dem PFA und dem Akkusativ des AcI **KNG-Kongruenz**, z. B. *Spērō amīc**ās** mē adiūtūr**ās** esse* und *Spērō amīc**ōs** mē adiūtūr**ōs** esse*.

Inf. Fut. Akt.	vocāt-**ūr**-um **esse**	rufen (zu) werden
	rīs-**ūr**-um **esse**	lachen (zu) werden
	audīt-**ūr**-um **esse**	hören (zu) werden
	duct-**ūr**-um **esse**	führen (zu) werden
	fut-**ūr**-um **esse**	sein (zu) werden

68 G2

Demonstrativpronomen iste, ista, istud

Iste vir tē adiūvābit. — **Dieser** (unmittelbar vor dir stehende) Mann wird dir helfen.

Iste homō scelus commīsit. — **Dieser** (verachtenswerte) Mann **da** hat das Verbrechen begangen.

S

Das **Demonstrativpronomen *iste, ista, istud* „dieser, diese, dieses"** weist auf Personen oder Sachen hin, die zeitlich bzw. räumlich **in unmittelbarer Nähe** des Angesprochenen sind („dieser in unmittelbarer Nähe befindliche"), oder es dient dazu, Personen bzw. Sachen als **verachtenswert** hinzustellen („dieser Verachtenswerte da").

F

Iste, ista, istud wird wie *ille, illa, illud* dekliniert. Die Endung im Nominativ und Akkusativ Neutrum Sg. lautet ***-ud*** (vgl. ***id, aliud***). Beachte auch die bei Pronomina üblichen Genitiv- und Dativ-Singular-Endungen ***-īus, -ī***.

	m Sg.		f Sg.		n Sg.		m Pl.		f Pl.		n Pl.	
Nom.	**iste**	dieser	**ista**	diese	**istud**	dieses	**istī**	diese	**istae**	diese	**ista**	diese
Gen.	**istīus**	dieses	**istīus**	dieser	**istīus**	dieses	**istōrum**	dieser	**istārum**	dieser	**istōrum**	dieser
Dat.	**istī**	diesem	**istī**	dieser	**istī**	diesem	**istīs**	diesen	**istīs**	diesen	**istīs**	diesen
Akk.	**istum**	diesen	**istam**	diese	**istud**	dieses	**istōs**	diese	**istās**	diese	**ista**	diese
Abl.	*cum* **istō**	*mit* diesem	*cum* **istā**	*mit* dieser	**istō**	*durch* dieses	*cum* **istīs**	*mit* diesen	*cum* **istīs**	*mit* diesen	**istīs**	*durch* diese

69 G1

Konjunktiv Präsens (Konjunktiv I der Gleichzeitigkeit)

1.

gleichzeitig

Caesar, cum **occideret**, sē togā **tēxit**.

Konjunktiv Imperfekt — **Perfekt**

Als Cäsar stürzte, bedeckte er sich mit der Toga.

gleichzeitig

Caesar, cum **occidat**, sē togā **tegit**.

Konjunktiv Präsens — **Präsens**

Als Cäsar stürzt, bedeckt er sich mit der Toga.

2. **Konjunktiv Präsens**

Stamm		Moduszeichen	Endung
rīde	–	a	– m
audi	–	a	– m
dūc	–	a	– m
capi	–	a	– m

Stamm		Moduszeichen	Endung
voc	–	e	– m
s	–	i	– m
poss	–	i	– m
vel	–	i	– m

S

1. Hängt ein konjunktivischer Gliedsatz von einem Hauptsatz ab, dessen Prädikat im Präsens oder Futur I steht, so muss im Gliedsatz zum Ausdruck der **Gleichzeitigkeit** der **Konjunktiv Präsens** (Konjunktiv I der Gleichzeitigkeit) stehen. **Übersetzt** wird der Konjunktiv Präsens in diesen Fällen mit **Indikativ** Präsens.

F

2. Der **Konjunktiv Präsens Aktiv** und **Passiv** wird durch Einfügen des **Moduszeichens *-a-*** zwischen Stamm und Endung gebildet, z. B. *rīde-**a**-m*, *rīde-**a**-r*. In der ā-Konjugation lautet das Moduszeichen ***-e-***, z. B. *voc-**e**-m*, bei *esse*, *posse* und *velle* ***-i-***, z. B. *s-**i**-m, poss-**i**-m, vel-**i**-m*.

Konj. Präs. Aktiv	ā-Konjug.	ē-Konjug.	ī-Konjug.	3. Konjug. konsonant.	3. Konjug. i-Sämme
1. P. Sg.	voc-e-m	rīde-a-m	audi-a-m	dūc-a-m	capi-a-m
2. P. Sg.	voc-ē-s	rīde -ā-s	audi-ā-s	dūc-ā-s	capi-ā-s
3. P. Sg.	voc-e-t	rīde -a-t	audi-a-t	dūc-a-t	capi-a-t
1. P. Pl.	voc-ē-mus	rīde -ā-mus	audi-ā-mus	dūc-ā-mus	capi-ā-mus
2. P. Pl.	voc-ē-tis	rīde -ā-tis	audi-ā-tis	dūc-ā-tis	capi-ā-tis
3. P. Pl.	voc-e-nt	rīde -a-nt	audi-a-nt	dūc-a-nt	capi-a-nt
Konj. Präs. Aktiv	**esse**	**abesse**	**posse**	**velle**	**īre**
1. P. Sg.	s-i-m	abs-i-m	pos-s-i-m	vel-i-m	e-a-m
2. P. Sg.	s-ī-s	abs-ī-s	pos-s-ī-s	vel-ī-s	e-ā-s
3. P. Sg.	s-i-t	abs-i-t	pos-s-i-t	vel-i-t	e-a-t
1. P. Pl.	s-ī-mus	abs-ī-mus	pos-s-ī-mus	vel-ī-mus	e-ā-mus
2. P. Pl.	s-ī-tis	abs-ī-tis	pos-s-ī-tis	vel-ī-tis	e-ā-tis
3. P. Pl.	s-i-nt	abs-i-nt	pos-s-i-nt	vel-i-nt	e-a-nt
Konj. Präs. Passiv	**ā-Konjug.**	**ē-Konjug.**	**ī-Konjug.**	**3. Konjug. konsonant.**	**3. Konjug. i-Stämme**
1. P. Sg.	voc-e-r	rīde-a-r	audi-a-r	dūc-a-r	capi-a-r
2. P. Sg.	voc-ē-ris	rīde-ā-ris	audi-ā-ris	dūc-ā-ris	capi- ā-ris
3. P. Sg.	voc-ē-tur	rīde-ā-tur	audi-ā-tur	dūc-ā-tur	capi- ā-tur
1. P. Pl.	voc-ē-mur	rīde-ā-mur	audi-ā-mur	dūc-ā-mur	capi- ā-mur
2. P. Pl.	voc-ē-minī	rīde-ā-minī	audi-ā-minī	dūc-ā-minī	capi- ā-minī
3. P. Pl.	voc-e-ntur	rīde-a-ntur	audi-a-ntur	dūc-a-ntur	capi-a-ntur

69 G2

Indirekte Fragesätze – Interrogativpronomina quis / quī

1.

direkte Frage	indirekte Frage
Sie fragt: „Wer kommt?"	Sie fragt, wer kommt.
Rogat: „Quis venit?"	Rogat, quis veniat.
↓	↓
Indikativ	**Konjunktiv**

2. **indirekte Fragesätze**

Wortfrage	Satzfrage	Wahlfrage
Er fragt, **wer** kommt.	Er fragt, **ob** sie kommt.	Er fragt, **ob** sie kommt **oder** bleibt.
Rogat, **quis** veniat.	Rogat, **num** veniat.	Rogat, **utrum** veniat **an** maneat.
↓	↓	↓ ↓
Fragewort	**Fragepartikel**	**zweiteilige Fragepartikel**

S

1. Nicht-selbstständige Fragesätze, die von einem Verb des Fragens, Sagens oder Wissens eines übergeordneten Satzes abhängig sind, bezeichnet man als **indirekte Fragesätze**. Anders als im Deutschen stehen indirekte Fragesätze **im Lateinischen grundsätzlich im Konjunktiv**.

2. Man unterscheidet indirekte **Wortfragen** von indirekten **Satz-** bzw. **Wahlfragen**. Die indirekten Wortfragen werden mit einem **Fragewort** eingeleitet, indirekte Satzfragen mit **einer Fragepartikel**, indirekte Wahlfragen in der Regel mit einer **zweiteiligen Fragepartikel**.

Wortfrage-Einleitungen		Satzfrage-Einleitungen		Wahlfrage-Einleitungen	
quis	wer	num	ob	utrum ... an	ob ... oder
quid	was	-ne	ob	-ne ... an	ob ... oder
quī, quae, quod	welcher, -e, -es			... an	ob ... oder
cūr	warum				
quārē	weshalb				
quamobrem	weshalb				
ubi	wo				
unde	woher				
quandō	wann				
quemadmodum	wie				

F

Interrogativpronomen	substantivisch: wer, was		adjektivisch: welcher, welche, welches					
	m / f	n	m Sg.	f Sg.	n Sg.	m Pl.	f Pl.	n Pl.
Nom.	quis	quid	quī	quae	quod	quī	quae	quae
Gen.	cuius	cuius	cuius	cuius	cuius	quōrum	quārum	quōrum
Dat.	cui	cui	cui	cui	cui	quibus	quibus	quibus
Akk.	quem	quid	quem	quam	quod	quōs	quās	quae
Abl.	ā quō	quō	ā quō	ā quā	quō	ā quibus	ā quibus	quibus

70 G1

Konjunktiv Perfekt (Konjunktiv I der Vorzeitigkeit)

1.

Ich frage dich, wer **kommt**.	Ich frage dich, wer **gekommen ist**.
gleichzeitig	*vorzeitig*
Tē rogō, quis – veniat.	Tē rogō, quis – vēnerit.
↓	↓
im Gliedsatz: Konjunktiv Präsens	**im Gliedsatz: Konjunktiv Perfekt**

2.

Aktiv			Passiv	
Perfektstamm	– **Moduszeichen**	– Endung	PPP +	**Konj. Präs. von esse**
vocāv	– **eri**	– m	vocātus	**sim**
monu	– **eri**	– m	monitus	**sim**
dūx	– **eri**	– m	ductus	**sim**
cēp	– **eri**	– m	captus	**sim**
fu	– **eri**	– m		
i	– **eri**	– m		

S

1. Hängt ein konjunktivischer Gliedsatz, wie z.B. ein cum-Satz oder ein indirekter Fragesatz, von einem übergeordneten Satz ab, dessen Prädikat im Präsens oder Futur I steht, so muss im Gliedsatz zum Ausdruck der **Vorzeitigkeit** der **Konjunktiv Perfekt** (Konjunktiv I der Vorzeitigkeit) stehen.

F

2. Der **Konjunktiv Perfekt Aktiv** wird durch Einfügen des **Moduszeichens *-eri-*** zwischen Perfektstamm und Endung gebildet, z.B. *vocāv-eri-m*, der **Konjunktiv Perfekt Passiv** durch Zusammenstellung des **PPP** mit dem **Konjunktiv Präsens von *esse*,** z.B. *vocātus sim*. **Übersetzt** wird der Konjunktiv Perfekt im oben beschriebenen Fall mit dem **Indikativ** Perfekt, weshalb keine Übersetzung angeführt ist.

Konj. Perf. Aktiv	ā-Konj.	weitere Konjugationen	
1. P. Sg.	vocāv-**eri-m**	monu-**eri-m**	fu-**eri-m**
2. P. Sg.	vocāv-**eri-s**	audīv-**eri-m**	potu-**eri-m**
3. P. Sg	vocāv-**eri-t**	dūx-**eri-m**	volu-**eri-m**
1. P. Pl.	vocāv-**eri-mus**	cēp-**eri-m**	i-**eri-m**
2. P. Pl.	vocāv-**eri-tis**		
3. P. Pl.	vocāv-**eri-nt**		
Konj. Perf. Passiv	**ā-Konj.**	**weitere Konjugationen**	
1. P. Sg.	vocā-tus, -ta, -tum **sim**	rī-sus, -sa, -sum **sim**	
2. P. Sg.	vocā-tus, -ta, -tum **sīs**	audī-tus, -ta, -tum **sim**	
3. P. Sg	vocā-tus, -ta, -tum **sit**	duc-tus, -ta, -tum **sim**	
1. P. Pl.	vocā-tī, -tae, -ta **sīmus**	cap-tus, -ta, -tum **sim**	
2. P. Pl.	vocā-tī, -tae, -ta **sītis**		
3. P. Pl.	vocā-tī, -tae, -ta **sint**		

70 G2

nōlle

1.

nōlle	nicht wollen	Inf. Präs.
nōlō	ich will nicht	1. P. Sg.
nōn vīs	du willst nicht	2. P. Sg.
nōn vult	er, sie, es will nicht	3. P. Sg.
nōlumus	wir wollen nicht	1. P. Pl.
nōn vultis	ihr wollt nicht	2. P. Pl.
nōlunt	sie wollen nicht	3. P. Pl.

2.

wollen					nicht wollen
	vol-ēba-m	←	Ind. Impf.	→	nōl-ēba-m
	vel-le-m	←	Konj. Impf.	→	nōl-le-m
	volu-ī	←	Ind. Perf.	→	nōlu-ī
	volu-eri-m	←	Konj. Perf.	→	nōlu-eri-m
	volu-era-m	←	Ind. Plqupf.	→	nōlu-era-m
	volu-isse-m	←	Konj. Plqupf.	→	nōlu-isse-m
	vol-a-m	←	Fut. I	→	nōl-a-m
	volu-er-ō	←	Fut. II	→	nōlu-er-ō

F

1. Die Formen von ***nōlle „nicht wollen“*** sind aus der Verschmelzung der Verneinung ***ne*** mit den Formen von ***velle*** hervorgegangen, z. B. **nevolō* → *nōlō*. Bei einigen Formen des Indikativs Präsens wird die Verneinung jedoch nicht mit *velle* zusammengezogen, so in der 2. Person Sg. und Pl., ***nōn vīs*** und ***nōn vultis***, sowie in der 3. Person Sg., ***nōn vult***.
2. Die Formen der übrigen Tempora entsprechen in der Bildung denen von *velle*, lediglich der Anfangsbuchstabe ***v-*** muss durch ein ***n-*** ersetzt werden, z. B. ***voluī*** → ***nōluī***.

nōlle	Ind. Präs.	Ind. Impf.	Ind. Perf.	Ind. Plqupf.	Futur I
1. P. Sg.	nōl-**ō**	nōl-ēba-**m**	nōlu-**ī**	nōlu-era-**m**	nōl-a-**m**
2. P. Sg.	nōn vī-**s**	nōl-ēbā-**s**	nōlu-**istī**	nōlu-erā-**s**	nōl-ē-**s**
3. P. Sg.	nōn vul-**t**	nōl-ēba-**t**	nōlu-**it**	nōlu-era-**t**	nōl-e-**t**
1. P. Pl.	nōl-u-**mus**	nōl-ēbā-**mus**	nōlu-**imus**	nōlu-erā-**mus**	nōl-ē-**mus**
2. P. Pl.	nōn vul-**tis**	nōl-ēbā-**tis**	nōlu-**istis**	nōlu-erā-**tis**	nōl-ē-**tis**
3. P. Pl.	nōl-u-**nt**	nōl-ēba-**nt**	nōlu-**ērunt**	nōlu-era-**nt**	nōl-e-**nt**
	Konj. Präs.	**Konj. Impf.**	**Konj. Perf.**	**Konj. Plqupf.**	**Futur II**
1. P. Sg.	nōl-i-**m**	nōl-le-**m**	nōlu-eri-**m**	nōlu-isse-**m**	nōlu-er-**ō**
2. P. Sg.	nōl-ī-**s**	nōl-lē-**s**	nōlu-eri-**s**	nōlu-issē-**s**	nōlu-eri-**s**
3. P. Sg.	nōl-i-**t**	nōl-le-**t**	nōlu-eri-**t**	nōlu-isse-**t**	nōlu-eri-**t**
1. P. Pl.	nōl-ī-**mus**	nōl-lē-**mus**	nōlu-eri-**mus**	nōlu-issē-**mus**	nōlu-eri-**mus**
2. P. Pl.	nōl-ī-**tis**	nōl-lē-**tis**	nōlu-eri-**tis**	nōlu-issē-**tis**	nōlu-eri-**tis**
3. P. Pl.	nōl-i-**nt**	nōl-le-**nt**	nōlu-eri-**nt**	nōlu-isse-**nt**	nōlu-eri-**nt**
Imp.	nōlī!	nōlī-te!	**PPA**	***selten:*** nōlēns, -entis ***meist:*** invītus, -a, -um	

71 G1

Konjunktiv im Hauptsatz: Optativ (Wunsch)

1.

Indikativ	Konjunktiv		Imperativ
Wirklichkeit	– Nicht-Wirklichkeit: Irrealis		Befehl
	– Wunsch:	Optativ	

2. **erfüllbarer Wunsch:** Utinam Caesar vincat! Hoffentlich siegt Cäsar! / Möge Cäsar siegen!
unerfüllbarer Wunsch: Vellem Caesar vīveret! Wenn Cäsar doch lebte! / Würde Cäsar doch leben!

S

1. Steht der **Konjunktiv** nicht im Gliedsatz, sondern im **Hauptsatz**, so bringt er grundsätzlich zum Ausdruck, dass eine Handlung oder ein Geschehen **nicht** bzw. noch nicht der **Wirklichkeit** entspricht. Das kann der **Irrealis** sein, der ein Gedankenspiel in einem Wenn-dann-Satz ausdrückt. Das kann aber auch ein **Wunsch** sein, denn was man wünscht, ist nicht bzw. noch nicht Wirklichkeit; den Konjunktiv bezeichnet man dann als **Optativ**.
2. Man unterscheidet zwischen einem **erfüllbaren** und **unerfüllbaren** Wunsch. Zur **Verstärkung** des erfüllbaren Wunsches kann ***utinam*** oder ***velim***, beim unerfüllbaren Wunsch muss ***utinam*** oder ***vellem*** hinzutreten. **Verneint** wird der Optativ immer mit *nē*.
Der erfüllbare Wunsch wird am besten mit **„mögen"** oder **„hoffentlich"**, der unerfüllbare mit **„wenn doch, wäre / hätte doch"** übersetzt. Die folgende Tabelle führt die Wunscharten und ihre Übersetzungen auf.

erfüllbarer Wunsch	**Gegenwart** **Vergangenheit**	Konjunktiv Präsens Konjunktiv Perfekt	utinam / velim	möge, hoffentlich
unerfüllbarer Wunsch	**Gegenwart** **Vergangenheit**	Konjunktiv Imperfekt Konjunktiv Plusquamperfekt	utinam / vellem	wenn doch, wäre / hätte doch

71 G2

Konjunktiv im Hauptsatz: Jussiv – Hortativ (Aufforderung)

1.

Indikativ	Konjunktiv		Imperativ
Wirklichkeit	– Nicht-Wirklichkeit:	Irrealis	Befehl
	– Wunsch:	Optativ	
	– Aufforderung an 3. P. Sg. / Pl.:	Jussiv	
	– Aufforderung an 1. P. Pl.:	Hortativ	

2. Coniūrātī: „Caesar occidat!" — Die Verschwörer: „Cäsar soll sterben!"
Coniūrātī: „Caesarem occīdāmus!" — Die Verschwörer: „Lasst uns Cäsar töten! / Töten wir Cäsar!"

S

1. Der Inhalt einer Aufforderung entspricht – im Moment des Aussprechens – nicht bzw. noch nicht der Wirklichkeit. Deshalb kann der **Konjunktiv** auch eine **Aufforderung** zum Ausdruck bringen. In dieser Funktion bezeichnet man den Konjunktiv als **Jussiv**, wenn sich die Aufforderung an die 3. Person Sg. bzw. Pl. richtet, oder als **Hortativ**, wenn sich die Aufforderung an die 1. Person Pl. richtet.
2. Der **Jussiv** steht in der **3. Person Konjunktiv Präsens** und wird mit **„sollen"** übersetzt.
Der **Hortativ** steht in der **1. Person Pl. Konjunktiv Präsens** und wird oft mit **„lass / lasst uns"** übersetzt. **Verneint** werden Jussiv und Hortativ mit *nē*.

72 G1

Konjunktiv im Hauptsatz: Prohibitiv (Verbot)

	Indikativ	Konjunktiv		Imperativ
1.	Wirklichkeit	– Nicht-Wirklichkeit:	Irrealis	Befehl
		– Wunsch:	Optativ	
		– Aufforderung an 3. P. Sg. / Pl.:	Jussiv	
		– Aufforderung an 1. P. Pl.:	Hortativ	
		– Verbot an 2. P. Sg. / Pl.:	Prohibitiv	

2.	**Tange** statuam[!]!	**Berühre** die Statue!	**Nē tetigeris** statuam[!]!	**Berühre** die Statue **nicht**!
	Tangite statuam[!]!	**Berührt** die Statue!	**Nē tetigeritis** statuam[!]!	**Berührt** die Statue **nicht**!
		↓		↓
		Befehl: Imperativ		**Verbot: Prohibitiv**

S

1. Im Lateinischen ist es nicht möglich, ein Verbot durch Verneinung des Imperativs auszudrücken. Stattdessen verwendet man dafür den **Konjunktiv Perfekt** in der Funktion des **Prohibitivs**.

2. Der Prohibitiv steht in der **2. Person Perfekt Konjunktiv**. Hinzu tritt die das Verbot ausdrückende Verneinung ***nē***. Alternativ kann der Prohibitiv durch den **Imperativ** von ***nōlle*** in Verbindung mit dem **Infinitiv** ausgedrückt werden, z. B.: ***Nōlī** tangere! / **Nōlīte** tangere!*
Übersetzt wird der Prohibitiv mit dem verneinten Imperativ.

72 G2

Indefinitpronomen quīdam, quaedam, quiddam / quoddam

1. **Quīdam** Caesarem cecīdērunt. — **Gewisse** (Leute) haben Cäsar getötet.
(Namen können oder sollen nicht genannt werden)

2. **Assimilation:**
quem-dam → quen-dam — quōrum-dam → quōrundam
quam-dam → quan-dam — quārum-dam → quārundam

S

1. Das **Indefinitpronomen *quīdam, quaedam, quiddam*** (substantivisch) bzw. ***quīdam, quaedam, quoddam*** (adjektivisch) drückt in der Bedeutung **„ein gewisser, eine gewisse, ein gewisses"** eine Person oder Sache aus, deren Name bzw. Bezeichnung nicht genannt werden kann oder bewusst nicht genannt werden soll.

F

2. ***Quīdam*** (< *quī-dam*) wird **wie** das **Relativpronomen dekliniert**. Lediglich im Akkusativ Sg. und im Genitiv Pl. wird das **-*m*** vor dem **-*d*** des Suffixes *-dam* zu **-*n***, so z. B. *quem-dam* → *quendam*, *quōrum-dam* → *quōrundam* (vgl. *eundem*, *eārundem*).

K.	substantivisch			adjektivisch					
	m	f	n	m Sg.	f Sg.	n Sg.	m Pl.	f Pl.	n Pl.
Nom.	quīdam	quaedam	quiddam	quīdam	quaedam	quoddam	quīdam	quaedam	quaedam
Gen.		cuiusdam			cuiusdam		quōrundam	quārundam	quōrundam
Dat.		cuidam			cuidam			quibusdam	
Akk.	quendam	quandam	quiddam	quendam	quandam	quoddam	quōsdam	quāsdam	quaedam
Abl.	quōdam	quādam	quōdam	quōdam	quādam	quōdam		quibusdam	

73 G1

nd-Form: Gerund

1.	Verb	← Infinitiv →	Gerund
	Hominēs **spērāre** numquam dēsinunt.		Fīnis **spērandī** nōn est.
	Die Menschen hören nie auf **zu hoffen**.		Es gibt kein Ende **des Hoffens**.

2.

	Stamm – Infix – Endung		Stamm – Bindevokal – Infix – Endung
ā-Konjug.:	voca – **nd** – ī	**ī-Konjug.:**	audi – *e* – **nd** – ī
ē-Konjug.:	rīde – **nd** – ī	**3. Konjug. (konsonant.):**	dūc – *e* – **nd** – ī
		3. Konjug. (i-Stämme):	capi – *e* – **nd** – ī
		Sonderkonjug.:	e – *u* – **nd** – ī

S

1. Der Infinitiv eines Verbs kann zum Substantiv gemacht und wie ein solches gebraucht und dekliniert werden. Einen **substantivierten Infinitiv** im Lateinischen nennt man **Gerund**. Obwohl das Gerund alle Kasus bilden kann, ist es im **Dativ kaum** und im **Akkusativ** nur in Verbindung **mit einer Präposition**, meist *ad*, gebräuchlich. Übersetzungsmöglichkeiten:

Gerund im Genitiv	Übersetzung mit Vorgangssubstantiv	Übersetzung mit Infinitiv
z. B. **spērandī**	des Hoffens, der Hoffnung	zu hoffen
Gerund im Ablativ	**Übersetzung mit Vorgangssubstantiv**	**Übersetzung mit Modalsatz**
z. B. **spērandō**	durch das Hoffen, durch die Hoffnung	dadurch, dass man hofft

F

2. Das Gerund, das die obliquen Kasus des Infinitivs ersetzt, tritt stets als Neutrum-Substantiv im Singular auf und wird nach der **o-Deklination** dekliniert. Zwischen Stamm und Endung wird das **Infix** ***-nd-*** eingefügt. Deshalb wird das Gerund oft auch als **nd-Form** bezeichnet. In einigen Konjugationen wird zwischen Stamm und Endung ein Bindevokal eingefügt, z. B. *audi-**e**-ndī, dūc-**e**-ndī, capi-**e**-ndī, e-**u**-ndī.*

	ā-Konj.	ē-Konj.	ī-Konj.	3. Konj. kons.	3. Konj. i-Stamm	īre
Nom.	vocāre	rīdēre	audīre	dūcere	capere	īre
Gen.	voca-**nd**-ī	rīde-**nd**-ī	audi*e*-**nd**-ī	dūc*e*-**nd**-ī	capi*e*-**nd**-ī	e*u*-**nd**-ī
Dat.	voca-**nd**-ō	rīde-**nd**-ō	audi*e*-**nd**-ō	dūc*e*-**nd**-ō	capi*e*-**nd**-ō	e*u*-**nd**-ō
Akk.	voca-**nd**-um	rīde-**nd**-um	audi*e*-**nd**-um	dūc*e*-**nd**-um	capi*e*-**nd**-um	e*u*-**nd**-um
Abl.	voca-**nd**-ō	rīde-**nd**-ō	audi*e*-**nd**-ō	dūc*e*-**nd**-ō	capi*e*-**nd**-ō	e*u*-**nd**-ō

73 G2

nd-Form: Gerund mit Objekt / Adverb

Substantiv → Genitivattribut	**Adverb ← Gerund → A-Objekt**
spē victōri**ae**	**victōriam valdē spērandō**
durch die Hoffnung auf den Sieg	durch die starke Hoffnung auf den Sieg
	(wörtl.: *„durch das den Sieg sehr Erhoffen“*)

S

Das **Gerund** ist durch Substantivierung eines Verbs entstanden. Trotz der Substantivierung behält das Gerund seine ursprüngliche **verbale Kraft** bei. Deshalb können Gerundien genauso wie Verben **Objekte** und **Adverbien** bei sich haben, während „normale“ Substantive durch Attribute (Genitiv-, Adjektivattribut) erweitert und bestimmt werden.

74 G1

nd-Form: Gerund nach Präpositionen

Gerund nach Präpositionen	m. Gen.:	fugiendī **causā**	**um** der Flucht **willen**, **um zu** fliehen
	m. Akk.:	**ad** fugiendum	**zur** Flucht, **um zu** fliehen
	m. Abl.:	**in** fugiendō	**bei** der Flucht, **beim** Fliehen
	m. Abl.:	**dē** fugiendō	**über** die Flucht, **über** das Fliehen

S

Sehr häufig treten die **Gerundien** in Abhängigkeit von ***causā*** m. Gen. oder den **Präpositionen** ***ad*** m. Akk., ***in*** m. Abl. oder ***dē*** m. Abl. auf. Übersetzungsmöglichkeiten:

causā m. Genitiv	Übersetzung mit Vorgangssubstantiv	Übersetzung mit Infinitiv
z. B. **spectandī causā**	wegen des Betrachtens um der Betrachtung willen	um zu betrachten
ad m. Akkusativ	Übersetzung mit Vorgangssubstantiv	Übersetzung mit Infinitiv
z. B. **ad spectandum**	zum Betrachten, zur Betrachtung	um zu betrachten
in m. Ablativ	Übersetzung mit Vorgangssubstantiv	Übersetzung mit Infinitiv
z. B. **in spectandō**	beim Betrachten, bei der Betrachtung	*ungebräuchlich*
dē m. Ablativ	Übersetzung mit Vorgangssubstantiv	Übersetzung mit Infinitiv
z. B. **dē spectandō**	über das Betrachten, über die Betrachtung	*ungebräuchlich*

74 G2

Verallgemeinerndes Relativpronomen quisquis, quidquid / quīcumque, quaecumque, quodcumque

Ōrātiō, **quam** modo habuistī, nōs movet.	Ōrātiōnēs, **quāscumque** habuistī, nōs movent.
Die Rede, **die** du **eben** gehalten hast, bewegt uns.	**Alle** Reden, **die** du gehalten hast, bewegen uns.
	Welche Reden **auch immer** du gehalten hast, **sie** bewegen uns.
↓ ↓	↓ ↓
bestimmt	verallgemeinernd

← **Relativpronomen** →

S

Quisquis, quidquid (subst.) „jeder, der; alles, was“ und ***quīcumque, quaecumque, quodcumque*** (adjekt.) „welcher -, welche -, welches auch immer; jeder, der; jede, die; alles, was“ ist ein **Pronomen**, das zur Einleitung eines **Relativsatzes** mit **verallgemeinerndem** Inhalt dient.

F

Das Pronomen *quīcumque, quaecumque, quodcumque* ist zusammengesetzt aus dem Relativpronomen ***quī, quae, quod*** und dem die Verallgemeinerung bewirkenden Suffix ***-cumque***. **Dekliniert** wird nur der Bestandteil ***quī-, quae-, quod-***. Das substantivische Pronomen *quisquis, quidquid* wird nicht dekliniert. Neben dem Nominativ ist nur noch der Ablativ in der Wendung ***quōquō modō*** **„auf jede erdenkliche Art und Weise“** gebräuchlich.

	m Sg.	f Sg.	n Sg.	m Pl.	f Pl.	n Pl.
Nom.	quīcumque	quaecumque	quodcumque	quīcumque	quaecumque	quaecumque
Gen.		cuiuscumque		quōrumcumque	quārumcumque	quōrumcumque
Dat.		cuicumque			quibuscumque	
Akk.	quemcumque	quamcumque	quodcumque	quōscumque	quāscumque	quaecumque
Abl.	quōcumque	quācumque	quōcumque		quibuscumque	

75 G1

ferre: Formen des Präsensstammes

mit Bindevokal:	ag-**e**-re	ag-**i**-s	ag-**i**-t	ag-**i**-tis	ag**e**rem	ag**i**te
ohne Bindevokal:	fer-re	fer-s	fer-t	fer-tis	fer-rem	fer-te

F

Das Verb ***ferre*** „tragen, bringen; ertragen" weist Besonderheiten auf. So werden im Indikativ Präsens, Infinitiv Präsens und Imperativ Pl. sowie im Konjunktiv Imperfekt die **Endungen**, die mit ***r, s*** oder ***t*** beginnen, **ohne Bindevokal** an den Stamm angehängt. Die übrigen Formen entsprechen den Konsonantenstämmen der **3. Konjugation**.

Aktiv	**Präsens**		**Imperfekt**		**Futur I**	**PPA**
ferre	**Ind.**	**Konj.**	**Ind.**	**Konj.**		
1. Sg.	fer-**ō**	fer-a-**m**	fer-ēba-**m**	fer-re-**m**	fer-a-**m**	
2. Sg.	fer-**s**	fer-ā-**s**	fer-ēbā-**s**	fer-rē-**s**	fer- ē-**s**	ferē**ns**,
3. Sg.	fer-**t**	fer-a-**t**	fer-ēba-**t**	fer-re-**t**	fer-e-**t**	fere-nt-**is**
1. Pl.	fer-i-**mus**	fer-ā-**mus**	fer-ēbā-**mus**	fer-rē-**mus**	fer-ē-**mus**	
2. Pl.	fer-**tis**	fer-ā-**tis**	fer-ēbā-**tis**	fer-rē-**tis**	fer-ē-**tis**	
3. Pl.	fer-u-**nt**	fer-a-**nt**	fer-ēba-**nt**	fer-re-**nt**	fer-e-**nt**	
Passiv	**Präsens**		**Imperfekt**		**Futur I**	**Imperativ**
ferrī	**Ind.**	**Konj.**	**Ind.**	**Konj.**		
1. Sg.	fer-**or**	fer-a-**r**	fer-ēba-**r**	fer-re-**r**	fer-a-**r**	
2. Sg.	fer-**ris**	fer-ā-**ris**	fer-ēbā-**ris**	fer-rē-**ris**	fer-ē-**ris**	fer!
3. Sg.	fer-**tur**	fer-ā-**tur**	fer-ēbā-**tur**	fer-rē-**tur**	fer-ē-**tur**	fer-**te**!
1. Pl.	fer-i-**mur**	fer-ā-**mur**	fer-ēbā-**mur**	fer-rē-**mur**	fer-ē-**mur**	
2. Pl.	fer-i-**minī**	fer-ā-**minī**	fer-ēbā-**minī**	fer-rē-**minī**	fer-ē-**minī**	
3. Pl.	fer-u-**ntur**	fer-a-**ntur**	fer-ēba-**ntur**	fer-re-**ntur**	fer-e-**ntur**	

75 G2

ferre: Formen des Perfekt- und PPP-Stammes

	Präsenstamm		**Perfektstamm**	**PPP-Stamm**
Stammformen:	**ferre**	**ferō**	**tulī**	**lātum**

F

Das Verb ***ferre*** verfügt über drei Stämme: den Präsensstamm ***fer-***, den Perfektstamm ***tul-*** und den PPP-Stamm ***lā-***.

Aktiv	**Perfekt**		**Plusquamperfekt**		**Futur II**	**Inf. Perf. Akt.**
	Ind.	**Konj.**	**Ind.**	**Konj.**		
1. Sg.	tul-**ī**	tul-eri-**m**	tul-era-**m**	tul-isse-**m**	tul-er-**ō**	
2. Sg.	tul-**istī**	tul-eri-**s**	tul-erā-**s**	tul-issē-**s**	tul-eri-**s**	tul-**isse**
	usw.	usw.	usw.	usw.	usw.	
Passiv	**Perfekt**		**Plusquamperfekt**		**Futur I**	**Inf. Perf. Pass.**
	Ind.	**Konj.**	**Ind.**	**Konj.**		
1. Sg.	lā-tus **sum**	lā-tus **sim**	lā-tus **eram**	lā-tus **essem**	lā-tus **erō**	
2. Sg.	lā-tus **es**	lā-tus **sīs**	lā-tus **erās**	lā-tus **essēs**	lā-tus **eris**	lā-tum **esse**
	usw.	usw.	usw.	usw.	usw.	

76 G1

ferre: Komposita (I)

1.

(ad >)	af		herbei	
(cum>)	cōn	-ferre	zusammen	-tragen, -bringen
	prae		vor	

2.

ferre	ferō	ferēbam	ferrem	feram	tulī	tuleram	ferēns	lātus
af-ferre	af-ferō	af-ferēbam	af-ferrem	af-feram	at-tulī	at-tuleram	af-ferēns	al-lātus

3.

	Grundbedeutung	Weiterentwicklung der Bedeutung
af-ferre	herbei-bringen	*Nachrichten* **herbei**tragen → melden, berichten
cōn-ferre	zusammen-tragen	*zwei Dinge* **zusammen**tragen → vergleichen
prae-ferre	vor-bringen	*Verborgenes* **vor**bringen → an den Tag legen

F

1. Wie *īre* ist ***ferre*** eines der Verben, die **viele Komposita** bilden. Diese entstehen durch die Zusammenstellung einer Präposition als **Präfix** mit dem **Verbum simplex**.
2. Bei den *ferre*-Komposita kommt es häufig zu **Assimilationserscheinungen**, wobei der Endkonsonant des Präfixes an den Anfangskonsonanten der jeweiligen Simplexform angeglichen wird, z. B. ***ad**-ferre* → ***af**ferre*, ***ad**-tulī* → ***at**tulī*, ***ad**-lātum* → ***al**lātum*. Auf die Konjugation hat das Präfix keinen Einfluss: Sie erfolgt genauso wie beim Verbum simplex *ferre*.
3. Die meisten *ferre*-Komposita haben in logischer Weiterentwicklung der Grundbedeutungen ihr **Bedeutungsfeld erweitert**.

ferre-Komposita	Grundbedeutung	weitere Bedeutungen
af-ferre	herbeibringen, bringen	melden
cōn-ferre	zusammentragen, zusammenbringen	vergleichen; (m. *se*) sich begeben
prae-ferre	vorbringen	vorziehen; zeigen, an den Tag legen

76 G2

ferre: Komposita (II)

(ad-ferre >)	afferre	afferō	attulī	allātum
↕	↕	↕	↕	↕
(ab-ferre >)	auferre	auferō	abstulī	ablātum

F

Nach den Gesetzen der Assimilation müssten die mit den Präfixen ***ad-*** und ***ab-*** gebildeten *ferre*-Komposita in all ihren Formen vollkommen identisch sein. Folglich wären die Formen dieser beiden Wörter nicht zu unterscheiden, obwohl sie doch gegenteilige Bedeutungen haben. Deshalb bildet das Kompositum ****abferre*** **abweichend von den Assimilationsregeln** folgende von *afferre* unterscheidbare Stammformen: ***au**ferre*, ***abs**tulī*, ***ab**lātum*.

ferre-Komposita	Grundbedeutung	weitere Bedeutungen
au-ferre	wegtragen, wegbringen	wegnehmen
of-ferre	entgegenbringen	anbieten
per-ferre	*ungebräuchlich*	überbringen; ertragen

77 G1

Ablativ der Beziehung

Subj.	A-Obj.	Präd.	
Graecī	**Rōmānōs**	**superant.**	Die Griechen **übertreffen** die Römer
		artibus	**in den Künsten.**
		Worin? Woran?	
		Adverbiale der Beziehung → Ablativ	

S

Der **Ablativ** kann – neben den vielen bereits gelernten Funktionen wie der Angabe des Grundes, des Mittels, der Trennung, der Art und Weise – auch das **Adverbiale der Beziehung** besetzen. Der Fachbegriff für diese Funktion lautet **Ablativus limitationis.** Als „Limitationis" steht der Ablativ vor allem bei den Verben des **Übertreffens**, **Beurteilens**, **Unterscheidens** oder **Vergleichens** und gibt an, **woran**, **worin** bzw. in welcher Hinsicht eine **Beziehung** zwischen zwei Personen oder Sachen besteht.

Verben		im Lateinischen Ablativ	im Deutschen Präpositionalausdruck
dēficere	ausgehen	**animō** dēficere	**im Mut** nachlassen, den Mut verlieren
differre	sich unterscheiden	**mōribus** differre	sich **in den Sitten** unterscheiden
iūdicāre	beurteilen	**rē** iūdicāre	**der Sache nach** beurteilen
praestāre	übertreffen	**prūdentiā** praestāre	**an Klugheit** übertreffen
superāre	übertreffen	**vī** superāre	**an Kraft** übertreffen
vincere	besiegen	**cursū** vincere	**im Lauf** besiegen

77 G2

Verben mit Genitiv

	Person → Akkusativobjekt	Tat → Genitiv
convincere	**scelerātum**	**caedis**
überführen	**den Verbrecher**	**des Mordes**

S

Bei den Verben der **Gerichtssprache** steht der **Genitiv**, um auszudrücken, welcher **Tat** bzw. welches Verbrechens jemand angeklagt oder überführt wird, weswegen er verurteilt oder wovon er freigesprochen wird, z. B. *Iūdex scelerātum **caedis** convincit.* „Der Richter überführt den Verbrecher **des Mordes**." Im Deutschen steht zum Ausdruck der Tat entweder wie im Lateinischen der Genitiv oder ein Präpositionalausdruck.

Verben	im Lateinischen Tat im Genitiv	im Deutschen Tat im Genitiv oder Präpositionalausdruck
accūsāre anklagen	**caedis** accūsāre	**des Mordes** / **wegen Mordes** anklagen
convincere überführen	**caedis** convincere	**des Mordes** überführen
damnāre verurteilen	**caedis** damnāre	**wegen Mordes** verurteilen
absolvere freisprechen	**caedis** absolvere	**vom Mord** freisprechen

Beachte: Bei der Verurteilung zum Tode steht auch das Strafmaß im Genitiv. Merke dir also folgende Wendung: ***capitis damnāre* „zum Tode verurteilen"**.

78 G1

Adjektive mit Genitiv

Potentiam cupit.	Er will Macht.	Potentiae cupidus est.	Er ist begierig nach Macht.
↓ Objekt		↓ Genitivus obiectivus	

S

Einige **Adjektive** zeigen ihre Ableitung von Verben, indem sie wie ein Verb **Objekte** als Ergänzung **benötigen**. So stellt man sich z. B. beim Adjektiv *cupidus* „begierig" die Frage „**Wonach** begierig?". Um diese Frage zu beantworten, tritt ein **Genitiv** in der Funktion eines „Genitivus obiectivus" hinzu. Wichtige Adjektive mit Genitiv sind:

Adjektive		im Lateinischen mit Genitiv	im Deutschen meist Präpositionalausdruck
cōnscius	mitwissend	cōnscius **coniūrātiōnis**	mitwissend **bei einer Verschwörung**
cupidus	begierig	cupidus **potentiae**	begierig **nach Macht**
ignārus	unwissend	ignārus **litterārum**	unwissend **in der Literatur**
memor	sich erinnernd	memor **iniūriae**	sich erinnernd **an das Unrecht**
perītus	erfahren, kundig	perītus **iūris**	kundig **im Recht**
plēnus	voll	plēnus **aquae**	voll **von Wasser**
potēns	mächtig	potēns **linguae Graecae**	mächtig **der griechischen Sprache**
studiōsus	eifrig, bemüht	studiōsus **artium**	bemüht **um die Künste**

78 G2

Verben mit Dativ

Invideō **tibi**.	Ich beneide **dich**.
Wem?	**Wen?**
im Lateinischen: **Dativobjekt**	im Deutschen: **Akkusativobjekt**

S

Bestimmte Verben erfordern im Lateinischen einen anderen Kasus als im Deutschen. So hat eine Gruppe **lateinischer Verben** den **Dativ als Objekt** bei sich, während **im Deutschen** ein **Akkusativobjekt** oder ein **Präpositionalausdruck** steht, z. B. *Invideō* ***tibi***. „Ich beneide **dich**." Wichtige lateinische Verben mit Dativ sind:

Verben		im Lateinischen mit Dativ	im Deutschen mit Akkusativ oder Präpositionalausdruck
cōnsulere / providēre	sorgen für	cōnsulit **familiae**	er sorgt **für die Familie**
favēre	begünstigen	faveō **tibi**	ich begünstige **dich**
invidēre	beneiden	invidēs **mihi**	du beneidest **mich**
interesse	teilnehmen	interest **lūdō**	er nimmt teil **am Spiel**
praestāre	übertreffen	praestāmus **vōbīs**	wir übertreffen **euch**
nūbere	*(einen Mann)* heiraten	nūbit **eī**	sie heiratet **ihn**
parcere	schonen, sparen	parcunt **victīs**	sie schonen **die Besiegten**
persuadēre	überreden, -zeugen	persuādeō **tibi**	ich überrede **dich**
studēre	sich bemühen um	studēmus **artī**	wir bemühen uns **um die Kunst**

79 G1

Akkusativ mit Partizip (AcP)

A c I	A c P
↓ ↓	↓ ↓
Audiō.....*tē*..........rīd*ēre*.	Audiō.....***tē***.........rīde***ntem***.
Ich höre, **dass** du...lachst.	Ich höre, **wie** du...lachst.
↓	↓
Was?	**Wie?**
↓	↓
Inhalt der Handlung	**Verlauf** der Handlung
↓	↓
Tatsache	**Vorgang**

S

Nach den **Verben des Wahrnehmens** steht – wie dir bekannt ist – die Konstruktion **„Akkusativ mit Infinitiv"**, kurz **AcI**. Der AcI bringt den **Inhalt einer Wahrnehmung** zum Ausdruck, es geht also um die Vermittlung einer **Tatsache**. **Was** nimmt jemand wahr? Das drückt der AcI aus.

Nach den **Verben des Wahrnehmens** kann aber auch die Konstruktion **„Akkusativ mit Partizip"** stehen, kurz **AcP**. Setzt man an die Stelle des Infinitivs ein Partizip, so will man nicht die bloße Tatsache ausdrücken, sondern den **Verlauf einer Handlung**. Es geht also um die Darstellung eines **Vorgangs**. **Wie** läuft die Handlung ab, die jemand wahrnimmt? Das drückt der AcP aus.

Der AcI und der AcP nach Verben des Wahrnehmens können in gleicher Weise übersetzt werden, nämlich mit einer **Infinitivkonstruktion**. *Audiō tē rīdēre* und *Audiō tē rīdentem* kann man also jeweils mit „Ich höre **dich lachen**." übersetzen.

Will man bei der Übersetzung den Unterschied zwischen beiden Konstruktionen zum Ausdruck bringen, so wählt man für die **AcI-Übersetzung** einen **dass-Satz**, um die **Tatsache** auszudrücken, z. B. „Ich höre, dass du lachst.", für die **AcP-Übersetzung** jedoch einen **wie-Satz**, um den **Vorgang** auszudrücken, z. B. „Ich höre, **wie du lachst**."

bisher gelernte Verben des Wahrnehmens:

animadvertere	wahrnehmen, bemerken
aspicere	ansehen, erblicken
audīre	hören, anhören
cōnspicere	ansehen, erblicken
īnspicere	hineinblicken, betrachten
prōspicere	vor sich erblicken; vorhersehen
sentīre	fühlen, spüren
spectāre	schauen, anschauen, betrachten
vidēre	sehen

79 G2

mālle

1.

mālle	**lieber wollen**	Inf. Präs.
mālō	**ich will lieber**	1. P. Sg.
māvīs	**du willst lieber**	2. P. Sg.
māvult	**er, sie, es will lieber**	3. P. Sg.
mālumus	**wir wollen lieber**	1. P. Pl.
māvultis	**ihr wollt lieber**	2. P. Pl.
mālunt	**sie wollen lieber**	3. P. Pl.

2.

wollen						lieber wollen
	vol-ēba-m	←	Ind. Impf.	→	**māl-eba-m**	
	vel-le-m	←	Konj. Impf.	→	**māl-le-m**	
	volu-ī	←	Ind. Perf.	→	**mālu-ī**	
	volu-eri-m	←	Konj. Perf.	→	**mālu-eri-m**	
	volu-era-m	←	Ind. Plqupf.	→	**mālu-era-m**	
	volu-isse-m	←	Konj. Plqupf.	→	**mālu-isse-m**	
	vol-a-m	←	Fut. I	→	**māl-a-m**	
	volu-er-ō	←	Fut. II	→	**mālu-er-ō**	

F

1. Die Formen von ***mālle*** **„lieber wollen"** sind aus der z. T. zweifachen Verschmelzung des Wortes ***magis*** **„mehr"** mit den Formen von ***velle*** hervorgegangen, z. B. **magis-volō* → **mavolō* → *mālō* (zweifach verschmolzen), **magisvīs* → *māvīs* (einfach verschmolzen). Durch die Verschmelzung wird das urprünglich kurze ***ă*** von *măgis* lang, z. B. ****măgisvult*** → ***māvult***.
2. Die Formen der übrigen Tempora entsprechen in der Bildung denen von *velle*, lediglich die beiden Anfangsbuchstaben ***vo-*** müssen durch ***mā-*** ersetzt werden, z. B. ***voluī*** → ***māluī***.

mālle	Ind. Präs.	Ind. Impf.	Ind. Perf.	Ind. Plqupf.	Futur I
1. P. Sg.	māl-**ō**	māl-ēba-**m**	mālu-**ī**	mālu-era-**m**	māl-a-**m**
2. P. Sg.	māvī-**s**	māl-ēbā-**s**	mālu-**istī**	mālu-erā-**s**	māl-ē-**s**
3. P. Sg.	māvul-**t**	māl-ēba-**t**	mālu-**it**	mālu-era-**t**	māl-e-**t**
1. P. Pl.	māl-u-**mus**	māl-ēbā-**mus**	mālu-**imus**	mālu-erā-**mus**	māl-ē-**mus**
2. P. Pl.	māvul-**tis**	māl-ēbā-**tis**	mālu-**istis**	mālu-erā-**tis**	māl-ē-**tis**
3. P. Pl.	māl-u-**nt**	māl-ēba-**nt**	mālu-**ērunt**	mālu-era-**nt**	māl-e-**nt**
	Konj. Präs.	Konj. Impf.	Konj. Perf.	Konj. Plqupf.	Futur II
1. P. Sg.	māl-i-**m**	māl-le-**m**	mālu-eri-**m**	mālu-isse-**m**	mālu-er-**ō**
2. P. Sg.	māl-ī-**s**	māl-lē-**s**	mālu-eri-**s**	mālu-issē-**s**	mālu-eri-**s**
3. P. Sg.	māl-i-**t**	māl-le-**t**	mālu-eri-**t**	mālu-isse-**t**	mālu-eri-**t**
1. P. Pl.	māl-ī-**mus**	māl-lē-**mus**	mālu-eri-**mus**	mālu-issē-**mus**	mālu-eri-**mus**
2. P. Pl.	māl-ī-**tis**	māl-lē-**tis**	mālu-eri-**tis**	mālu-issē-**tis**	mālu-eri-**tis**
3. P. Pl.	māl-i-**nt**	māl-le-**nt**	mālu-eri-**nt**	mālu-isse-**nt**	mālu-eri-**nt**
Imp.	***ungebräuchlich***		PPA	***ungebräuchlich***	

80 G1

Perfektopräsentien

1.	Präsens		Perfekt	Perfektbedeutung		Präsensbedeutung
	nōscere	>	**nōvisse**	kennengelernt haben	→ Folge →	**kennen, wissen**
	cōnsuēscere	>	**cōnsuēvisse**	sich gewöhnt haben	→ Folge →	**gewohnt sein**
			meminisse	——		**sich erinnern**
			ōdisse	——		**hassen**

2.	**Perfekt →**	**Präsens**	**Plusquamperfekt →**	**Imperfekt**	**Futur II →**	**Futur I**
	nōvī	**ich weiß**	nōveram	**ich wusste**	nōverō	**ich werde wissen**

F

1. Es gibt einige Verben, die trotz ihrer **perfektivischen Formen** eine **präsentische Bedeutung** haben. Deshalb werden diese Verben **Perfektopräsentien** genannt. Sie teilen sich in zwei Gruppen: Zur einen gehören ***nōscere*** „kennenlernen" und ***cōnsuēscere*** „sich gewöhnen". Sie verfügen zwar über „normale" Präsens- und Perfektformen, ihre Perfektformen werden aber meist präsentisch übersetzt. Zur anderen Gruppe gehören die Verben ***meminisse*** „sich erinnern" und ***ōdisse*** „hassen", die keine Präsensstammformen bilden, also ausschließlich über Perfektformen verfügen, die präsentisch übersetzt werden.
2. Bei den Perfektopräsentien drückt das Perfekt die Gegenwart aus, das Plusquamperfekt die Vergangenheit und das Futur II die Zukunft, z. B. *nōvī* **„ich weiß"**, *nōveram* **„ich wusste"**, *nōverō* **„ich werde wissen"**.

80 G2

Indefinitpronomen quisque, quidque / quisque, quaeque, quodque

Anlehnung an **ūnus**	→	**ūnusquisque**	**jeder Einzelne**
Anlehnung an **Superlativ**	→	**optimus quisque**	**jeder Beste, gerade die Besten**
Anlehnung an **Ordnungszahl**	→	**quintus quisque**	**jeder Fünfte**
Anlehnung an **Reflexivpronomen**	→	**suum cuique**	**jedem das Seine**

S

Im Gegensatz zu *omnis* steht das **Indefinitpronomen *quisque, quidque*** (substantivisch) „jeder / jede, jedes" bzw. ***quisque, quaeque, quodque*** (adjektivisch) „jeder, jede, jedes" nie allein, sondern immer in Verbindung mit entweder ***unus***, einer **Ordnungszahl**, einem **Superlativ** oder einem **Reflexivpronomen**.

F

Das Pronomen *quisque* ist zusammengesetzt aus dem **Interrogativpronomen *quis, quid*** und der angehängten Konjunktion ***-que***. **Dekliniert** wird **nur** der Bestandteil ***quis-, quid-*** *bzw.* ***quae-, quod-***.

	substantivisch		adjektivisch		
	m / f Sg.	n Sg.	m Sg.	f Sg.	n Sg.
Nom.	quisque	quidque	quisque	quaeque	quodque
Gen.	cuiusque		cuiusque		
Dat.	cuique		cuique		
Akk.	quemque	quidque	quemque	quamque	quodque
Abl.	quōque		quōque	quāque	quōque

Deklinationen

I₁ Substantive der ā- und o-Deklination

	ā-Dekl. f	o-Dekl.: -us m	o-Dekl.: -er m	o-Dekl.: -r m	o-Dekl. n
Nom. Sg.	amīc-**a**	amīc-**us**	puer	minister	dōn-**um**
Gen. Sg.	amīc-**ae**	amīc-**ī**	puer-**ī**	ministr-**ī**	dōn-**ī**
Dat. Sg.	amīc-**ae**	amīc-**ō**	puer-**ō**	ministr-**ō**	dōn-**ō**
Akk. Sg.	amīc-**am**	amīc-**um**	puer-**um**	ministr-**um**	dōn-**um**
Abl. Sg.	*cum* amīc-**ā**	*cum* amīc-**ō**	*cum* puer-**ō**	*cum* ministr-**ō**	dōn-**ō**
Vok. Sg.	amīc-**a**	amīc-**e**	puer	minister	
Nom. Pl.	amīc-**ae**	amīc-**ī**	puer-**ī**	ministr-**ī**	dōn-**a**
Gen. Pl.	amīc-**ārum**	amīc-**ōrum**	puer-**ōrum**	ministr-**ōrum**	dōn-**ōrum**
Dat. Pl.	amīc-**īs**	amīc-**īs**	puer-**īs**	ministr-**īs**	dōn-**īs**
Akk. Pl.	amīc-**ās**	amīc-**ōs**	puer-**ōs**	ministr-**ōs**	dōn-**a**
Abl. Pl.	*cum* amīc-**īs**	*cum* amīc-**īs**	*cum* puer-**īs**	*cum* ministr-**īs**	dōn-**īs**
Vok. Pl.	amīc-**ae**	amīc-**ī**	puer-**ī**	ministr-**ī**	

I₂ Adjektive der ā- und o-Deklination auf -us, -a, -um

	m	f	n
Nom. Sg.	māgn-**us**	māgn-**a**	māgn-**um**
Gen. Sg.	māgn-**ī**	māgn-**ae**	māgn-**ī**
Dat. Sg.	māgn-**ō**	māgn-**ae**	māgn-**ō**
Akk. Sg.	māgn-**um**	māgn-**am**	māgn-**um**
Abl. Sg.	māgn-**ō**	māgn-**ā**	māgn-**ō**
Nom. Pl.	māgn-**ī**	māgn-**ae**	māgn-**a**
Gen. Pl.	māgn-**ōrum**	māgn-**ārum**	māgn-**ōrum**
Dat. Pl.	māgn-**īs**	māgn-**īs**	māgn-**īs**
Akk. Pl.	māgn-**ōs**	māgn-**ās**	māgn-**a**
Abl. Pl.	māgn-**īs**	māgn-**īs**	māgn-**īs**

I₃ Adjektive der ā- und o-Deklination auf -er und -r

	m	f	n	m	f	n
Nom. Sg.	asper	asper-**a**	asper-**um**	pulcher	pulchr-**a**	pulchr-**um**
Gen. Sg.	asper-**ī**	asper-**ae**	asper-**ī**	pulchr-**ī**	pulchr-**ae**	pulchr-**ī**
Dat. Sg.	asper-**ō**	asper-**ae**	asper-**ō**	pulchr-**ō**	pulchr-**ae**	pulchr-**ō**
Akk. Sg.	asper-**um**	asper-**am**	asper-**um**	pulchr-**um**	pulchr-**am**	pulchr-**um**
Abl. Sg.	asper-**ō**	asper-**ā**	asper-**ō**	pulchr-**ō**	pulchr-**ā**	pulchr-**ō**
Nom. Pl.	asper-**ī**	asper-**ae**	asper-**a**	pulchr-**ī**	pulchr-**ae**	pulchr-**a**
Gen. Pl.	asper-**ōrum**	asper-**ārum**	asper-**ōrum**	pulchr-**ōrum**	pulchr-**ārum**	pulchr-**ōrum**
Dat. Pl.	asper-**īs**	asper-**īs**	asper-**īs**	pulchr-**īs**	pulchr-**īs**	pulchr-**īs**
Akk. Pl.	asper-**ōs**	asper-**ās**	asper-**a**	pulchr-**ōs**	pulchr-**ās**	pulchr-**a**
Abl. Pl.	asper-**īs**	asper-**īs**	asper-**īs**	pulchr-**īs**	pulchr-**īs**	pulchr-**īs**

I₄ Adjektive der ā- und o-Deklination: Komparativ

	m / f	n	m / f	n
Nom. Sg.	clārior	clārius	pulchrior	pulchrius
Gen. Sg.	clāriōr-**is**		pulchriōr-**is**	
Dat. Sg.	clāriōr-**ī**		pulchriōr-**ī**	
Akk. Sg.	clāriōr-**em**	clārius	pulchriōr-**em**	pulchrius
Abl. Sg.	clāriōr-**e**		pulchriōr-**e**	
Nom. Pl.	clāriōr-**ēs**	clāriōr-**a**	pulchriōr-**ēs**	pulchriōr-**a**
Gen. Pl.	clāriōr-**um**		pulchriōr-**um**	
Dat. Pl.	clāriōr-**ibus**		pulchriōr-**ibus**	
Akk. Pl.	clāriōr-**ēs**	clāriōr-**a**	pulchriōr-**ēs**	pulchriōr-**a**
Abl. Pl.	clāriōr-**ibus**		pulchriōr-**ibus**	

I₅ Adjektive der ā- und o-Deklination: unregelmäßige Steigerung

Positiv		Komparativ		Superlativ	
bonus, -a, -um	gul	melior, -ius	besser	optim-us, -a, -um	bester
malus, -a, -um	schlecht	peior, -ius	schlechter	pessim-us, -a, -um	schlechtester
māgnus, -a, -um	groß	māior, -ius	größer	maxim-us, -a, -um	größter
parvus, -a, -um	klein	minor, -us	kleiner	minim-us, -a, -um	kleinster
multī, -ae, -a	viele	plūrēs, -a	mehr	plūrim-ī, -ae, -a	meisten

I₆ Substantive der 3. Deklination: konsonantische Deklination

	r-Stamm m	t-Stamm f	c-Stamm f	n-Stamm f	r-Stamm n	n-Stamm n
Nom. Sg.	imperātor	salūs	vōx	condiciō	tempus	nōmen
Gen. Sg.	imperātōr-**is**	salūt-**is**	vōc-**is**	condiciōn-**is**	tempor-**is**	nōmin-**is**
Dat. Sg.	imperātōr-**ī**	salūt-**ī**	vōc-**ī**	condiciōn-**ī**	tempor-**ī**	nōmin-**ī**
Akk. Sg.	imperātōr-**em**	salūt-**em**	vōc-**em**	condiciōn-**em**	tempus	nōmen
Abl. Sg.	*cum* imperātōr-**e**	salūt-**e**	vōc-**e**	condiciōn-**e**	tempor-**e**	nōmin-**e**
Nom. Pl.	imperātōr-**ēs**	salūt-**ēs**	vōc-**ēs**	condiciōn-**ēs**	tempor-**a**	nōmin-**a**
Gen. Pl.	imperātōr-**um**	salūt-**um**	vōc-**um**	condiciōn-**um**	tempor-**um**	nōmin-**um**
Dat. Pl.	imperātōr-**ibus**	salūt-**ibus**	vōc-**ibus**	condiciōn-**ibus**	tempor-**ibus**	nōmin-**ibus**
Akk. Pl.	imperātōr-**ēs**	salūt-**ēs**	vōc-**ēs**	condiciōn-**ēs**	tempor-**a**	nōmin-**a**
Abl. Pl.	*cum* imperātōr-**ibus**	salūt-**ibus**	vōc-**ibus**	condiciōn-**ibus**	tempor-**ibus**	nōmin-**ibus**

I_7 Substantive der 3. Deklination: Mischdeklination und i-Deklination

	Mischdekl. f	Mischdekl. f	i-Dekl. f	i-Dekl. f	i-Dekl. n
Nom. Sg.	urb-s	nāv-is	turr-is	v-īs	mar-e
Gen. Sg.	urb-is	nāv-is	turr-is	–	mar-is
Dat. Sg.	urb-ī	nāv-ī	turr-ī	–	mar-ī
Akk. Sg.	urb-em	nāv-em	turri-m	vi-m	mar-e
Abl. Sg.	urb-e	nāv-e	turrī	vī	marī
Nom. Pl.	urb-ēs	nāv-ēs	turr-ēs	vīr-ēs	mari-a
Gen. Pl.	urbi-um	nāvi-um	turri-um	vīri-um	mari-um
Dat. Pl.	urb-ibus	nāv-ibus	turr-ibus	vīr-ibus	mar-ibus
Akk. Pl.	urb-ēs	nāv-ēs	turrī-s / turr-ēs	vīr-ēs	mari-a
Abl. Pl.	urb-ibus	nāv-ibus	turr-ibus	vīr-ibus	mar-ibus

I_8 Adjektive der 3. Deklination: drei-, zwei-, und einendige Adjektive

	m	f	n	m / f	n	m / f	n
Nom. Sg.	ācer	ācr-is	ācr-e	omn-is	omn-e	prūdēns	
Gen. Sg.		ācr-is		omn-is		prūdent-is	
Dat. Sg.		ācr-ī		omn-ī		prūdent-ī	
Akk. Sg.	ācr-em	ācr-em	ācr-e	omn-em	omn-e	prūdent-em	prūdens
Abl. Sg.		ācrī		omnī		prūdentī	
Nom. Pl.	ācr-ēs	ācr-ēs	ācri-a	omn-ēs	omni-a	prūdent-ēs	prūdenti-a
Gen. Pl.		ācri-um		omni-um		prūdenti-um	
Dat. Pl.		ācr-ibus		omn-ibus		prūdent-ibus	
Akk. Pl.	ācr-ēs	ācr-ēs	ācri-a	omn-ēs	omni-a	prūdent-ēs	prūdenti-a
Abl. Pl.		ācr-ibus		omn-ibus		prūdent-ibus	

I_9 Adjektive der 3. Deklination: Konsonantenstämme, einendig

	m / f	n	m / f	n	m / f	n
Nom. Sg.	dīves		pauper		vetus	
Gen. Sg.	dīvit-is		pauper-is		veter-is	
Dat. Sg.	dīvit-ī		pauper-ī		veter-ī	
Akk. Sg.	dīvit-em	dīves	pauper-em	pauper	veter-em	vetus
Abl. Sg.	dīvit-e		pauper-e		veter-e	
Nom. Pl.	dīvit-ēs	dīvit-a	pauper-ēs	pauper-a	veter-ēs	veter-a
Gen. Pl.	dīvit-um		pauper-um		veter-um	
Dat. Pl.	dīvit-ibus		pauper-ibus		veter-ibus	
Akk. Pl.	dīvit-ēs	dīvit-a	pauper-ēs	pauper-a	veter-ēs	veter-a
Abl. Pl.	dīvit-ibus		pauper-ibus		veter-ibus	

I$_{10}$ Adjektive der 3. Deklination: Komparativ

	m / f		n	m / f		n
Nom. Sg.	ācrior		ācrius	celerior		celerius
Gen. Sg.		ācriōr-**is**			celeriōr-**is**	
Dat. Sg.		ācriōr-**ī**			celeriōr-**ī**	
Akk. Sg.	ācriōr-**em**		ācrius	celeriōr-**em**		celerius
Abl. Sg.		ācriōr-**e**			celeriōr-**e**	
Nom. Pl.	ācriōr-**ēs**		ācriōr-**a**	celeriōr-**ēs**		celeriōr-**a**
Gen. Pl.		ācriōr-**um**			celeriōr-**um**	
Dat. Pl.		ācriōr-**ibus**			celeriōr-**ibus**	
Akk. Pl.	ācriōr-**ēs**		ācriōr-**a**	celeriōr-**ēs**		celeriōr-**a**
Abl. Pl.		ācriōr-**ibus**			celeriōr-**ibus**	

I$_{11}$ Substantive der u- und ē-Deklination

	u-Dekl.	u-Dekl.: Ausnahme	ē-Dekl.
Nom. Sg.	manu-**s**	domu-**s**	diē-**s**
Gen. Sg.	manū-**s**	domū-**s**	diē-**ī**
Dat. Sg.	manu-**ī**	domu-**ī**	diē-**ī**
Akk. Sg.	manu-**m**	domu-**m**	die-**m**
Abl. Sg.	manū	domō	diē
Nom. Pl.	manū-**s**	domū-**s**	diē-**s**
Gen. Pl.	manu-**um**	domō-**rum**	diē-**rum**
Dat. Pl.	mani-**bus**	domi-**bus**	diē-**bus**
Akk. Pl.	manū-**s**	domō-**s**	diē-**s**
Abl. Pl.	mani-**bus**	domi-**bus**	diē-**bus**

II$_1$ Personalpronomen und Reflexivpronomen

	Personalpron.	1. P.	Personalpron.	2. P.	Personalpron.	3. P.		Reflexivpron.	3. P.
Nom. Sg.	ego	ich	tū	du		is, ea, id	er, sie, es	–	–
Gen. Sg.	–	–	–	–		eius	dessen / deren	–	–
Dat. Sg.	mihī	mir	tibī	dir		eī	ihm, ihr	sibī	sich
Akk. Sg.	mē	mich	tē	dich		eum, eam, id	ihn, sie, es	sē	sich
Abl. Sg.	*ā* mē	*von* mir	*ā* tē	*von* dir	*cum*	eō, eā, eō	*mit* ihm, ihr	*ā* sē	*von* sich
	mē*cum*	*mit* mir	tē*cum*	*mit* dir				sē*cum*	*mit* sich
Nom. Pl.	nōs	wir	vōs	ihr		iī / eī, eae, ea	sie	–	–
Gen. Pl.	–	–	–	–		eōrum, eārum, eōrum	deren	–	–
Dat. Pl.	nōbīs	uns	vōbīs	euch		eīs / iīs	ihnen	sibī	sich
Akk. Pl.	nōs	uns	vōs	euch		eōs, eās, ea	sie	sē	sich
Abl. Pl.	*ā* nōbīs	*von* uns	*ā* vōbīs	*von* euch	*cum*	eīs / iīs	*mit* ihnen	*ā* sē	*von* sich
	nōbīs*cum*	*mit* uns	vōbīs*cum*	*mit* euch				sē*cum*	*mit* sich

II_2 Possessivpronomen

	1. P.		2. P.		3. P.	
Sg.	meus, -a, -um	mein	tuus, -a, -um	dein	*reflexiv:*	
					suus, sua, suum	sein(e) / ihr(e)
					nicht reflexiv:	
					eius	sein(e) / ihr(e)
Pl.	noster, nostra, nostrum	unser	vester, vestra, vestrum	euer	*reflexiv:*	
					suus, sua, suum	ihr(e)
					nicht reflexiv:	
					eōrum, eārum, eōrum	ihr(e)

Zur Deklination der Possessivpronomina siehe Tab. I_2 / I_3

II_3 Relativpronomen: quī, quae, quod

	m		f		n	
Nom. Sg.	quī	der	quae	die	quod	das
Gen. Sg.	cuius	dessen	cuius	deren	cuius	dessen
Dat. Sg.	cui	dem	cui	der	cui	dem
Akk. Sg.	quem	den	quam	die	quod	das
Abl. Sg.	quō*cum*	*mit* dem	quā*cum*	*mit* der	quō	*durch* das
Nom. Pl.	quī	die	quae	die	quae	die
Gen. Pl.	quōrum	deren	quārum	deren	quōrum	deren
Dat. Pl.	quibus	denen	quibus	denen	quibus	denen
Akk. Pl.	quōs	die	quās	die	quae	die
Abl. Pl.	quibus*cum*	*mit* denen	quibus*cum*	*mit* denen	quibus	*durch* die

II_4 Verallgemeinerndes Relativpronomen: quīcumque, quaecumque, quodcumque

	welcher / wer auch immer; jeder, der			welche auch immer; alle, die		
	m Sg.	f Sg.	n Sg.	m Pl.	f Pl.	n Pl.
Nom. .	quīcumque	quaecumque	quodcumque	quīcumque	quaecumque	quaecumque
Gen. .		cuiuscumque		quōrumcumque	quārumcumque	quōrumcumque
Dat. .		cuicumque			quibuscumque	
Akk. .	quemcumque	quamcumque	quodcumque	quōscumque	quāscumque	quaecumque
Abl. .	quōcumque	quācumque	quōcumque		quibuscumque	

II$_5$ Demonstrativpronomen: is, ea, id

	m		f		n	
Nom. Sg.	is	dieser	ea	diese	id	dieses
Gen. Sg.	eius	dieses	eius	dieser	eius	dieses
Dat. Sg.	eī	diesem	eī	dieser	eī	diesem
Akk. Sg.	eum	diesen	eam	diese	id	dieses
Abl. Sg.	*cum* eō	*mit* diesem	*cum* eā	*mit* dieser	eō	*durch* dieses
Nom. Pl.	iī / eī	diese	eae	diese	ea	diese
Gen. Pl.	eōrum	dieser	eārum	dieser	eōrum	dieser
Dat. Pl.	eīs / iīs	diesen	eīs / iīs	diesen	eīs / iīs	diesen
Akk. Pl.	eōs	diese	eās	diese	ea	diese
Abl. Pl.	*cum* eīs/iīs	*mit* diesen	*cum* eīs / iīs	*mit* diesen	eīs / iīs	*durch* diese

II$_6$ Demonstrativpronomen: hic, haec, hoc

	m		f		n	
Nom. Sg.	hic	dieser	haec	diese	hoc	dieses
Gen. Sg.	huius	dieses	huius	dieser	huius	dieses
Dat. Sg.	huic	diesem	huic	dieser	huic	diesem
Akk. Sg.	hunc	diesen	hanc	diese	hoc	dieses
Abl. Sg.	*cum* hōc	*mit* diesem	*cum* hāc	*mit* dieser	hōc	*durch* dieses
Nom. Pl.	hī	diese	hae	diese	haec	diese
Gen. Pl.	hōrum	dieser	hārum	dieser	hōrum	dieser
Dat. Pl.	hīs	diesen	hīs	diesen	hīs	diesen
Akk. Pl.	hōs	diese	hās	diese	haec	diese
Abl. Pl.	*cum* hīs	*mit* diesen	*cum* hīs	*mit* diesen	hīs	*durch* diese

II$_7$ Demonstrativpronomen: iste, ista, istud

	m		f		n	
Nom. Sg.	iste	dieser	ista	diese	istud	dieses
Gen. Sg.	istīus	dieses	istīus	dieser	istīus	dieses
Dat. Sg.	istī	diesem	istī	dieser	istī	diesem
Akk. Sg.	istum	diesen	istam	diese	istud	dieses
Abl. Sg.	*cum* istō	*mit* diesem	*cum* istā	*mit* dieser	istō	*durch* dieses
Nom. Pl.	istī	diese	istae	diese	ista	diese
Gen. Pl.	istōrum	dieser	istārum	dieser	istōrum	dieser
Dat. Pl.	istīs	diesen	istīs	diesen	istīs	diesen
Akk. Pl.	istōs	diese	istās	diese	ista	diese
Abl. Pl.	*cum* istīs	*mit* diesen	*cum* istīs	*mit* diesen	istīs	*durch* diese

II₈ Demonstrativpronomen: ille, illa, illud

	m		f		n	
Nom. Sg.	ille	jener	illa	jene	illud	jenes
Gen. Sg.	illīus	jenes	illīus	jener	illīus	jenes
Dat. Sg.	illī	jenem	illī	jener	illī	jenem
Akk. Sg.	illum	jenen	illam	jene	illud	jenes
Abl. Sg.	*cum* illō	*mit* jenem	*cum* illā	*mit* jener	illō	*durch* jenes
Nom. Pl.	illī	jene	illae	jene	illa	jene
Gen. Pl.	illōrum	jener	illārum	jener	illōrum	jener
Dat. Pl.	illīs	jenen	illīs	jenen	illīs	jenen
Akk. Pl.	illōs	jene	illās	jene	illa	jene
Abl. Pl.	*cum* illīs	*mit* jenen	*cum* illīs	*mit* jenen	illīs	*durch* jene

II₉ Demonstrativpronomen: ipse, ipsa, ipsum

	m selbst	f selbst	n selbst
Nom. Sg.	ipse	ipsa	ipsum
Gen. Sg.	ipsīus	ipsīus	ipsīus
Dat. Sg.	ipsī	ipsī	ipsī
Akk. Sg.	ipsum	ipsam	ipsum
Abl. Sg.	*cum* ipsō	*cum* ipsā	ipsō
Nom. Pl.	ipsī	ipsae	ipsa
Gen. Pl.	ipsōrum	ipsārum	ipsōrum
Dat. Pl.	ipsīs	ipsīs	ipsīs
Akk. Pl.	ipsōs	ipsās	ipsa
Abl. Pl.	*cum* ipsīs	*cum* ipsīs	ipsīs

Das deutsche Pronomen „selbst" ist indeklinabel; deshalb ist keine Übersetzung aufgeführt.

II₁₀ Demonstrativpronomen: īdem, eadem, idem

	m		f		n	
Nom. Sg.	īdem	derselbe	éadem	dieselbe	idem	dasselbe
Gen. Sg.	eiusdem	desselben	eiusdem	derselben	eiusdem	desselben
Dat. Sg.	eīdem	demselben	eīdem	derselben	eīdem	demselben
Akk. Sg.	eundem	denselben	eandem	dieselbe	idem	dasselbe
Abl. Sg.	*cum* eōdem	*mit* demselben	*cum* eādem	*mit* derselben	eōdem	*durch* dasselbe
Nom. Pl.	eīdem (iīdem)	dieselben	eaedem	dieselben	eadem	dieselben
Gen. Pl.	eōrundem	derselben	eārundem	derselben	eōrundem	derselben
Dat. Pl.	eīsdem (iīsdem)	denselben	eīsdem (iīsdem)	denselben	eīsdem (iīsdem)	denselben
Akk. Pl.	eōsdem	dieselben	eāsdem	dieselben	eadem	dieselben
Abl. Pl.	*cum* eīsdem (iīsdem)	*mit* denselben	*cum* eīsdem (iīsdem)	*mit* denselben	eīsdem (iīsdem)	*durch* dieselben

II_{11} Indefinitpronomen: aliquis, aliquid (substantivisch)

	m / f		n	
Nom. Sg.	aliquis	irgendjemand	aliquid	irgendetwas
Gen. Sg.	alicuius	irgendjemandes	alicuius reī	irgendeiner Sache
Dat. Sg.	alicui	irgendjemandem	alicui reī	irgendeiner Sache
Akk. Sg.	aliquem	irgendjemanden	aliquid	irgendetwas
Abl. Sg.	*cum* aliquō	*mit* irgendjemandem	aliquā rē	*durch* irgendeine Sache

II_{12} Indefinitpronomen: aliquī, aliqua, aliquod (adjektivisch)

	Sg. irgendeiner, irgendeine, irgendein			Pl. irgendwelche		
	m	f	n	m	f	n
Nom.	aliquī	aliqua	aliquod	aliquī	aliquae	aliqua
Gen.		alicuius		aliquōrum	aliquārum	aliquōrum
Dat.		alicui			aliquibus	
Akk.	aliquem	aliquam	aliquod	aliquōs	aliquās	aliqua
Abl.	*cum* aliquō	*cum* aliquā	aliquō	*cum* aliquibus	*cum* aliquibus	aliquibus

II_{13} Indefinitpronomen: quisque, quidque; quisque, quaeque, quodque

	subst.: jeder, jede, jedes			adjekt.: jeder, jede, jedes		
	m / f Sg.		n Sg.	m Sg.	f Sg.	n Sg.
Nom.	quisque		quidque	quisque	quaeque	quodque
Gen.		cuiusque			cuiusque	
Dat.		cuique			cuique	
Akk.	quemque		quidque	quemque	quamque	quodque
Abl.	*cum* quōque		quōque	*cum* quōque	*cum* quāque	quōque

II_{14} Indefinitpronomen: quīdam, quaedam, quiddam; quīdam, quaedam, quoddam

	subst.: ein(e) gewisse(r/s)			adjekt. Sg.: ein(e) gewisse(r/s)			adjekt. Pl.: gewisse, einige		
	m	f	n	m Sg.	f Sg.	n Sg.	m Pl.	f Pl.	n Pl.
Nom.	quīdam	quaedam	quiddam	quīdam	quaedam	quoddam	quīdam	quaedam	quaedam
Gen.		cuiusdam			cuiusdam		quōrundam	quārundam	quōrundam
Dat.		cuidam			cuidam			quibusdam	
Akk.	quendam	quandam	quiddam	quendam	quandam	quoddam	quōsdam	quāsdam	quaedam
Abl.	*ā* quōdam	*ā* quādam	quōdam	*ā* quōdam	*ā* quādam	quōdam		quibusdam	

II_{15} Indefinitpronomen: nēmō, nihil (substantivisch)

	m / f		n	
Nom. Sg.	nēmō	niemand	nihil	nichts
Gen. Sg.	nūllīus	niemandes	nūllīus reī	keiner Sache
Dat. Sg.	nēminī	niemandem	nūllī reī	keiner Sache
Akk. Sg.	nēminem	niemanden	nihil	nichts
Abl. Sg.	*ā* nūllō	*von* niemandem	nūllā rē	*durch* keine Sache

II_{16} Indefinitpronomen: nūllus, nūlla, nūllum (adjektivisch)

	Sg. kein, keine, kein			Pl. keine		
	m	f	n	m	f	n
Nom.	nūllus	nūlla	nūllum	nūllī	nūllae	nūlla
Gen.		nūllīus		nūllōrum	nūllārum	nūllōrum
Dat.		nūllī			nūllīs	
Akk.	nūllum	nūllam	nūllum	nūllōs	nūllās	nūlla
Abl.	*ā* nūllō	*ā* nūllā	nūllō	*ā* nūllīs	*ā* nūllīs	nūllīs

II_{17} Interrogativpronomen: quis, quid; quī, quae, quod

	subst.: wer, was		adjekt.: welcher, welche, welches					
	m / f	n	m Sg.	f Sg.	n Sg.	m Pl.	f Pl.	n Pl.
Nom.	quis	quid	quī	quae	quod	quī	quae	quae
Gen.	cuius			cuius		quōrum	quārum	quōrum
Dat.	cui			cui			quibus	
Akk.	quem	quid	quem	quam	quod	quōs	quās	quae
Abl.	*ā* quō	quō	*ā* quō	*ā* quā	quō	*ā* quibus	*ā* quibus	quibus

II_{18} Pronominaladjektive: alius, sōlus, tōtus

	alius ein anderer			**sōlus** allein			**tōtus** ganz		
	m	f	n	m	f	n	m	f	n
Nom. Sg.	alius	alia	aliu**d**	sōlus	sōla	sōlum	tōtus	tōta	tōtum
Gen. Sg.		alter**īus**			sōl**īus**			tōt**īus**	
Dat. Sg.		ali**ī**			sōl**ī**			tōt**ī**	
Akk. Sg.	alium	aliam	aliu**d**	sōlum	sōlam	sōlum	tōtum	tōtam	tōtum
Abl. Sg.	aliō	aliā	aliō	sōlō	sōlā	sōlō	tōtō	tōtā	tōtō
Nom. Pl.	aliī	aliae	alia	sōlī	sōlae	sōla	tōtī	tōtae	tōta
Gen. Pl.	aliōrum	aliārum	aliōrum	sōlōrum	sōlārum	sōlōrum	tōtōrum	tōtārum	tōtōrum
Dat. Pl.		aliīs			sōlīs			tōtīs	
Akk. Pl.	aliōs	aliās	alia	sōlōs	sōlās	sōla	tōtōs	tōtās	tōta
Abl. Pl.		aliīs			sōlīs			tōtīs	

II_{19} Korrelativa

tant**us, -a, -um**	so groß	quant**us, -a, -um**	wie (groß)
tāl**is, -is, -e**	so (beschaffen)	quāl**is, -is, -e**	wie (beschaffen)
tot	so viele	quot	wie (viele)

Dekliniert werden *tantus* und *quantus* wie *māgnus*, *tālis* und *quālis* wie *omnis*; *tot* und *quot* sind indeklinabel.

III_1 Zahlwörter: Grundzahlen ūnus, duo, trēs

	ūnus eins			**duo** zwei			**trēs** drei		
	m	f	n	m	f	n	m	f	n
Nom.	ūnus	ūna	ūnum	duo	duae	duo	trēs	trēs	tria
Gen.		ūn**īus**		duōrum	duārum	duōrum		trium	
Dat.		ūn**ī**		duōbus	duābus	duōbus		tribus	
Akk.	ūnum	ūnam	ūnum	duōs	duās	duo	trēs	trēs	tria
Abl.	ūnō	ūnā	ūnō	duōbus	duābus	duōbus		tribus	

III_2 Zahlwörter: Grund- und Ordnungszahlen bis 1000

		Grundzahlen	Ordnungszahlen
1	I	ūnus, -a, -um	prīmus, -a, -um
2	II	duo, duae, duo	secundus, -a, -um
3	III	trēs, trēs, tria	tertius, -a, -um
4	IV	quattuor	quārtus, -a, -um
5	V	quīnque	quīntus, -a, -um
6	VI	sex	sextus, -a, -um
7	VII	septem	septimus, -a, -um
8	VIII	octō	octāvus, -a, -um
9	IX	novem	nōnus, -a, -um
10	X	decem	decimus, -a, -um
11	XI	undecim	undecimus, -a, -um
12	XII	duodecim	duodecimus, -a, -um
13	XIII	trēdecim	tertius decimus, -a, -um
14	XIV	quattuordecim	quārtus decimus, -a, -um
15	XV	quīndecim	quīntus decimus, -a, -um
16	XVI	sēdecim	sextus decimus, -a, -um
17	XVII	septendecim	septimus decimus, -a, -um
18	XVIII	duodēvīgintī	duodēvīcēsimus, -a, -um
19	XIX	undevīgintī	undēvīcēsimus, -a, -um
20	XX	vīgintī	vīcēsimus, -a, -um
30	XXX	trīgintā	trīcēsimus, -a, -um
40	XL	quadrāgintā	quadrāgēsimus, -a, -um
50	L	quīnquāgintā	quīnquāgēsimus, -a, -um
60	LX	sexāgintā	sexāgēsimus, -a, -um
70	LXX	septuāgintā	septuāgēsimus, -a, -um
80	LXXX	octōgintā	octōgēsimus, -a, -um
90	XC	nōnāgintā	nōnāgēsimus, -a, -um
100	C	centum	centēsimus, -a, -um
200	CC	ducentī, -ae, -a	ducentēsimus, -a, -um
300	CCC	trecentī, -ae, -a	trecentēsimus, -a, -um
400	CCCC	quadringentī, -ae, -a	quadringentēsimus, -a, -um
500	D	quīngentī, -ae, -a	quīngentēsimus, -a, -um
600	DC	sescentī, -ae, -a	sescentēsimus, -a, -um
700	DCC	septingentī, -ae, -a	septingentēsimus, -a, -um
800	DCCC	octingentī, -ae, -a	octingentēsimus, -a, -um
900	DCCCC	nōngentī, -ae, -a	nōngentēsimus, -a, -um
1000	M	mīlle	mīllēsimus, -a, -um

Konjugationen

IV$_1$ ā-, ē-, ī- und 3. Konjugation: Präsensstamm Aktiv

Präsens	ā-Konjug.	ē-Konjug.	ī-Konjug.	3. Konjug. konsonant.	3. Konjug. i-Stämme
Infinitiv	vocā-**re**	rīdē-**re**	audī-**re**	dīc-e-**re**	cape-**re**

Präsens Indikativ	ā-Konjug.	ē-Konjug.	ī-Konjug.	3. Konjug. konsonant.	3. Konjug. i-Stämme
1. P. Sg.	voc—**ō**	rīde-**ō**	audi-**ō**	dīc—**ō**	capi-**ō**
2. P. Sg.	vocā-**s**	rīdē-**s**	audī-**s**	dīc-i-**s**	capi-**s**
3. P. Sg.	voca-**t**	rīde-**t**	audi-**t**	dīc-i-**t**	capi-**t**
1. P. Pl.	vocā-**mus**	rīdē-**mus**	audī-**mus**	dīc-i-**mus**	capi-**mus**
2. P. Pl.	vocā-**tis**	rīdē-**tis**	audī-**tis**	dīc-i-**tis**	capi-**tis**
3. P. Pl.	voca-**nt**	rīde-**nt**	audi-u-**nt**	dīc-u-**nt**	capi-u-**nt**

Präsens Konjunktiv	ā-Konjug.	ē-Konjug.	ī-Konjug.	3. Konjug. konsonant.	3. Konjug. i-Stämme
1. P. Sg.	voc-e-**m**	rīde-a-**m**	audi-a-**m**	dīc-a-**m**	capi-a-**m**
2. P. Sg.	voc-ē-**s**	rīde-ā-**s**	audi-ā-**s**	dīc-ā-**s**	capi-ā-**s**
3. P. Sg.	voc-e-**t**	rīde-a-**t**	audi-a-**t**	dīc-a-**t**	capi-a-**t**
1. P. Pl.	voc-ē-**mus**	rīde-ā-**mus**	audi-ā-**mus**	dīc-ā-**mus**	capi-ā-**mus**
2. P. Pl.	voc-ē-**tis**	rīde-ā-**tis**	audi-ā-**tis**	dīc-ā-**tis**	capi-ā-**tis**
3. P. Pl.	voc-e-**nt**	rīde-a-**nt**	audi-a-**nt**	dīc-a-**nt**	capi-a-**nt**

Imperfekt Indikativ	ā-Konjug.	ē-Konjug.	ī-Konjug.	3. Konjug. konsonant.	3. Konjug. i-Stämme
1. P. Sg.	vocā-ba-**m**	rīdē-ba-**m**	audi-ēba-**m**	dīc-ēba-**m**	capi-ēba-**m**
2. P. Sg.	vocā-bā-**s**	rīdē-bā-**s**	audi-ēbā-**s**	dīc-ēbā-**s**	capi-ēbā-**s**
3. P. Sg.	vocā-ba-**t**	rīdē-ba-**t**	audi-ēba-**t**	dīc-ēba-**t**	capi-ēba-**t**
1. P. Pl.	vocā-bā-**mus**	rīdē-bā-**mus**	audi-ēbā-**mus**	dīc-ēbā-**mus**	capi-ēbā-**mus**
2. P. Pl.	vocā-bā-**tis**	rīdē-bā-**tis**	audi-ēbā-**tis**	dīc-ēbā-**tis**	capi-ēbā-**tis**
3. P. Pl.	vocā-ba-**nt**	rīdē-ba-**nt**	audi-ēba-**nt**	dīc-ēba-**nt**	capi-ēba-**nt**

Imperfekt Konjunktiv	ā-Konjug.	ē-Konjug.	ī-Konjug.	3. Konjug. konsonant.	3. Konjug. i-Stämme
1. P. Sg.	vocā-re-**m**	rīdē-re-**m**	audī-re-**m**	dīc-e-re-**m**	cape-re-**m**
2. P. Sg.	vocā-rē-**s**	rīdē-rē-**s**	audī-rē-**s**	dīc-e-rē-**s**	cape-rē-**s**
3. P. Sg.	vocā-re-**t**	rīdē-re-**t**	audī-re-**t**	dīc-e-re-**t**	cape-re-**t**
1. P. Pl.	vocā-rē-**mus**	rīdē-rē-**mus**	audī-rē-**mus**	dīc-e-rē-**mus**	cape-rē-**mus**
2. P. Pl.	vocā-rē-**tis**	rīdē-rē-**tis**	audī-rē-**tis**	dīc-e-rē-**tis**	cape-rē-**tis**
3. P. Pl.	vocā-re-**nt**	rīdē-re-**nt**	audī-re-**nt**	dīc-e-re-**nt**	cape-re-**nt**

IV₁ ā-, ē-, ī- und 3. Konjugation: Präsensstamm Aktiv *(Fortsetzung)*

Futur I	ā-Konjug.	ē-Konjug.	ī-Konjug.	3. Konjug. konsonant.	3. Konjug. i-Stämme
1. P. Sg.	vocā-b-**ō**	rīdē-b-**ō**	audi-a-**m**	dīc-a-**m**	capi-a-**m**
2. P. Sg.	vocā-bi-**s**	rīdē-bi-**s**	audi-ē-**s**	dīc-ē-**s**	capi-ē-**s**
3. P. Sg.	vocā-bi-**t**	rīdē-bi-**t**	audi-e-**t**	dīc-e-**t**	capi-e-**t**
1. P. Pl.	vocā-bi-**mus**	rīdē-bi-**mus**	audi-ē-**mus**	dīc-ē-**mus**	capi-ē-**mus**
2. P. Pl.	vocā-bi-**tis**	rīdē-bi-**tis**	audi-ē-**tis**	dīc-ē-**tis**	capi-ē-**tis**
3. P. Pl.	vocā-bu-**nt**	rīdē-bu-**nt**	audi-e-**nt**	dīc-e-**nt**	capi-e-**nt**
Imperativ	**ā-Konjug.**	**ē-Konjug.**	**ī-Konjug.**	**3. Konjug. konsonant.**	**3. Konjug. i-Stämme**
2. P. Sg.	vocā!	rīdē!	audī!	dīc![1]	cape!
2. P. Pl.	vocā-**te**!	rīdē-**te**!	audī-**te**!	dīc-i-**te**!	cap-i-**te**!

1) Die Verben *dīcere, dūcere, facere* und *ferre* erhalten im Imperativ Singular keine Endung *-e!*

IV₂ ā-, ē-, ī- und 3. Konjugation: Perfektstamm Aktiv

v-Perfekt	Perfekt Indikativ	Perfekt Konjunktiv	Plqupf. Indikativ	Plqupf. Konjunktiv	Futur II
1. P. Sg.	vocāv-**ī**	vocāv-**eri-m**	vocāv-**era-m**	vocāv-**isse-m**	vocāv-**er-ō**
2. P. Sg.	vocāv-**istī**	vocāv-**eri-s**	vocāv-**erā-s**	vocāv-**issē-s**	vocāv-**eri-s**
3. P. Sg.	vocāv-**it**	vocāv-**eri-t**	vocāv-**era-t**	vocāv-**isse-t**	vocāv-**eri-t**
1. P. Pl.	vocāv-**imus**	vocāv-**eri-mus**	vocāv-**erā-mus**	vocāv-**issē-mus**	vocāv-**eri-mus**
2. P. Pl.	vocāv-**istis**	vocāv-**eri-tis**	vocāv-**erā-tis**	vocāv-**issē-tis**	vocāv-**eri-tis**
3. P. Pl.	vocāv-**ērunt**	vocāv-**eri-nt**	vocāv-**era-nt**	vocāv-**isse-nt**	vocāv-**eri-nt**
	Perfekt Indikativ	**Perfekt Konjunktiv**	**Plqupf. Indikativ**	**Plqupf. Konjunktiv**	**Futur II**
u-Perfekt	habu-**ī**	habu-**eri-m**	habu-**era-m**	habu-**isse-m**	habu-**er-ō**
s-Perfekt	scrīps-**ī**	scrīps-**eri-m**	scrīps-**era-m**	scrīps-**isse-m**	scrīps-**er-ō**
Reduplikation	cucurr-**ī**	cucurr-**eri-m**	cucurr-**era-m**	cucurr-**isse-m**	cucurr-**er-ō**
Dehnung	vīd-**ī**	vīd-**eri-m**	vīd-**era-m**	vīd-**isse-m**	vīd-**er-ō**
unverändert	dēfend-**ī**	dēfend-**eri-m**	dēfend-**era-m**	dēfend-**isse-m**	dēfend-**er-ō**

IV$_3$ ā-, ē-, ī- und 3. Konjugation: Präsensstamm Passiv

Präsens	ā-Konjug.	ē-Konjug.	ī-Konjug.	3. Konjug. konsonant.	3. Konjug. i-Stämme
Infinitiv	vocā-**rī**	rīdē-**rī**	audī-**rī**	dīc-**ī**	cap-**ī**

Präsens Indikativ	ā-Konjug.	ē-Konjug.	ī-Konjug.	3. Konjug. konsonant.	3. Konjug. i-Stämme
1. P. Sg.	voc—**or**	rīde-**or**	audi-**or**	dīc—**or**	capi-**or**
2. P. Sg.	vocā-**ris**	rīdē-**ris**	audī-**ris**	dīc-e–**ris**	cape-**ris**
3. P. Sg.	vocā-**tur**	rīdē-**tur**	audī-**tur**	dīc-i—**tur**	capi-**tur**
1. P. Pl.	vocā-**mur**	rīdē-**mur**	audī-**mur**	dīc-i—**mur**	capi-**mur**
2. P. Pl.	vocā-**minī**	rīdē-**minī**	audī-**minī**	dīc-i—**minī**	capi-**minī**
3. P. Pl.	voca-**ntur**	rīde-**ntur**	audi-u-**ntur**	dīc-u–**ntur**	capi-u-**ntur**
Präsens Konjunktiv	**ā-Konjug.**	**ē-Konjug.**	**ī-Konjug.**	**3. Konjug. konsonant.**	**3. Konjug. i-Stämme**
1. P. Sg.	voc-e-**r**	rīde-a-**r**	audi-a-**r**	dīc-a-**r**	capi-a-**r**
2. P. Sg.	voc-ē-**ris**	rīde-ā-**ris**	audi-ā-**ris**	dīc-ā-**ris**	capi-ā-**ris**
3. P. Sg.	voc-ē-**tur**	rīde-ā-**tur**	audi-ā-**tur**	dīc-ā-**tur**	capi-ā-**tur**
1. P. Pl.	voc-ē-**mur**	rīde-ā-**mur**	audi-ā-**mur**	dīc-ā-**mur**	capi-ā-**mur**
2. P. Pl.	voc-ē-**minī**	rīde-ā-**minī**	audi-ā-**minī**	dīc-ā-**minī**	capi-ā-**minī**
3. P. Pl.	voc-e-**ntur**	rīde-a-**ntur**	audi-a-**ntur**	dīc-a-**ntur**	capi-a-**ntur**
Imperfekt Indikativ	**ā-Konjug.**	**ē-Konjug.**	**ī-Konjug.**	**3. Konjug. konsonant.**	**3. Konjug. i-Stämme**
1. P. Sg.	vocā-ba-**r**	rīdē-ba-**r**	audi-ēba-**r**	dīc-ēba-**r**	capi-ēba-**r**
2. P. Sg.	vocā-bā-**ris**	rīdē-bā-**ris**	audi-ēbā-**ris**	dīc-ēbā-**ris**	capi-ēbā-**ris**
3. P. Sg.	vocā-bā-**tur**	rīdē-bā-**tur**	audi-ēbā-**tur**	dīc-ēbā-**tur**	capi-ēbā-**tur**
1. P. Pl.	vocā-bā-**mur**	rīdē-bā-**mur**	audi-ēbā-**mur**	dīc-ēbā-**mur**	capi-ēbā-**mur**
2. P. Pl.	vocā-bā-**minī**	rīdē-bā-**minī**	audi-ēbā-**minī**	dīc-ēbā-**minī**	capi-ēbā-**minī**
3. P. Pl.	vocā-ba-**ntur**	rīdē-ba-**ntur**	audi-ēba-**ntur**	dīc-ēba-**ntur**	capi-ēba-**ntur**
Imperfekt Konjunktiv	**ā-Konjug.**	**ē-Konjug.**	**ī-Konjug.**	**3. Konjug. konsonant.**	**3. Konjug. i-Stämme**
1. P. Sg.	vocā-re-**r**	rīdē-re-**r**	audī-re-**r**	dīc-e-re-**r**	cape-re-**r**
2. P. Sg.	vocā-rē-**ris**	rīdē-rē-**ris**	audī-rē-**ris**	dīc-e-rē-**ris**	cape-rē-**ris**
3. P. Sg.	vocā-rē-**tur**	rīdē-rē-**tur**	audī-rē-**tur**	dīc-e-rē-**tur**	cape-rē-**tur**
1. P. Pl.	vocā-rē-**mur**	rīdē-rē-**mur**	audī-rē-**mur**	dīc-e-rē-**mur**	cape-rē-**mur**
2. P. Pl.	vocā-rē-**minī**	rīdē-rē-**minī**	audī-rē-**minī**	dīc-e-rē-**minī**	cape-rē-**minī**
3. P. Pl.	vocā-re-**ntur**	rīdē-re-**ntur**	audī-re-**ntur**	dīc-e-re-**ntur**	cape-re-**ntur**
Futur I	**ā-Konjug.**	**ē-Konjug.**	**ī-Konjug.**	**3. Konjug. konsonant.**	**3. Konjug. i-Stämme**
1. P. Sg.	vocā-b—**or**	rīdē-b-**or**	audi-a-**r**	dīc-a-**r**	capi-a-**r**
2. P. Sg.	vocā-be-**ris**	rīdē-be-**ris**	audi-ē-**ris**	dīc-ē-**ris**	capi-ē-**ris**
3. P. Sg.	vocā-bi-**tur**	rīdē-bi-**tur**	audi-ē-**tur**	dīc-ē-**tur**	capi-ē-**tur**
1. P. Pl.	vocā-bi-**mur**	rīdē-bi-**mur**	audi-ē-**mur**	dīc-ē-**mur**	capi-ē-**mur**
2. P. Pl.	vocā-bi-**minī**	rīdē-bi-**minī**	audi-ē-**minī**	dīc-ē-**minī**	capi-ē-**minī**
3. P. Pl.	vocā-bu-**ntur**	rīdē-bu-**ntur**	audi-e-**ntur**	dīc-e-**ntur**	capi-e-**ntur**

IV$_4$ ā-, ē-, ī- und 3. Konjugation: Perfektstamm Passiv

PPP: -ātus	Perfekt Indikativ	Perfekt Konjunktiv	Plqupf. Indikativ	Plqupf. Konjunktiv	Futur II
1. P. Sg.	**vocātus** sum	**vocātus** sim	**vocātus** eram	**vocātus** essem	**vocātus** erō
2. P. Sg.	es	sīs	erās	essēs	eris
3. P. Sg.	est	sit	erat	esset	erit
1. P. Pl.	vocātī sumus	vocātī sīmus	vocātī erāmus	vocātī essēmus	vocātī erimus
2. P. Pl.	estis	sītis	erātis	essētis	eritis
3. P. Pl.	sunt	sint	erant	essent	erunt
	Perfekt Indikativ	**Perfekt Konjunktiv**	**Plqupf. Indikativ**	**Plqupf. Konjunktiv**	**Futur II**
PPP: -itus	mon**itus** sum	mon**itus** sim	mon**itus** eram	mon**itus** essem	mon**itus** erō
PPP: -ītus	aud**ītus** sum	aud**ītus** sim	aud**ītus** eram	aud**ītus** essem	aud**ītus** erō
PPP: -sus	rī**sus** sum	rī**sus** sim	rī**sus** eram	rī**sus** essem	rī**sus** erō

IV$_5$ Nominalformen des Verbs: Infinitive

Infinitiv	ā-Konjug.	ē-Konjug.	ī-Konjug.	3. Konjug. konsonant.	3. Konjug. i-Stämme
Präsens Aktiv	vocā-**re**	rīdē-**re**	audī-**re**	dūc-e-**re**	cape-**re**
Perfekt Aktiv	vocā**v-isse**	rī**s-isse**	audī**v-isse**	dū**x-isse**	cēp-**isse**
Präsens Passiv	vocā-**rī**	rīdē-**rī**	audī-**rī**	dūc-**ī**	cap-**ī**
Perfekt Passiv	vocā-**tum esse**	rī-**sum esse**	audī-**tum esse**	duc-**tum esse**	cap-**tum esse**
Futur Aktiv	vocāt-**ūr-um esse**	rīs-**ūr-um esse**	audīt-**ūr-um esse**	duct-**ūr-um esse**	capt-**ūr-um esse**

IV$_6$ Nominalformen des Verbs: Gerundien

	ā-Konjug.	ē-Konjug.	ī-Konjug.	3. Konjug. konsonant.	3. Konjug. i-Stamm	
Nom.	vocāre	rīdēre	audīre	dūcere	capere	īre
Gen.	voca-**nd-ī**	rīde-**nd-ī**	audie-**nd-ī**	dūce-**nd-ī**	capie-**nd-ī**	*eu*-**nd-ī**
Dat.	voca-**nd-ō**	rīde-**nd-ō**	audie-**nd-ō**	dūce-**nd-ō**	capie-**nd-ō**	*eu*-**nd-ō**
Akk.	voca-**nd-um**	rīde-**nd-um**	audie-**nd-um**	dūce-**nd-um**	capie-**nd-um**	*eu*-**nd-um**
Abl.	voca-**nd-ō**	rīde-**nd-ō**	audie-**nd-ō**	dūce-**nd-ō**	capie-**nd-ō**	*eu*-**nd-ō**

IV$_7$ Nominalformen des Verbs: Partizipien

Partizip	ā-Konjug.	ē-Konjug.	ī-Konjug.	3. Konjug. konsonant.	3. Konjug. i-Stämme
PPA[1]	vocā-**ns** voca-**nt-is**	rīdē-**ns** rīde-**nt-is**	audiē-**ns** audie-**nt-is**	dūcē-**ns** dūce-**nt-is**	capiē-**ns** capie-**nt-is**
PPP	vocā-**tus, -ta, -tum**	rī-**sus, -sa, -sum**	audī-**tus, -ta, -tum**	duc-**tus, -ta, -tum**	cap-**tus, -ta, -tum**

1) Die Endung im Ablativ Singular lautet ***-e***, im Genitiv Plural ***-ium***, im Nominativ und Akkusativ Plural Neutrum ***-ia***.

V_1 Stammformen der Verben mit v-Perfekt

ā-Konjugation

amāre	amō	amāvī	amātum	lieben, (gerne) mögen

In gleicher Weise werden die Stammformen der meisten Verben der ā-Konjugation gebildet.

ē-Konjugation

complēre	compleō	complēvī	complētum	ausfüllen, anfüllen
explēre	expleō	explēvī	explētum	ausfüllen, erfüllen
implēre	impleō	implēvī	implētum	anfüllen, erfüllen
dēlēre	dēleō	dēlēvī	dēlētum	zerstören, vernichten
flēre	fleō	flēvī	flētum	weinen, beklagen

ī-Konjugation

audīre	audiō	audīvī	audītum	hören, anhören
sepelīre	sepeliō	sepelīvī	sepultum	bestatten

In gleicher Weise werden die Stammformen der meisten Verben der ī-Konjugation gebildet.

3. Konjugation (Konsonantenstämme)

arcessere	arcessō	arcessīvī	arcessītum	herbeirufen, holen, holen lassen
cōnsuēscere	cōnsuēscō	cōnsuēvī	cōnsuētum	sich gewöhnen an
crēscere	crēscō	crēvī	–	wachsen; zunehmen
dēcernere	dēcernō	dēcrēvī	dēcrētum	beschließen, entscheiden
lacessere	lacessō	lacessīvī	lacessītum	reizen; herausfordern
nōscere	nōscō	nōvī	nōtum	erkennen, kennen lernen
cōgnōscere	cōgnōscō	cōgnōvī	cōgnitum	kennen lernen, erkennen; erfahren
īgnōscere	īgnōscō	īgnōvī	–	verzeihen
petere	petō	petīvī	petītum	bitten; erstreben; aufsuchen; angreifen
quaerere	quaerō	quaesīvī	quaesītum	suchen; fragen
quiēscere	quiēscō	quiēvī	(quietūrus)	ruhen, sich ausruhen
sinere	sinō	sīvī	situm	lassen, zulassen, erlauben
dēsinere	dēsinō	dēsi(v)ī	dēsitum	ablassen, aufhören
spernere	spernō	sprēvī	sprētum	verschmähen, verachten
terere	terō	trīvī	trītum	reiben, abreiben; verbringen, vergeuden

3. Konjugation (i-Stämme)

cupere	cupiō	cupīvī	cupītum	wünschen, wollen, begehren

V_2 Stammformen der Verben mit u-Perfekt

ā-Konjugation

secāre	secō	secuī	sectum	schneiden, abschneiden, abtrennen
vetāre	vetō	vetuī	vetitum	verbieten

ē-Konjugation

cēnsēre	cēnseō	cēnsuī	cēnsum	meinen, einschätzen
docēre	doceō	docuī	doctum	lehren, deutlich machen
placēre	placeō	placuī	placitum	gefallen

In gleicher Weise werden die Stammformen der meisten Verben der ē-Konjugation gebildet.

ī-Konjugation

aperīre	aperiō	aperuī	apertum	öffnen; eröffnen
salīre	saliō	saluī	–	springen

3. Konjugation (Konsonantenstämme)

alere	alō	aluī	al(i)tum	aufziehen, ernähren; fördern, vermehren
colere	colō	coluī	cultum	bewirtschaften, pflegen, verehren
incolere	incolō	incoluī	incultum	bewohnen
cōnsulere	cōnsulō	cōnsuluī	cōnsultum	*(m. Dat.)* sorgen für; *(m. Akk.)* um Rat fragen; einen Beschluss fassen
dēserere	dēserō	dēseruī	dēsertum	verlassen, im Stich lassen
pōnere	pōnō	posuī	positum	setzen, stellen, legen
compōnere	compōnō	composuī	compositum	ordnen; vergleichen; verfassen
dēpōnere	dēpōnō	dēposuī	dēpositum	ablegen, niederlegen
impōnere	impōnō	imposuī	impositum	hineinstellen, auferlegen

3. Konjugation (i-Stämme)

rapere	rapiō	rapuī	raptum	rauben, mit sich reißen
ēripere	ēripiō	ēripuī	ēreptum	entreißen

V_3 Stammformen der Verben mit s-Perfekt

ē-Konjugation

ārdēre	ārdeō	ārsī	(ārsūrus)	brennen, glühen
augēre	augeō	auxī	auctum	vermehren, vergrößern
fulgēre	fulgeō	fulsī	–	blitzen, leuchten, strahlen
iubēre *(m. Akk.)*	iubeō	iussī	iussum	befehlen
manēre	maneō	mānsī	(mānsūrus)	bleiben, warten, erwarten

remanēre	remaneō	remānsī	(remānsūrus)	zurückbleiben
rīdēre	rīdeō	rīsī	rīsum	lachen, auslachen
suādēre	suādeō	suāsī	suāsum	raten, empfehlen
persuādēre *(m. Dat.)*	persuādeō	persuāsī	persuāsum	überreden *(m. ut);* überzeugen *(m. AcI)*
torquēre	torqueō	torsī	tortum	drehen, schleudern, foltern

ī-Konjugation

sentīre	sentiō	sēnsī	sēnsum	fühlen, spüren; meinen

3. Konjugation (Konsonantenstämme)

cēdere	cēdō	cessī	cessum	gehen; weichen
accēdere	accēdō	accessī	accessum	herankommen, herantreten, sich nähern
concēdere	concēdō	concessī	concessum	weichen, nachgeben, erlauben, zugestehen
dēcēdere	dēcēdō	dēcessī	dēcessum	weggehen; sterben
discēdere	discēdō	discessī	discessum	auseinandergehen; weggehen
prōcēdere	prōcēdō	prōcessī	prōcessum	vorwärts schreiten, vorrücken, Fortschritte machen
cingere	cingō	cīnxī	cīnctum	umgeben, umzingeln
claudere	claudō	clausī	clausum	schließen, einschließen, versperren
interclūdere	interclūdō	interclūsī	interclūsum	versperren, abschneiden; verhindern
contemnere	contemnō	contempsī	contemptum	verachten, gering schätzen
dīcere	dīcō	dīxī	dictum	sagen, sprechen
indīcere	indīcō	indīxī	indictum	ankündigen, erklären
dīvidere	dīvidō	dīvīsī	dīvīsum	teilen, trennen
dūcere	dūcō	dūxī	ductum	führen; *(m. dopp. Akk.)* halten für
abdūcere	abdūcō	abdūxī	abductum	wegführen, entführen, verschleppen
addūcere	addūcō	addūxī	adductum	heranführen, veranlassen
condūcere	condūcō	condūxī	conductum	zusammenführen; anwerben, mieten
dēdūcere	dēdūcō	dēdūxī	dēductum	hinabführen, wegführen, geleiten
ēdūcere	ēdūcō	ēdūxī	ēductum	herausführen, hinausführen
indūcere	indūcō	indūxī	inductum	hineinführen; veranlassen
redūcere	redūcō	redūxī	reductum	zurückführen
subdūcere	subdūcō	subdūxī	subductum	an Land ziehen; stehlen
trādūcere	trādūcō	trādūxī	trāductum	hinüberführen
exstinguere	exstinguō	exstīnxī	exstīnctum	löschen, auslöschen; vernichten

fīgere	fīgō	fīxī	fīxum	befestigen
fingere	fingō	fīnxī	fictum	formen, gestalten; sich ausdenken, erlügen
flectere	flectō	flexī	flexum	biegen, beugen
gerere	gerō	gessī	gestum	tragen; führen, ausführen
īnstruere	īnstruō	īnstrūxī	īnstrūctum	einrichten; unterweisen, erbauen
exstruere	exstruō	exstrūxī	exstrūctum	aufhäufen; errichten
invādere	invādō	invāsī	invāsum	betreten, eindringen; befallen
iungere	iungō	iūnxī	iūnctum	verbinden, vereinigen
adiungere	adiungō	adiūnxī	adiūnctum	anbinden, anfügen, anschließen
coniungere	coniungō	coniūnxī	coniūnctum	verbinden, vereinigen
laedere	laedō	laesī	laesum	beschädigen, verletzen
mittere	mittō	mīsī	missum	schicken, senden
admittere	admittō	admīsī	admissum	zulassen
āmittere	āmittō	āmīsī	āmissum	verlieren
committere	committō	commīsī	commissum	begehen; anvertrauen
dēmittere	dēmittō	dēmīsī	dēmissum	hinabschicken, sinken lassen
dīmittere	dīmittō	dīmīsī	dīmissum	entsenden, entlassen
omittere	omittō	omīsī	omissum	übergehen, außer Acht lassen
permittere	permittō	permīsī	permissum	erlauben, überlassen
prōmittere	prōmittō	prōmīsī	prōmissum	versprechen
remittere	remittō	remīsī	remissum	zurückschicken; nachlassen, erlassen
nūbere *(m. Dat.)*	nūbō	nūpsī	nuptum	heiraten
premere	premō	pressī	pressum	drücken, unterdrücken, bedrängen
opprimere	opprimō	oppressī	oppressum	überfallen, niederwerfen, überwältigen, unterdrücken
regere	regō	rēxī	rēctum	lenken, leiten; herrschen
pergere	pergō	perrēxī	perrēctum	weitermachen, fortsetzen; aufbrechen
surgere	surgō	surrēxī	surrēctum	aufstehen, sich erheben
scrībere	scrībō	scrīpsī	scrīptum	schreiben
cōnscrībere	cōnscrībō	cōnscrīpsī	cōnscrīptum	verfassen; ausheben
spargere	spargō	sparsī	sparsum	ausstreuen
stringere	stringō	strīnxī	strictum	zücken; zusammenschnüren
sūmere	sūmō	sūmpsī	sūmptum	nehmen
cōnsūmere	cōnsūmō	cōnsūmpsī	cōnsūmptum	verbrauchen, verwenden, verbringen
tegere	tegō	tēxī	tēctum	bedecken, schützen, verbergen
prōtegere	prōtegō	prōtēxī	prōtēctum	(vorne) bedecken, schützen

trahere	trahō	trāxī	tractum	ziehen, zerren, schleppen
vīsere	vīsō	vīsī	–	besuchen, besichtigen
vīvere	vīvō	vīxī	(vīctūrus)	leben

3. Konjugation (i-Stämme)

aspicere	aspiciō	aspexī	aspectum	ansehen, erblicken
circumspicere	circumspiciō	circumspexī	circumspectum	umherblicken
cōnspicere	cōnspiciō	cōnspexī	cōnspectum	ansehen, erblicken
īnspicere	īnspiciō	īnspexī	īnspectum	hineinblicken, betrachten
perspicere	perspiciō	perspexī	perspectum	durchschauen, untersuchen, erkennen
prōspicere	prōspiciō	prōspexī	prōspectum	*(m. Dat.)* sorgen für; *(m. Akk.)* vor sich erblicken; vorhersehen
respicere	respiciō	respexī	respectum	zurückblicken, berücksichtigen

V4 Stammformen der Verben mit Reduplikationsperfekt

ā-Konjugation

dare	dō	dedī	datum	geben
circumdare	circumdō	circumdedī	circumdatum	umzingeln, umschließen
stāre	stō	stetī	(stātūrus)	stehen, dastehen
īnstāre	īnstō	īnstitī	(instātūrus)	bevorstehen, drohen
obstāre	obstō	obstitī	(obstātūrus)	im Weg stehen, hindern
praestāre	praestō	praestitī	(praestātūrus)	*(m. Dat.)* übertreffen; *(m. Akk.)* erfüllen, erweisen
restāre	restō	restitī	–	übrig bleiben, Widerstand leisten

ē-Konjugation

pendēre	pendeō	pependī	–	hängen, schweben; abhängen von
impendēre	impendeō	–	–	hängen (über), drohen, bevorstehen
respondēre	respondeō	respondī	respōnsum	antworten

ī-Konjugation

comperīre	comperiō	comperī	compertum	erfahren, in Erfahrung bringen
reperīre	reperiō	repperī	repertum	finden, wiederfinden

3. Konjugation (Konsonantenstämme)

(dare	dō	dedī	datum	geben)
abdere	abdō	abdidī	abditum	verstecken, verbergen
addere	addō	addidī	additum	hinzufügen

condere	condō	condidī	conditum	verwahren, bergen; bauen, gründen
crēdere	crēdō	crēdidī	crēditum	glauben; vertrauen, anvertrauen
dēdere	dēdō	dēdidī	dēditum	ausliefern, übergeben
perdere	perdō	perdidī	perditum	zu Grunde richten, umbringen; verlieren
prōdere	prōdō	prōdidī	prōditum	verraten, preisgeben; überliefern
reddere	reddō	reddidī	redditum	zurückgeben; *(m. dopp. Akk.)* machen zu
trādere	trādō	trādidī	trāditum	übergeben; überliefern
vendere	vendō	vendidī	venditum	verkaufen
cadere	cadō	cécidī	(cāsūrus)	fallen
occidere	óccidō	óccidī	(occāsūrus)	untergehen; umkommen, sterben
caedere	caedō	cecīdī	caesum	niederschlagen, töten
occīdere	occīdō	occīdī	occīsum	niederschlagen, töten
canere	canō	cecinī	–	singen; *(ein Instrument)* spielen
currere	currō	cucurrī	cursum	laufen, rennen
concurrere	concurrō	concurrī	concursum	zusammenlaufen
occurrere	occurrō	occurrī	occursum	entgegenlaufen, entgegentreten, begegnen
succurrere	succurrō	succurrī	succursum	zu Hilfe eilen
discere	discō	didicī	–	lernen
fallere	fallō	fefellī	–	täuschen; unbemerkt bleiben
parcere *(m. Dat.)*	parcō	pepercī	–	schonen, sparen
pellere	pellō	pepulī	pulsum	schlagen, treiben, vertreiben
expellere	expellō	expulī	expulsum	vertreiben, verjagen, verbannen
impellere	impellō	impulī	impulsum	antreiben, veranlassen
repellere	repellō	reppulī	repulsum	zurückstoßen, abwehren, vertreiben
pōscere *(m. Akk.)*	pōscō	popōscī	–	fordern
sistere	sistō	stitī	statum	stehen, stehen bleiben; hinstellen
cōnsistere	cōnsistō	cōnstitī	–	stehen bleiben; sich aufstellen
resistere	resistō	restitī	–	sich widersetzen, Widerstand leisten
tangere	tangō	tetigī	tāctum	berühren; erreichen
contingere	contingō	contigī	contāctum	berühren, gelingen
tendere	tendō	tetendī	tentum	spannen, strecken, richten
contendere	contendō	contendī	contentum	sich anstrengen; kämpfen; eilen; behaupten

intendere	intendō	intendī	intentum	anspannen, richten
ostendere	ostendō	ostendī	–	zeigen, erklären, offenbaren

3. Konjugation (i-Stämme)

parere	pariō	peperī	partum	zur Welt bringen, erzeugen; erringen, erwerben

V5 Stammformen der Verben mit Dehnungsperfekt

ā-Konjugation

iuvāre *(m. Akk.)*	iuvō	iūvī	iūtum	helfen, unterstützen, erfreuen
adiuvāre *(m. Akk.)*	adiuvō	adiūvī	adiūtum	helfen, unterstützen
lavāre	lavō	lāvī	lautum	waschen

ē-Konjugation

cavēre *(mit Akk.)*	caveō	cāvī	cautum	sich hüten (vor), sich in Acht nehmen (vor)
favēre *(m. Dat.)*	faveō	fāvī	fautum	begünstigen, gewogen sein
movēre	moveō	mōvī	mōtum	bewegen; erregen
commovēre	commoveō	commōvī	commōtum	bewegen, beunruhigen, veranlassen
permovēre	permoveō	permōvī	permōtum	bewegen, beunruhigen, veranlassen
sedēre	sedeō	sēdī	sessum	sitzen, dasitzen
obsidēre	obsideō	obsēdī	obsessum	belagern; besetzt halten
possidēre	possideō	possēdī	possessum	besitzen
vidēre	videō	vīdī	vīsum	sehen
invidēre *(m. Dat.)*	invideō	invīdī	invīsum	beneiden
prōvidēre	prōvideō	prōvīdī	prōvīsum	*(m. Akk.)* vorhersehen; *(m. Dat.)* sorgen (für)

ī-Konjugation

venīre	veniō	vēnī	ventum	kommen
circumvenīre	circumveniō	circumvēnī	circumventum	umringen, umzingeln
convenīre	conveniō	convēnī	conventum	zusammenkommen; treffen; besuchen
invenīre	inveniō	invēnī	inventum	finden, auffinden, erfinden
pervenīre	perveniō	pervēnī	perventum	kommen (zu / nach), gelangen

3. Konjugation (Konsonantenstämme)

agere	agō	ēgī	āctum	tun; handeln, verhandeln; treiben
cōgere	cōgō	coēgī	coāctum	versammeln; zwingen

exigere	exigō	exēgī	exāctum	vollenden; einfordern, eintreiben
cōnsīdere	cōnsīdō	cōnsēdī	cōnsessum	sich setzen, sich niederlassen
emere	emō	ēmī	ēmptum	kaufen
frangere	frangō	frēgī	frāctum	brechen, (etw.) zerbrechen
fundere	fundō	fūdī	fūsum	gießen, ausschütten; verjagen
legere	legō	lēgī	lēctum	lesen; sammeln
colligere	colligō	collēgī	collēctum	sammeln
dēligere	dēligō	dēlēgī	dēlēctum	auslesen, auswählen
ēligere	ēligō	ēlēgī	ēlēctum	auslesen, auswählen
aber:				
dīligere	dīligō	dīlēxī	dīlēctum	lieben, hochschätzen
intellegere	intellegō	intellēxī	intellēctum	verstehen, einsehen, bemerken
neglegere	neglegō	neglēxī	neglēctum	vernachlässigen, gering schätzen
relinquere	relinquō	relīquī	relictum	verlassen, zurücklassen
vincere	vincō	vīcī	victum	siegen, besiegen
convincere *(m. Gen.)*	convincō	convīcī	convictum	überführen

3. Konjugation (i-Stämme)

capere	capiō	cēpī	captum	fassen, ergreifen; einnehmen
accipere	accipiō	accēpī	acceptum	annehmen, empfangen; vernehmen
dēcipere	dēcipiō	dēcēpī	dēceptum	täuschen, betrügen
excipere	excipiō	excēpī	exceptum	ausnehmen, herausnehmen, aufnehmen
incipere	incipiō	coepī	coeptum	anfangen, beginnen
praecipere	praecipiō	praecēpī	praeceptum	vorwegnehmen, vorschreiben, lehren
recipere	recipiō	recēpī	receptum	zurücknehmen, aufnehmen
suscipere	suscipiō	suscēpī	susceptum	auf sich nehmen, unternehmen
facere	faciō	fēcī	factum	machen, tun; *(m. dopp. Akk.)* machen zu
afficere	afficiō	affēcī	affectum	versehen (mit)
cōnficere	cōnficiō	cōnfēcī	cōnfectum	anfertigen, vollenden; aufreiben
dēficere	dēficiō	dēfēcī	dēfectum	*(m. Akk.)* ausgehen, fehlen; *(m. Abl.)* abfallen
efficere	efficiō	effēcī	effectum	durchsetzen, vollenden
interficere	interficiō	interfēcī	interfectum	töten, vernichten
fugere *(m. Akk.)*	fugiō	fūgī	(fugitūrus)	fliehen (vor); meiden
effugere *(m. Akk.)*	effugiō	effūgī	–	entkommen

iacere	iaciō	iēcī	iactum	werfen, schleudern; (etw.) hinabstürzen
conicere	coniciō	coniēcī	coniectum	zusammenwerfen, werfen; vermuten
ēicere	ēiciō	ēiēcī	ēiectum	hinauswerfen, vertreiben
inicere	iniciō	iniēcī	iniectum	hineinwerfen; einjagen
subicere	subiciō	subiēcī	subiectum	unterwerfen

V$_6$ Stammformen der Verben mit Perfekt ohne Stammveränderung

3. Konjugation (Konsonantenstämme)

accendere	accendō	accendī	accēnsum	entflammen, in Brand setzen
incendere	incendō	incendī	incēnsum	entflammen, in Brand setzen
ascendere	ascendō	ascendī	ascēnsum	hinaufsteigen, besteigen
cōnscendere	cōnscendō	cōnscendī	cōnscēnsum	hinaufsteigen, besteigen
dēscendere	dēscendō	dēscendī	dēscēnsum	herabsteigen, hinabsteigen
bibere	bibō	bibī	–	trinken
dēfendere	dēfendō	dēfendī	dēfēnsum	abwehren; verteidigen
metuere	metuō	metuī	–	fürchten, sich fürchten
minuere	minuō	minuī	minūtum	vermindern, verringern
prehendere	prehendō	prehendī	prehēnsum	ergreifen
comprehendere	comprehendō	comprehendī	comprehēnsum	ertappen; ergreifen; begreifen
reprehendere	reprehendō	reprehendī	reprehēnsum	tadeln, kritisieren
ruere	ruō	ruī	rutum	stürzen, einstürzen; sich stürzen, eilen
solvere	solvō	solvī	solūtum	lösen, losbinden; befreien; zahlen
absolvere *(m. Gen.)*	absolvō	absolvī	absolūtum	freisprechen (von)
statuere	statuō	statuī	statūtum	aufstellen; festsetzen; beschließen
cōnstituere	cōnstituō	cōnstituī	cōnstitūtum	aufstellen; festsetzen, beschließen
īnstituere	īnstituō	īnstituī	īnstitūtum	einrichten; unterweisen; erbauen
restituere	restituō	restituī	restitūtum	wiederherstellen
tribuere	tribuō	tribuī	tribūtum	zuteilen
vertere	vertō	vertī	versum	drehen, wenden
animadvertere	animadvertō	animadvertī	animadversum	wahrnehmen, bemerken; *(in m. Akk.)* vorgehen (gegen), bestrafen
āvertere	āvertō	āvertī	āversum	abwenden, entfernen
convertere	convertō	convertī	conversum	wenden, verwandeln; übersetzen

ēvertere	ēvertō	ēvertī	ēversum	umstürzen, zerstören
volvere	volvō	volvī	volūtum	wälzen, rollen; überlegen

V₇ Unpersönliche Ausdrücke

(accidere)	**áccidit**	áccidit	–	es ereignet sich; es stößt zu
(appārēre)	**appāret**	appāruit	–	es ist offensichtlich, klar
(cōnstāre)	**cōnstat**	cōnstitit	–	es steht fest, ist bekannt
(contingere)	**contingit**	cóntigit	–	es gelingt, es glückt
(ēvenīre)	**ēvenit**	ēvēnit	–	es ereignet sich
(interesse)	**interest** *(m. Gen.)*	interfuit	–	es ist wichtig (für)
(licēre)	**licet**	licuit	–	es ist möglich, es ist erlaubt
(oportēre)	**oportet**	oportuit	–	es gehört sich, man muss
(placēre)	**placet** *(m. Inf.)*	placuit	–	es gefällt zu …

V₈ Stammformen besonderer Verben

esse	sum	fuī	–	sein
abesse	absum	āfuī	–	fort sein, weg sein; fehlen
adesse	adsum	adfuī/affuī	–	da sein; helfen
dēesse	dēsum	dēfuī	–	fehlen
interesse *(m. Dat.)*	intersum	interfuī	–	dazwischen sein; teilnehmen (an)
posse	possum	potuī	–	können; vermögen
superesse	supersum	superfuī	–	übrig sein; überleben; im Überfluss vorhanden sein
ferre	ferō	tulī	lātum	tragen, bringen, ertragen
afferre	afferō	attulī	allātum	herbeibringen, bringen; melden
auferre	auferō	abstulī	ablātum	wegtragen, wegbringen, wegnehmen
cōnferre	cōnferō	contulī	collātum	zusammentragen, zusammenbringen; vergleichen
differre	differō	distulī	dīlātum	aufschieben; sich unterscheiden
offerre	offerō	obtulī	oblātum	entgegenbringen, anbieten
perferre	perferō	pertulī	perlātum	überbringen; ertragen
praeferre	praeferō	praetulī	praelātum	vorziehen; zeigen, an den Tag legen
tollere	tollō	sustulī	sublātum	hochheben, aufheben; beseitigen, wegnehmen
īre	eō	iī	itum	gehen
abīre	abeō	abiī	abitum	weggehen

adīre	adeō	adiī	aditum	herangehen, aufsuchen
exīre	exeō	exiī	exitum	herausgehen, verlassen
inīre	ineō	iniī	initum	hineingehen, betreten; anfangen
obīre *(m. Akk.)*	obeō	obiī	obitum	entgegengehen, begegnen
perīre	pereō	periī	peritum	zu Grunde gehen, umkommen
praeterīre	praetereō	praeteriī	praeteritum	vorbeigehen, vorübergehen
prōdīre	prōdeō	prōdiī	prōditum	vortreten, auftreten
redīre	redeō	rediī	reditum	zurückgehen, zurückkehren
subīre	subeō	subiī	subitum	auf sich nehmen
trānsīre *(m. Akk.)*	trānseō	trānsiī	trānsitum	hinübergehen, überschreiten
velle	volō	voluī	–	wollen
mālle	mālō	māluī	–	lieber wollen
nōlle	nōlō	nōluī	–	nicht wollen

VI₁ Sonderkonjugation: esse – sein

Inf. Präsens	Präsens Indikativ	Imperfekt Indikativ	Perfekt Indikativ	Plusquamperfekt Indikativ	Futur I
es-**se**					
1. P. Sg.	s-u-**m**	er-a-**m**	fu-**ī**	fu-era-**m**	er—**ō**
2. P. Sg.	e—**s**	er-ā-**s**	fu-**istī**	fu-erā-**s**	er-i-**s**
3. P. Sg.	es—**t**	er-a-**t**	fu-**it**	fu-era-**t**	er-i-**t**
1. P. Pl.	s-u-**mus**	er-ā-**mus**	fu-**imus**	fu-erā-**mus**	er-i-**mus**
2. P. Pl.	es—**tis**	er-ā-**tis**	fu-**istis**	fu-erā-**tis**	er-i-**tis**
3. P. Pl.	s-u-**nt**	er-a-**nt**	fu-**ērunt**	fu-era-**nt**	er-u-**nt**
Inf. Perfekt	**Präsens Konjunktiv**	**Imperfekt Konjunktiv**	**Perfekt Konjunktiv**	**Plusquamperfekt Konjunktiv**	**Futur II**
fu-**isse**					
1. P. Sg.	s-i-**m**	es-se-**m**	fu-eri-**m**	fu-isse-**m**	fu-er–**ō**
2. P. Sg.	s-ī-**s**	es-sē-**s**	fu-eri-**s**	fu-issē-**s**	fu-eri-**s**
3. P. Sg.	s-i-**t**	es-se-**t**	fu-eri-**t**	fu-isse-**t**	fu-eri-**t**
1. P. Pl.	s-ī-**mus**	es-sē-**mus**	fu-eri-**mus**	fu-issē-**mus**	fu-eri-**mus**
2. P. Pl.	s-ī-**tis**	es-sē-**tis**	fu-eri-**tis**	fu-issē-**tis**	fu-eri-**tis**
3. P. Pl.	s-i-**nt**	es-se-**nt**	fu-eri-**nt**	fu-isse-**nt**	fu-eri-**nt**
Imperativ		**PPA**			
Sg. es! Pl. es-**te**!		*ungebräuchlich*			

Die Komposita von esse

abesse	absum	āfuī	fort sein, weg sein; fehlen
adesse	adsum	affuī / adfuī	da sein; helfen
dēesse	dēsum	dēfuī	fehlen
interesse *(m. Dat.)*	intersum	interfuī	dazwischen sein; teilnehmen *(an)*
superesse	supersum	superfuī	übrig sein; überleben; im Überfluss vorhanden sein

VI₂ Sonderkonjugation: posse – können; vermögen

Inf. Präsens	Präsens Indikativ	Imperfekt Indikativ	Perfekt Indikativ	Plusquamperfekt Indikativ	Futur I
pos-**se**					
1. P. Sg.	pos-s-u-**m**	pot-era-**m**	potu-**ī**	potu-era-**m**	pot-er-**ō**
2. P. Sg.	pot-e-**s**	pot-erā-**s**	potu-**istī**	potu-erā-**s**	pot-eri-**s**
3. P. Sg.	pot-es-**t**	pot-era-**t**	potu-**it**	potu-era-**t**	pot-eri-**t**
1. P. Pl.	pos-s-u-**mus**	pot-erā-**mus**	potu-**imus**	potu-erā-**mus**	pot-eri-**mus**
2. P. Pl.	pot-es-**tis**	pot-erā-**tis**	potu-**istis**	potu-erā-**tis**	pot-eri-**tis**
3. P. Pl.	pos-s-u-**nt**	pot-era-**nt**	potu-**ērunt**	potu-era-**nt**	pot-eru-**nt**
Inf. Perfekt	**Präsens Konjunktiv**	**Imperfekt Konjunktiv**	**Perfekt Konjunktiv**	**Plusquamperfekt Konjunktiv**	**Futur II**
potu-**isse**					
1. P. Sg.	pos-s-i-**m**	pos-se-**m**	potu-eri-**m**	potu-isse-**m**	potu-er–**ō**
2. P. Sg.	pos-s-ī-**s**	pos-sē-**s**	potu-eri-**s**	potu-issē-**s**	potu-eri-**s**
3. P. Sg.	pos-s-i-**t**	pos-se-**t**	potu-eri-**t**	potu-isse-**t**	potu-eri-**t**
1. P. Pl.	pos-s-ī-**mus**	pos-sē-**mus**	potu-eri-**mus**	potu-issē-**mus**	potu-eri-**mus**
2. P. Pl.	pos-s-ī-**tis**	pos-sē-**tis**	potu-eri-**tis**	potu-issē-**tis**	potu-eri-**tis**
3. P. Pl.	pos-s-i-**nt**	pos-se-**nt**	potu-eri-**nt**	potu-isse-**nt**	potu-eri-**nt**

VI₃ Sonderkonjugation: velle – wollen

Inf. Präsens vel-**le**	Präsens Indikativ	Imperfekt Indikativ	Perfekt Indikativ	Plusquamperfekt Indikativ	Futur I
1. P. Sg.	vol—**ō**	vol-ēba-**m**	volu-**ī**	volu-era-**m**	vol-a-**m**
2. P. Sg.	vī—**s**	vol-ēbā-**s**	volu-**istī**	volu-erā-**s**	vol-ē-**s**
3. P. Sg.	vul—**t**	vol-ēba-**t**	volu-**it**	volu-era-**t**	vol-e-**t**
1. P. Pl.	vol-u-**mus**	vol-ēbā-**mus**	volu-**imus**	volu-erā-**mus**	vol-ē-**mus**
2. P. Pl.	vul—**tis**	vol-ēbā-**tis**	volu-**istis**	volu-erā-**tis**	vol-ē-**tis**
3. P. Pl.	vol-u-**nt**	vol-ēba-**nt**	volu-**ērunt**	volu-era-**nt**	vol-e-**nt**
Inf. Perfekt volu-**isse**	**Präsens Konjunktiv**	**Imperfekt Konjunktiv**	**Perfekt Konjunktiv**	**Plusquamperfekt Konjunktiv**	**Futur II**
1. P. Sg.	vel-i-**m**	vel-le-**m**	volu-eri-**m**	volu-isse-**m**	volu-er-**ō**
2. P. Sg.	vel-ī-**s**	vel-lē-**s**	volu-eri-**s**	volu-issē-**s**	volu-eri-**s**
3. P. Sg.	vel-i-**t**	vel-le-**t**	volu-eri-**t**	volu-isse-**t**	volu-eri-**t**
1. P. Pl.	vel-ī-**mus**	vel-lē-**mus**	volu-eri-**mus**	volu-issē-**mus**	volu-eri-**mus**
2. P. Pl.	vel-ī-**tis**	vel-lē-**tis**	volu-eri-**tis**	volu-issē-**tis**	volu-eri-**tis**
3. P. Pl.	vel-i-**nt**	vel-le-**nt**	volu-eri-**nt**	volu-isse-**nt**	volu-eri-**nt**
Imperativ		**PPA**			
ungebräuchlich		volē-**ns**, vole-**nt-is**			

VI₄ Sonderkonjugation: nōlle

Inf. Präsens nōl-**le**	Präsens Indikativ	Imperfekt Indikativ	Perfekt Indikativ	Plusquamperfekt Indikativ	Futur I
1. P. Sg.	nōl-ō	nōl-ēba-**m**	nōlu-**ī**	nōlu-era-**m**	nōl-a-**m**
2. P. Sg.	nōn vī-**s**	nōl-ēbā-**s**	nōlu-**istī**	nōlu-erā-**s**	nōl-ē-**s**
3. P. Sg.	nōn vul-**t**	nōl-ēba-**t**	nōlu-**it**	nōlu-era-**t**	nōl-e-**t**
1. P. Pl.	nōl-u-**mus**	nōl-ēbā-**mus**	nōlu-**imus**	nōlu-erā-**mus**	nōl-ē-**mus**
2. P. Pl.	nōn vul-**tis**	nōl-ēbā-**tis**	nōlu-**istis**	nōlu-erā-**tis**	nōl-ē-**tis**
3. P. Pl.	nōl-u-**nt**	nōl-ēba-**nt**	nōlu-**ērunt**	nōlu-era-**nt**	nōl-e-**nt**
Inf. Perfekt nōlu-**isse**	**Präsens Konjunktiv**	**Imperfekt Konjunktiv**	**Perfekt Konjunktiv**	**Plusquamperfekt Konjunktiv**	**Futur II**
1. P. Sg.	nōl-i-**m**	nōl-le-**m**	nōlu-eri-**m**	nōlu-isse-**m**	nōlu-er-**ō**
2. P. Sg.	nōl-ī-**s**	nōl-lē-**s**	nōlu-eri-**s**	nōlu-issē-**s**	nōlu-eri-**s**
3. P. Sg.	nōl-i-**t**	nōl-le-**t**	nōlu-eri-**t**	nōlu-isse-**t**	nōlu-eri-**t**
1. P. Pl.	nōl-ī-**mus**	nōl-lē-**mus**	nōlu-eri-**mus**	nōlu-issē-**mus**	nōlu-eri-**mus**
2. P. Pl.	nōl-ī-**tis**	nōl-lē-**tis**	nōlu-eri-**tis**	nōlu-issē-**tis**	nōlu-eri-**tis**
3. P. Pl.	nōl-i-**nt**	nōl-le-**nt**	nōlu-eri-**nt**	nōlu-isse-**nt**	nōlu-eri-**nt**
Imperativ			**PPA**		
Sg. nōlī!	Pl. nōlī-**te**!		*selten:* nōlēns, nōle-**nt-is** *meist:* invītus, -a, -um		

VI$_5$ Sonderkonjugation: mālle

Inf. Präsens	Präsens Indikativ	Imperfekt Indikativ	Perfekt Indikativ	Plusquamperfekt Indikativ	Futur I
māl-**le**					
1. P. Sg.	māl-ō	māl-ēba-**m**	mālu-ī	mālu-era-**m**	māl-a-**m**
2. P. Sg.	mā-vī-**s**	māl-ēbā-**s**	mālu-**istī**	mālu-erā-**s**	māl-ē-**s**
3. P. Sg.	mā-vul-**t**	māl-ēba-**t**	mālu-**it**	mālu-era-**t**	māl-e-**t**
1. P. Pl.	māl-u-**mus**	māl-ēbā-**mus**	mālu-**imus**	mālu-erā-**mus**	māl-ē-**mus**
2. P. Pl.	mā-vul-**tis**	māl-ēbā-**tis**	mālu-**istis**	mālu-erā-**tis**	māl-ē-**tis**
3. P. Pl.	māl-u-**nt**	māl-ēba-**nt**	mālu-**ērunt**	mālu-era-**nt**	māl-e-**nt**
Inf. Perfekt	Präsens Konjunktiv	Imperfekt Konjunktiv	Perfekt Konjunktiv	Plusquamperfekt Konjunktiv	Futur II
mālu-**isse**					
1. P. Sg.	māl-i-**m**	māl-le-**m**	mālu-eri-**m**	mālu-isse-**m**	mālu-er-**ō**
2. P. Sg.	māl-ī-**s**	māl-lē-**s**	mālu-eri-**s**	mālu-issē-**s**	mālu-eri-**s**
3. P. Sg.	māl-i-**t**	māl-le-**t**	mālu-eri-**t**	mālu-isse-**t**	mālu-eri-**t**
1. P. Pl.	māl-ī-**mus**	māl-lē-**mus**	mālu-eri-**mus**	mālu-issē-**mus**	mālu-eri-**mus**
2. P. Pl.	māl-ī-**tis**	māl-lē-**tis**	mālu-eri-**tis**	mālu-issē-**tis**	mālu-eri-**tis**
3. P. Pl.	māl-i-**nt**	māl-le-**nt**	mālu-eri-**nt**	mālu-isse-**nt**	mālu-eri-**nt**
Imperativ		PPA			
ungebräuchlich		*ungebräuchlich*			

VI$_6$ Sonderkonjugation: īre – gehen

Inf. Präsens	Präsens Indikativ	Imperfekt Indikativ	Perfekt Indikativ	Plusquamperfekt Indikativ	Futur I
ī-**re**					
1. P. Sg.	e—**ō**	ī-ba-**m**	i-ī	i-era-**m**	ī-b-**ō**
2. P. Sg.	ī—**s**	ī-bā-**s**	**īstī**	i-erā-**s**	ī-bi-**s**
3. P. Sg.	i—**t**	ī-ba-**t**	i-**it**	i-era-**t**	ī-bi-**t**
1. P. Pl.	ī—**mus**	ī-bā-**mus**	i-**imus**	i-erā-**mus**	ī-bi-**mus**
2. P. Pl.	ī—**tis**	ī-bā-**tis**	**īstis**	i-erā-**tis**	ī-bi-**tis**
3. P. Pl.	e-*u*-**nt**	ī-ba-**nt**	i-**ērunt**	i-era-**nt**	ī-bu-**nt**
Inf. Perfekt	Präsens Konjunktiv	Imperfekt Konjunktiv	Perfekt Konjunktiv	Plusquamperfekt Konjunktiv	Futur II
ī-**sse**					
1. P. Sg.	e-a-**m**	ī-re-**m**	i-eri-**m**	īsse-**m**	i-er-**ō**
2. P. Sg.	e-ā-**s**	ī-rē-**s**	i-eri-**s**	īssē-**s**	i-eri-**s**
3. P. Sg.	e-a-**t**	ī-re-**t**	i-eri-**t**	īsse-**t**	i-eri-**t**
1. P. Pl.	e-ā-**mus**	ī-rē-**mus**	i-eri-**mus**	īssē-**mus**	i-eri-**mus**
2. P. Pl.	e-ā-**tis**	ī-rē-**tis**	i-eri-**tis**	īssē-**tis**	i-eri-**tis**
3. P. Pl.	e-a-**nt**	ī-re-**nt**	i-eri-**nt**	īsse-**nt**	i-eri-**nt**
Imperativ		PPA	PPP		
Sg. ī!	Pl. ī-**te**!	i*ē*-**ns**, *eu*-**nt-is**	i-**tum**		

Die Komposita von īre

abīre	abeō	abiī	abitum	weggehen; abtreten; zurücktreten (von)
adīre	adeō	adiī	aditum	herangehen, aufsuchen; auf sich nehmen; angreifen
exīre	exeō	exiī	exitum	herausgehen, verlassen; ausrücken
inīre	ineō	iniī	initum	hineingehen, betreten; beginnen
perīre	pereō	periī	peritum	zugrunde gehen, umkommen
praeterīre *(m. Akk.)*	praetereō	praeteriī	praeteritum	vorübergehen, vorbeigehen; verstreichen
prōdīre	prōdeō	prōdiī	prōditum	vortreten, auftreten
redīre	redeō	rediī	reditum	zurückgehen, zurückkehren
subīre	subeō	subiī	subitum	auf sich nehmen
trānsīre *(m. Akk.)*	trānseō	trānsiī	trānsitum	hinübergehen, überschreiten

VI_7 Sonderkonjugation: ferre

Aktiv	Präsens		Imperfekt		Futur I	PPA
ferre	Ind.	Konj.	Ind.	Konj.		
1. P. Sg.	fer—**ō**	fer-a-**m**	fer-ēba-**m**	fer-re-**m**	fer-a-**m**	ferēns, ferentis
2. P. Sg.	fer—**s**	fer-ā-**s**	fer-ēbā-**s**	fer-rē-**s**	fer-ā-**s**	
3. P. Sg.	fer—**t**	fer-a-**t**	fer-ēba-**t**	fer-re-**t**	fer-e-**t**	
1. P. Pl.	fer-i—**mus**	fer-ā-**mus**	fer-ēbā-**mus**	fer-rē-**mus**	fer-ē-**mus**	
2. P. Pl.	fer—**tis**	fer-ā-**tis**	fer-ēbā-**tis**	fer-rē-**tis**	fer-ē-**tis**	
3. P. Pl.	fer-u-**nt**	fer-a-**nt**	fer-ēba-**nt**	fer-re-**nt**	fer-e-**nt**	
Passiv	**Präsens**		**Imperfekt**		**Futur I**	**Imperativ**
ferrī	**Ind.**	**Konj.**	**Ind.**	**Konj.**		
1. P. Sg.	fer-**or**	fer-a-**r**	fer-ēba-**r**	fer-re-**r**	fer-a-**r**	fer!
2. P. Sg.	fer-**ris**	fer-ā-**ris**	fer-ēbā-**ris**	fer-rē-**ris**	fer-ē-**ris**	fer-te!
3. P. Sg.	fer-**tur**	fer-ā-**tur**	fer-ēbā-**tur**	fer-rē-**tur**	fer-ē-**tur**	
1. P. Pl.	fer-i-**mur**	fer-ā-**mur**	fer-ēbā-**mur**	fer-rē-**mur**	fer-ē-**mur**	
2. P. Pl.	fer-i-**minī**	fer-ā-**minī**	fer-ēbā-**minī**	fer-rē-**minī**	fer-ē-**minī**	
3. P. Pl.	fer-u-**ntur**	fer-a-**ntur**	fer-ēba-**ntur**	fer-re-**ntur**	fer-e-**ntur**	
Aktiv	**Perfekt**		**Plusquamperfekt**		**Futur II**	**Inf. Perf. Akt.**
	Ind.	**Konj.**	**Ind.**	**Konj.**		
1. P. Sg.	tul-**ī**	tul-eri-**m**	tul-era-**m**	tul-isse-**m**	tul-er-**ō**	tul-**isse**
2. P. Sg.	tul-**istī**	tul-eri-**s**	tul-erā-**s**	tul-issē-**s**	tul-eri-**s**	
	usw.	usw.	usw.	usw.	usw.	
Passiv	**Perfekt**		**Plusquamperfekt**		**Futur II**	**Inf. Perf. Pass.**
	Ind.	**Konj.**	**Ind.**	**Konj.**		
1. P. Sg.	**lātus** sum	**lātus** sim	**lātus** eram	**lātus** essem	**lātus** erō	**lātum** esse
2. P. Sg.	**lātus** es	**lātus** sīs	**lātus** erās	**lātus** essēs	**lātus** eris	
	usw.	usw.	usw.	usw.	usw.	

Die Komposita von ferre

afferre	afferō	attulī	allātum	herbeibringen; melden
auferre	auferō	abstulī	ablātum	wegtragen, wegbringen; wegnehmen; rauben
cōnferre	cōnferō	contulī	collātum	zusammentragen, zusammenbringen; vergleichen; *mit* se: sich begeben
offerre	offerō	obtulī	oblātum	entgegenbringen; anbieten
perferre	perferō	pertulī	perlātum	überbringen; ertragen
praeferre	praeferō	praetulī	praelātum	vorziehen; an den Tag legen, zeigen

VII Präpositionen

	örtlich	zeitlich	übertragen
1. mit Genitiv			
causā *(nachgestellt)*	–	–	um … willen, wegen
2. Präpositionen mit Akkusativ			
ad	zu (… hin); bei	–	zu
ante	vor	vor	–
apud	bei	–	–
circum	rings um, um … herum	–	–
contrā	–	–	gegen
inter	zwischen	während	–
ob	entgegen	–	wegen
per	durch (… hindurch); über	hindurch	durch
post	hinter	nach	–
prope	nahe bei	–	–
propter	–	–	wegen
trāns	über … hinüber, jenseits	–	–
ūsque ad	bis nach, bis zu	–	–
3. Präpositionen mit Ablativ			
ā / ab	von, von … her, von … weg	von	–
cum	–	–	(zusammen) mit
dē	von … herab; von	–	von, über
ē / ex	aus, aus … heraus	seit	–
prō	vor	–	für; statt
sine	–	–	ohne
4. Präpositionen mit Akkusativ oder Ablativ			
in *(m. Akk.)*	in (… hinein), auf; nach *(Frage: Wohin?)*	–	gegen, gegenüber
in *(m. Abl.)*	in, an, auf, bei *(Frage: Wo?)*	in	–
sub *(m. Abl.)*	unter *(Frage: Wo?)*	–	–

VIII$_1$ Konjunktionen in der Satzreihe

atque / ac	und, und auch	*anreihend*
et	und	
et … et	sowohl … als auch	
etiam	auch; sogar	
hinc	von hier; hierauf	
neque / nec	und nicht, auch nicht, aber nicht	
neque … neque / nec … nec	weder … noch	
-que *(angehängt)*	und	
quoque *(nachgestellt)*	auch	
sīve … sīve	sei es (dass) … oder (dass)	
deinde	hierauf, dann	*anschließend*
inde	von da an, daraufhin	
tum	da, dann, darauf	
tunc	dann, darauf; da; damals	
at	doch, jedoch	*entgegensetzend*
autem *(nachgestellt)*	aber, jedoch	
sed	aber, jedoch, sondern	
tamen	dennoch, trotzdem	
aut	oder	*ausschließend*
aut … aut	entweder … oder	
vel	oder	
ergō	also, folglich	*folgernd*
eō	deswegen	
hinc	daher	
igitur	also	
inde	deshalb	
itaque	daher, deshalb	
proinde	deshalb	
quamobrem	deshalb *(rel. Satzanschluss)*	
quārē	deshalb *(rel. Satzanschluss)*	
enim *(nachgestellt)*	denn, nämlich	*begründend*
nam	denn, nämlich	

VIII₂ Subjunktionen im Satzgefüge

antequam	ehe, bevor	*Angabe der Zeit*
cum *(m. Ind.)*	(immer) wenn; als (plötzlich)	
cum *(m. Konj.)*	als, nachdem	
dum *(m. Ind. Präs.)*	während	
dum	solange, solange bis	
postquam *(m. Perf.)*	nachdem	
ubī	sobald	
ut *(mit Ind.)*	sobald	
cum *(m. Konj.)*	da, weil	*Angabe des Grundes*
quia	weil	
quod	weil	
quoniam	da ja, da nun	
nisī	wenn nicht; außer	*Angabe der Bedingung*
sī	wenn, falls	
sīn (autem)	wenn aber	
cum *(m. Konj.)*	obwohl, auch wenn	*Angabe des Gegengrundes*
etsī	auch wenn	
quamquam	obwohl	
quamvīs	auch wenn	
nē *(m. Konj.)*	dass nicht	*Angabe des Begehrens*
ut *(m. Konj.)*	dass	
ut *(m. Konj.)*	sodass, so ..., dass	*Angabe der Folge*
ut nōn *(m. Konj.)*	sodass nicht, so ..., dass nicht	
ut *(m. Konj.)*	damit / um ... zu	*Angabe des Zwecks*
nē *(m. Konj.)*	damit nicht / um ... nicht zu	
quō *(m. Konj.)*	damit umso	
num *(m. Konj.)*	ob	*Angabe der indirekten Satzfrage*
-ne *(m. Konj.)*		
utrum ... an ... *(m. Konj.)*	ob ... oder ...	*Angabe der indirekten Wahlfrage*
-ne ... an ... *(m. Konj.)*		
... an ... *(m. Konj.)*		

Grammatikverzeichnis

Tab. = Tabellenteil, S. 167 ff.

Eigennamenverzeichnis

Personennamen haben unabhängig von ihrer Deklinationsklasse ihr natürliches Geschlecht.

Achāia, -ae: ursprünglich nördlichste Landschaft der Peloponnes, dann römische Provinz, die ganz Griechenland (ohne Kolonien) umfasste

Achillēs, -is: Vater des Neoptolemos, tapferster Held der Griechen vor Troia

Adam *(indeklinabel):* erster Mensch auf Erden, der mit Eva anfangs im Paradies lebt

Aeacus, -ī: einer der drei Totenrichter in der Unterwelt

Aegyptus, -ī *f:* Ägypten, dem Römischen Reich eingegliedert nach Augustus' Sieg in der Seeschlacht von Actium (31 v. Chr.)

Aeschylus, -ī: 525–456 v. Chr., einer der drei großen griechischen Tragödendichter

Aesculāpius, -ī: Gott der Heilkunde, Sohn Apollos

Aetna, -ae: Ätna, Vulkan auf Sizilien

Agamemnō, -onis: Heerführer der Griechen vor Troja, damit auch oberste Instanz bei der Beilegung von Streitigkeiten unter seinen Kriegern

Albis, -is m: die Elbe

Alcibiadēs, -is: Politiker in Athen (450–404 v. Chr.), Freund des Sokrates

Alesia, -ae: Ort der Niederlage der Gallier unter Vercingetorix gegen Cäsar (52 v. Chr.)

Alexander, -drī, *Alexander der Große:* 356–323 v. Chr., König der Makedonen

Alexandrīa, -ae: von Alexander dem Großen an der ägyptischen Mittelmeerküste gegründete Stadt

Alpēs, -ium: die Alpen

Antōnius, -ī, *Marcus Antonius, Mark Anton:* römischer Politiker, Mitkonsul Cäsars; nach dessen Tod Gegner Ciceros und Octavians; Geliebter Kleopatras, der gemeinsam mit ihr 31 v. Chr. in der Seeschlacht bei Actium gegen Octavian verliert und sich dann das Leben nimmt

Apollō, -inis, *griech. Apollon:* Gott der Weissagung, Heilkunde und schönen Künste, Sohn des Jupiter und der Latona, Zwillingsbruder der Artemis

Apollodōrus, -ī: ein Diener der Kleopatra

Āra (-ae) Pācis: Friedensaltar des Augustus auf dem Marsfeld

Archimēdēs, -is: größter Mathematiker und Physiker der Antike, genialer Erfinder, der 212 v. Chr. bei der Einnahme der griechischen Stadt Syrakus auf Sizilien durch die Römer unter dem Feldherrn Marcellus getötet wird

Ariadna, -ae: Tochter des Minos auf Kreta, Geliebte des Theseus

Arminius, -ī: Fürst des Germanenstammes der Cherusker, der 9 n. Chr. im Teutoburger Wald den Römern unter Varus eine vernichtende Niederlage beibringt

Athēnae, -ārum: Athen

Athēniēnses, -ium: die Athener

Atia, -ae: Mutter des Augustus

Augustus, -ī: Ehrentitel des Octavian und der folgenden römischen Kaiser

Aurēlius, -ī, *Marcus Aurelius, Mark Aurel:* römischer Kaiser (regiert 161–180 n. Chr.), der Stoa zugetan, Verfasser der philosophischen Schrift „An sich selbst"

Avernī, -ōrum: die Averner, gallischer Volksstamm

Britannia, -ae: die Insel Britannien (ohne Irland)

Britannī, -ōrum: die Britannier

Brūtus, -ī, *Marcus Iunius Brutus:* Philosoph, Politiker und Redner, Anhänger der alten Republik und Freund Ciceros; erst Günstling, dann Mörder Cäsars (44 v. Chr.)

Caesar, -is, *Gaius Iulius Caesar, Cäsar:* 100–44 v. Chr., Feldherr und Politiker, Eroberer Galliens, Sieger im Bürgerkrieg gegen Pompeius 49 / 48 v. Chr., danach Alleinherrscher, schließlich von einer Gruppe von Verschwörern unter Brutus 44 v. Chr. ermordet

Campus (-ī) Mārtius (-ī): Marsfeld; Ebene am Tiber, für Wahlversammlungen sowie als Sport- und Exerzierplatz genutzt, Standort der Ara Pacis

Catilīna, -ae, *Lucius Sergius Catilina:* Drahtzieher der sogenannten Catilinarischen Verschwörung, die 63 v. Chr. vom Konsul Cicero aufgedeckt wird

Catullus, -ī, *Gaius Valerius Catullus:* etwa 85–50 v. Chr., Dichter von Liebesgedichten; deren Thema ist häufig seine Geliebte, die er Lesbia nennt

Caligula, -ae, *Gaius Caesar Augustus Germanicus:* 12–41 n. Chr., römischer Kaiser (regiert 37–41 n. Chr.)

Cassius, -ī, *Gaius Cassius Longinus:* Cäsarmörder, Freund des Brutus

Catō, -ōnis, *Marcus Porcius Cato Censorius:* 234–149 v. Chr., sprichwörtlich sittenstrenger Politiker und Schriftsteller, der nicht müde wird, vor der griechischen Kultur und der Verweichlichung der Römer zu warnen

Cerberus, -ī: dreiköpfiger Hund, der das Tor der Unterwelt bewacht

Cheruscī, -ōrum: germanischer Volksstamm, der den Römern 9 n. Chr. unter Arminius mit anderen Verbündeten im Teutoburger Wald eine vernichtende Niederlage beibringt

Chrīstiānī, -ōrum: die Christen

Chrīstus, -ī: „der Gesalbte", Beiname Jesu

Cicerō, -ōnis, *Marcus Tullius Cicero:* 106–43 v. Chr., Philosoph, Politiker und Redner, Anhänger der alten Republik, erbitterter Gegner des Marcus Antonius

Cimbrī, -ōrum: die Kimbern, nordgermanischer Stamm, der gemeinsam mit den Teutonen 113 v. Chr. ins Römische Reich eindringt, Angst und Schrecken verbreitet und erst 106 v. Chr. von den Römern unter Marius besiegt wird

Claudius, -ī, *Tiberius Claudius Caesar Augustus Germanicus:* 10 v. Chr.–54 n. Chr., römischer Kaiser (regiert 41–54 n. Chr.)

Cleopatra, -ae, *Kleopatra VII. Philopator:* 69–30 v. Chr., Herrscherin über Ägypten, letzte Pharaonin, Geliebte erst Cäsars, dann des Antonius, mit dem sie die Schlacht bei Actium (31 v. Chr.) verliert und sich dann, wie ihr Geliebter, das Leben nimmt

Crassus, -ī, *Marcus Licinius Crassus Dives:* 115 / 114–53 v. Chr., Politiker
Croesus, -ī: um 600 v. Chr., sagenhaft reicher König von Lydien in Kleinasien
Curius, -ī: Mitverschwörer Catilinas, der seiner Geliebten Fulvia die Verschwörung verrät
Danaī, -ōrum: die Danaer (Bezeichnung der Griechen vor Troia)
Dānuvius, -ī: die Donau
Davīd *(indeklinabel):* um 1000 v. Chr., König der Juden, Bezwinger Goliaths
Dēianīra, -ae: Gemahlin des Herakles
Delphicus, -a, -um: delphisch
Deus, -ī: der Christengott
Diāna, -ae, *griech. Artemis:* Göttin des Mondes, der Jagd und der Zauberei, Tochter des Jupiter und der Latona, Zwillingsschwester des Apollo
Dominus, -ī: der Christengott
Domus Aurea: „das goldene Haus", riesige Palastanlage mitten in Rom, die Kaiser Nero nach dem Brand der Stadt (64 n. Chr.) errichten lässt
Dracō, -ōnis: 7. Jahrhundert v. Chr., erster Gesetzgeber in Athen
Drūsus, -ī, *Nero Claudius Drusus:* 38–9 v. Chr., Feldherr in Germanien; als er umkommt, übernimmt sein Bruder Tiberius, der spätere Kaiser, das Kommando
Euripidēs, -is: 480–406 v. Chr., einer der drei großen griechischen Tragödendichter
Flāvus, -ī: Gefährte des Arminius, des Cheruskers
Formiae, -ārum: Stadt in Latium
Formiānum, -ī: Landgut bei Formiae
Fortūna, -ae: Schicksals- und Glücksgöttin
Fulvia, -ae: Geliebte des Curius
Gallī, -ōrum: die Gallier
Gallia, -ae: Gallien
Gellius, -ī, *Aulus Gellius:* um 130–180 n. Chr., römischer Autor
Genius, -ī: Schutzgeist des Menschen, der ihn durchs Leben begleitet, vergleichbar dem christlichen Schutzengel
Germānī, -ōrum: die Germanen
Germānia, -ae: Germanien
Germānicus, -a, -um: germanisch; bei den Römern auch Ehrentitel
Gōliath *(indeklinabel):* riesenhafter Vorkämpfer vom Stamm der Philister, der David, dem späteren König der Juden, im Zweikampf unterliegt
Graecia, -ae: Griechenland
Graecī, -ōrum: die Griechen
Hadriānus, -ī, *Publius Aelius Hadrianus:* 76–138 n. Chr., römischer Kaiser (regiert 117–138 n. Chr.)
Helena, -ae: die dem Bruder des Agamemnon geraubte Gattin, um die der Troianische Krieg geführt wurde
Herculēs, -is, *griech. Herakles:* berühmtester griechischer Held, Sohn des Jupiter
Hierō, -ōnis: Tyrann von Syrakus zur Zeit des Archimedes
Hierusālēm, *Hierosolyma, -ōrum, Jerusalem:* Stadt in Judäa
Homerus, -ī: 8. Jahrhundert v. Chr., größter epischer Dichter der Griechen
Iēsūs, Iēsū, *Jesus Christus:* um 4 v. Chr.–31 / 33 n. Chr., Religionsstifter
Incitātus, -ī: Rennpferd von Kaiser Caligula, mit höchsten Ehren überhäuft
Īsis, Īsidis: ägyptische Göttin
Ithaca, -ae: Ithaka, griechische Insel
Iūdaea, -ae: Judäa
Iūdās, -ae, *Judas Ischariot:* einer der Apostel; derjenige, der Jesus verrät
Iuppiter *Optimus Maximus, griech. Zeus:* der Göttervater, Gemahl der Juno
Langobardī, -ōrum: die Langobarden, germanischer Volksstamm
Lesbia, -ae: „Mädchen aus Lesbos"; so nennt der Dichter Catullus in Anklang an die großartige griechische Dichterin Sappho, die von der Insel Lesbos stammt, seine Geliebte, die Thema vieler seiner Gedichte ist
Lūcifer, -erī: Lichtbringer, Morgenstern; Beiname des Augustus
Marcellus, -ī, *Marcus Claudius Marcellus:* römischer Feldherr, der 212 v. Chr. gegen heftigen Widerstand, der durch die Erfindungen des Archimedes gestützt wird, die Stadt Syrakus auf Sizilien einnimmt
Marcomannī, -ōrum: die Markomannen, germanischer Volksstamm
Marius, -ī, *Gaius Marius:* 156–86 v. Chr., Feldherr und Staatsmann, Gegner des Sulla im Bürgerkrieg 88–87 v. Chr.
Maroboduus, -ī, *Marbod:* König der Markomannen
Mārs, Mārtis, *griech. Ares:* Gott des Krieges
Mausōlēum Hadriānī: prächtiges Grabmal, dessen Bau zu Lebzeiten Kaisers Hadrian begonnen wird, heute Engelsburg genannt. Es hat die Form eines flachen Zylinders (64 m Durchmesser, 20 m hoch), der auf einem mit Marmor verkleideten quadratischen Sockel (ca. 85 m Seitenlänge und ca. 10–15 m Höhe) errichtet ist
Mēdēa, -ae: Tochter des Aietes von Kolchis, Geliebte des Griechen Jason
Mercurius, -ī, *griech. Hermes:* Götterbote, Gott des Handels, der Reisenden und der Diebe
Mīnōs, Mīnōis: einer der drei Totenrichter in der Unterwelt
Mīnōtaurus, -ī: Sohn des Minos auf Kreta, ein Stiermensch, wird von Theseus im Labyrinth getötet
Mūsae, -ārum: die neun Göttinnen der Künste
Naristī, -ōrum: die Narister, germanischer Volksstamm
Neoptolemus, -ī: Sohn des Achilles, junger Kämpfer vor Troia, der ausgesandt wird, den Bogen Philoktets ins Lager der Griechen zu holen
Nerō, -ōnis, *Nero Claudius Caesar Augustus Germanicus:* 37–68 n. Chr., römischer Kaiser (regiert 54–68 n. Chr.), in dessen Regierungszeit es zum Brand Roms kommt (64 n. Chr.)
Nerthus, -ī f: Erd- und Wachstumsgöttin der Germanen
Octāviānus, -ī, *Gaius Octavius, Augustus:* 63 v. Chr.–14 n. Chr., Neffe Cäsars, der nach seinem Sieg über Antonius und Kleopatra in der Seeschlacht bei Actium (31 v. Chr.) zum ersten Kaiser Roms (regiert 27 v. Chr.–14 n. Chr.) wird; ihm wird der Ehrenname „Augustus" verliehen

Oedipūs, Oedipodis: König von Theben, Sohn des Laios und der Iokaste

Orpheus, -ī: begnadeter Sänger, der seine Gemahlin Eurydike aus der Unterwelt wieder ans Licht bringen will

Palaestīna, -ae: Landschaft Palästina, Heimat der Israeliten

Parthenōn, -ōnis: größter Tempel auf der Akropolis in Athen, der Stadtgöttin Athene geweiht, heute bekanntester Tempel Griechenlands

Paulus, -ī: einer der Apostel Jesu; seine Briefe sind ein wesentlicher Bestandteil des Neuen Testamentes

Periclēs, -is: 493–429 v. Chr., athenischer Staatsmann, unter dessen Herrschaft Athen zum politischen, geistigen und kulturellen Mittelpunkt der antiken Welt wird

Persae, -ārum: die Perser

Petrus, -ī: einer der Apostel Jesu, der erste Bischof von Rom

Philoctētēs, -ae, *Philoktet:* griechischer Held, der auf der Fahrt nach Troia wegen einer übel riechenden Wunde auf einer einsamen Insel ausgesetzt wird. Später benötigen die Griechen nach einer Prophezeiung seinen Bogen, um Troia zu erobern, und schicken Neoptolemos und Odysseus zu Philoktet zurück

Poenī, -ōrum: die Punier, auch Karthager genannt

Pompēiānus, -a, -um: pompejanisch

Pompēius, -ī, *Gnaeus Pompeius Magnus:* 106–48 v. Chr., Politiker und Redner, Anhänger der alten Republik, Freund Ciceros, der im Bürgerkrieg den Machtkampf gegen Cäsar verliert und anschließend ermordet wird

Pontius (-ī) Pīlātus (-ī): Statthalter von Judäa (26–36 n. Chr.), der Jesus zum Tod am Kreuz verurteilt

Pȳthia, -ae: Orakelpriesterin des delphischen Apollo

Quadī, -ōrum: die Quaden, ein germanischer Volksstamm

Rhadamanthus, -ī: einer der drei Totenrichter in der Unterwelt

Rhēnus, -ī: der Rhein

Rōma, -ae: Rom

Rōmānus, -a, -um: römisch; *Subst.:* der Römer

Rubicō, -ōnis: kleiner Grenzfluss bei Ravenna zwischen Italien und der Provinz Gallia cisalpina, dessen Überschreitung durch Cäsar den Bürgerkrieg gegen den Senat und Pompeius entfesselt

Salamīs, -īnis: Insel bei Athen; in der Seeschlacht bei Salamis gewinnen die Athener 480 v. Chr. unter Themistokles gegen die von Xerxes geführten Perser und wehren damit die persische Gefahr ab

Segestēs, -is: Cheruskerfürst, Vater der Thusnelda

Semnonēs, -onum: die Semnonen, germanischer Volksstamm

Seneca, -ae, *Lucius Annaeus Seneca:* 4 v. Chr.–65 n. Chr., stoischer Philosoph und Erzieher Neros

Sicilia, -ae: Sizilien

Sōcratēs, -is: 470–399 v. Chr., Philosoph, der den Blick der Philosophie von der Naturbetrachtung auf den Menschen lenkt. Er drängt seine Gesprächspartner zur unbedingten Prüfung ihres Handelns und zur Entlarvung jeglichen Scheinwissens. Seine kompromisslose Haltung führt schließlich zu seinem Todesurteil vor Gericht.

Solō, -ōnis: um 600 v. Chr., Gesetzgeber in Athen, einer der Sieben Weisen

Sophoclēs, -is: 497–406 / 5 v. Chr., einer der drei großen griechischen Tragödendichter

Sphīnx, Sphingis *f:* Ungeheuer mit geflügeltem Löwenrumpf und dem Oberkörper einer Frau

Spurinna, -ae: Opferschauer, der Cäsar seine Ermordung an den Iden des März voraussagt

Stōicus, -a, -um: stoisch; *Subst.:* der Stoiker

Styx, Stygis *f:* die Styx, Totenfluss in der Unterwelt

Suēbī, -ōrum: die Sueben, germanischer Volksstamm

Sulla, -ae, *Lucius Cornelius Sulla Felix:* um 138 / 134–78 v. Chr., Feldherr und Politiker, Gegenspieler des Marius im Bürgerkrieg 88–87 v. Chr., 82–79 v. Chr. Diktator

Syrācūsānī, -ōrum: die Bewohner von Syrakus, einer griechischen Stadt auf Sizilien

Tacitus, -ī, *Publius Cornelius Tacitus:* 55–112 / 3 n. Chr., Geschichtsschreiber

Tarquinius, -ī: einer der sieben Könige Roms

Teutonēs, -um: die Teutonen, nordgermanischer Stamm, der gemeinsam mit den Kimbern 113 v. Chr. ins Römische Reich eindringt, Angst und Schrecken verbreitet und erst 106 v. Chr. von den Römern unter Marius besiegt wird

Themistoclēs, -is: athenischer Anführer der Griechen in der siegreichen Seeschlacht bei Salamis 480 v. Chr. gegen die Perser

Thēseus, -ī: griechischer Held, Geliebter der Ariadne, tötet den Minotaurus

Thusnelda, -ae: Geliebte des Arminius, Tochter des Cheruskerfürsten Segestes

Tiberius, -ī, *Tiberius Iulius Caesar Augustus:* 42 v. Chr.–37 n. Chr., römischer Kaiser (regiert 14–37 n. Chr.)

Trōia, -ae: Stadt in Kleinasien, welche die Griechen zehn Jahre lang bestürmen. Vom Kampf um Troia handelt Homers Epos „Ilias"

Turris Alexandrīna: der Leuchtturm auf Pharos vor Alexandria, eines der sieben Weltwunder

Verrēs, -is, *Gaius Verres:* berüchtigter Statthalter von Sizilien, der von Cicero angeklagt und überführt wird

Ulixēs, -is, *Odysseus:* einer der griechischen Helden vor Troia, der erst nach langen Irrfahrten seine Heimat Ithaka erreicht, wie Homers Epos „Odyssee" berichtet

Vandalī, -ōrum: die Vandalen, germanischer Volksstamm

Vārus, -ī, *Publius Quintilius Varus:* Statthalter Germaniens, der 9 n. Chr. in der Schlacht im Teutoburger Wald gegen Arminius, den Cherusker, verliert und sich dort das Leben nimmt

Veleda, -ae: germanische Seherin vom Stamm der Brukterer

Vercingetorīx, -igis: Averner, Anführer des gallischen Aufstandes gegen Cäsar, gegen den er bei Alesia (52 v. Chr.) eine vernichtende Niederlage erleidet

Xanthippē, -ēs: Ehefrau des Sokrates

Xerxēs, -is: Perserkönig, dem die Griechen unter dem Athener Feldherrn Themistokles in der Seeschlacht bei Salamis 480 v. Chr. eine empfindliche Niederlage zufügen, sodass er sich daraufhin aus Europa zurückzieht

Lateinisch – deutsches Vokabelverzeichnis

A

ā *(m. Abl.)*	von, von … her, von … weg	10
ab *(m. Abl.)*	von, von … her, von … weg	10
abdere, abdō, abdidī, abditum	verstecken, verbergen	65
abdūcere, abdūcō, abdūxī, abductum	wegführen, entführen, verschleppen	60
abesse, absum, āfuī, –	fort sein, weg sein; fehlen	25
abīre, abeō, abiī, abitum	weggehen, abtreten, zurücktreten *(von)*	57
absolvere, absolvō, absolvī, absolūtum *(m. Gen.)*	*(von einer Sache)* freisprechen	77
ac	und, und auch	31
accēdere, accēdō, accessī, accessum	herankommen, herantreten, sich nähern	22, 25, 49
accendere, accendō, accendī, accēnsum	entflammen, in Brand setzen	80
accidere, áccidit, *Perf.* áccidit	sich ereignen; zustoßen	29
accipere, accipiō, accēpī, acceptum	annehmen, empfangen; vernehmen	16, 28, 44
accūsāre *(m. Gen.)*	*(einer Sache)* anklagen	77
ācer, ācris, ācre	scharf; heftig	19
acerbus, -a, -um	bitter; schmerzlich, rücksichtslos	62
aciēs, aciēī *f*	die Schärfe; der Scharfsinn; die Schlachtreihe	58
ad *(m. Akk.)*	zu (… hin); bei	8
addere, addō, addidī, additum	hinzufügen	28, 53
addūcere, addūcō, addūxī, adductum	heranführen; veranlassen	43
timōre adductus	aus Angst	43
adesse, adsum, adfuī / affuī	da sein; helfen	25
adhibēre	anwenden; hinzuziehen	9
adhūc	bis jetzt, immer noch	10
adīre, adeō, adiī, aditum	herangehen, aufsuchen, auf sich nehmen, angreifen	57
aditus, aditūs *m*	der Zugang, der Eingang	43
adiungere, adiungō, adiūnxī, adiūnctum	anbinden, anfügen, anschließen	75
adiuvāre, adiuvō, adiūvī, adiūtum *(m. Akk.)*	helfen, unterstützen	8, 31, 43
admīrātiō, admirationis *f*	die Bewunderung, das Staunen	22
admittere, admittō, admīsī, admissum	zulassen	31, 49
adulēscēns, adulēscentis *m*	der Jugendliche, der junge Mann	18
adventus, adventūs *m*	die Ankunft	45
adversus, -a, -um	entgegengesetzt, feindlich	30
adversus *(m. Akk.)*	gegen	52
aedificāre	bauen, erbauen	50
aedificium, -ī *n*	das Gebäude, das Bauwerk	4
aedis, aedis *f*	der Tempel; *Pl.* das Haus	29
aequus, -a, -um	gleich, gerecht, gelassen	67
aequō animō	mit Gelassenheit	67
āēr, āeris *m*	die Luft	27
aes, aeris *n*	das Erz, die Bronze, das Geld	60
aestimāre	schätzen, einschätzen, meinen	61
aestus, aestūs *m*	die Hitze	56
aetās, aetātis *f*	das Lebensalter, das Zeitalter; die Zeit	23
aetātem agere	sein Leben zubringen	23
aetāte māiōrum	zur Zeit der Vorfahren	23
aeternus, -a, -um	ewig	29
afferre, afferō, attulī, allātum	herbeibringen, bringen; melden	76
afficere, afficiō, affēcī, affectum	versehen mit	15, 29, 43
ager, agrī *m*	der Acker, das Feld; *Pl.* das Land	27
agere, agō, ēgī, āctum	tun; handeln, verhandeln; treiben	12, 31, 51
agmen, agminis *n*	der Heereszug; die Schar	21
āiō (āis, āit, āiunt)	ich sage, ich behaupte	67
alacer, alacris, alacre	lebhaft, munter	19
albus, -a, -um	weiß	13
alere, alō, aluī, al(i)tum	aufziehen, ernähren; vergrößern	53
aliēnus, -a, -um	fremd	21
aliquandō	einst, (irgendwann) einmal	11
aliquī, aliqua, aliquod	irgendein, irgendeine, irgendein	55
aliquis, aliquid	irgendjemand, irgendetwas	55
alius, -a, -ud	ein anderer	34
aliī … aliī …	die einen … die anderen …	49
alter, altera, alterum	der eine (von beiden)	63
alter … alter …	der eine … der andere …	63
altitūdō, altitūdinis *f*	die Höhe, die Tiefe	46
altus, -a, -um	hoch; tief	46
amāre	lieben, (gerne) mögen	5
ambulāre	spazieren gehen	3
amīca, -ae *f*	die Freundin	1
amīcitia, -ae *f*	die Freundschaft	65
amīcus, -ī *m*	der Freund	1
āmittere, āmittō, āmīsī, āmissum	verlieren	20, 25, 45
amor, amōris *m*	die Liebe	15
amplus, -a, -um	weit, geräumig; bedeutend	33
an	oder	26, 69
angustus, -a, -um	eng	76
locus angustus	die Engstelle	76
anima, -ae *f*	der Atem, die Seele, das Leben	79

animadvertere, animadvertō, animadvertī, animadversum	wahrnehmen, bemerken; *(in m. Akk.)* vorgehen gegen, bestrafen	20, 26, 50
animus, -ī *m*	das Herz, der Mut, der Geist	9
in animō habēre	im Sinn haben, beabsichtigen	9
animum dēmittere	den Mut sinken lassen	69
annus, -ī *m*	das Jahr	32
ante *(m. Akk.)*	vor	8
ante, anteā	vorher	67
antequam	ehe, bevor	20
antīquus, -a, -um	alt	46
aperīre, aperiō, aperuī, apertum	öffnen; eröffnen	7, 34, 51
apertus, -a, -um	offen, offenkundig	67
appārēre	erscheinen, sich zeigen	3
appāret	es ist offensichtlich, klar	28
appellāre	anreden, ansprechen; *(m. dopp. Akk.)* nennen, bezeichnen als	36
appropinquāre	sich nähern, näher kommen	5
apud *(m. Akk.)*	bei	19
aqua, -ae *f*	das Wasser	6
aquila, -ae *f*	der Adler; der Legionsadler	76
āra, -ae *f*	der Altar	69
arbor, arboris *f*	der Baum	49
arcēre	abwehren, abhalten, fernhalten	64
arcessere, arcessō, arcessīvī, arcessītum	herbeirufen, holen, holen lassen	40,55
arcus, arcūs *m*	der Bogen	62
ārdēre, ārdeō, ārsī, (ārsūrus)	brennen, glühen	16, 33
arēna, ae *f*	der Sand; der Sandplatz, die Arena	64
argentum, -ī *n*	das Silber; das Geld	59
arma, -ōrum *n (Pl.)*	die Waffen	44
arma capere / arma sūmere	zu den Waffen greifen	44
armātus, -a, -um	bewaffnet	44
ars, artis *f*	die Kunst; die Kunstfertigkeit	47
arx, arcis *f*	die Burg, die Stadtburg	57
ascendere, ascendō, ascendī, ascēnsum	hinaufsteigen, besteigen	27, 48
aspectus, aspectūs *m*	der Anblick	41
asper, aspera, asperum	rau, grob, hart	14
aspicere, aspiciō, aspexī, aspectum	ansehen, erblicken	78
at	aber, jedoch	53
āter, ātra, ātrum	schwarz, finster	62
atque	und, und auch	31
attentus, -a, -um	gespannt, aufmerksam	13
auctor, auctōris *m*	der Veranlasser, der Gründer, der Schöpfer, der Schriftsteller	46
auctōritās, auctōritātis *f*	das Ansehen, die Bedeutung	47
audācia, -ae *f*	der Wagemut, die Kühnheit; die Frechheit	13
audāx; *Gen.* audācis	mutig, kühn; verwegen	54
audīre	hören, anhören	4
auferre, auferō, abstulī, ablātum	wegtragen, wegbringen, wegnehmen	76
augēre, augeō, auxī, auctum	vermehren, vergrößern	43
aureus, -a, -um	golden; vergoldet	69
auris, auris *f*	das Ohr	72
aurum, -ī *n*	das Gold	46
aut	oder	32
aut ... aut ...	entweder ... oder ...	32
autem *(nachgestellt)*	aber, jedoch	11
auxilium, -ī *n*	die Hilfe	15
auxiliō venīre	zu Hilfe kommen	15
avāritia, -ae *f*	die Habgier; der Geiz	72
āvertere, āvertō, āvertī, āversum	abwenden, entfernen	30, 55
avus, -ī *m*	der Großvater	23

B

beātus, -a, -um	glücklich	63
bellum, -ī *n*	der Krieg	32
bene	gut	56
beneficium, -ī *n*	die Wohltat, der Gunstbeweis, die Gefälligkeit	69
bibere, bibō, bibī, –	trinken	38
bona, -ōrum *n*	die guten Dinge, die Güter, der Besitz	40
bonum, -ī *n*	das Gute	40
bonus, -a, -um	gut	13
bōs, bovis *m / f*	das Rind: der Ochse, die Kuh	73
brevis, breve	kurz	20
brevī (tempore)	in Kürze, in kurzer Zeit	20

C

cadere, cadō, cécidī, (casūrus)	fallen	14, 26
caedere, caedō, cecīdī, caesum	fällen; niederschlagen, töten	43
caedēs, caedis *f*	der Mord; das Blutbad	60
caelum, -ī *n*	der Himmel; das Klima	24
calamitās, calamitātis *f*	das Unglück, das Unheil; der Schaden	25
campus, -ī *m*	das Feld	4
canere, canō, cecinī, –	singen; *(ein Instrument)* spielen	36
capere, capiō, cēpī, captum	fassen, ergreifen; einnehmen	15, 28, 44
captāre	fangen, fassen	9
captīvus, -ī *m*	der Gefangene	5
caput, capitis *n*	das Haupt; die Hauptstadt	21
carēre *(m. Abl.)*	entbehren, nicht haben; frei sein von	14
carmen, carminis *n*	das Lied, das Gedicht	66
cārus, -a, -um	lieb, teuer, wertvoll	67
castra, -ōrum *n (Pl.)*	das Lager	58
castra pōnere	ein Lager aufschlagen	58

castra movēre	ein Lager abbrechen	58
causa, -ae *f*	der Grund; der Fall, der Prozess, der Gerichtsprozess	25
causā *(m. Gen.; nachgestellt)*	um … willen, wegen	34
cavēre, caveō, cāvī, cautum *(m. Akk.)*	sich hüten *(vor)*, sich in Acht nehmen *(vor)*	9, 28, 55
cēdere, cēdō, cessī, cessum	gehen; weichen	21, 25, 43
celeber, celebris, celebre	viel besucht; gefeiert	21
celebrāre	feiern	7
celer, celeris, celere	schnell	19
celeritās, celeritātis *f*	die Schnelligkeit	58
cella, -ae *f*	der Keller, die Kammer; das Tempelinnere	50
cēna, -ae *f*	die Mahlzeit, das Essen	6
cēnāre	essen, speisen	2
cēnsēre, cēnseō, cēnsuī, cēnsum	meinen, schätzen, einschätzen	38, 54
certāmen, certāminis *n*	der Streit, der Wettstreit, der Wettkampf	41
certāre	kämpfen, streiten, wetteifern	45
certē	sicher, gewiss	6
cervīx, cervīcis *f*	der Nacken, der Hals	68
cessāre	zögern, sich Zeit lassen	2
cēterī, -ae, -a	die übrigen	57
cēterum	übrigens	59
cibus, -ī *m*	die Speise; die Nahrung	3
cingere, cingō, cīnxī, cīnctum	umgeben, umzingeln	34, 44
cinis, cineris ***m***	die Asche	23
circiter	ungefähr	60
circum *(m. Akk.)*	rings um, um … herum	38
circumdare, circumdō, circumdedī, circumdatum	umzingeln, umschließen	45
circumspicere, circumspiciō, circumspexī, circumspectum	umherblicken	50
circumvenīre, circumveniō, circumvēnī, circumventum	umringen, umzingeln	79
citō	schnell	25
cīvis, cīvis *m / f*	der Bürger / die Bürgerin	25
cīvitās, cīvitātis *f*	der Staat; der Stamm; die Bürgerschaft	54
clādēs, clādis *f*	die Niederlage; der Verlust	73
clam	heimlich	3
clāmāre	(laut) rufen, schreien	3
clāmor, clāmōris *m*	der Schrei; das Geschrei	19
clārus, -a, -um	hell, klar; berühmt	13
classis, classis *f*	die Flotte, die Abteilung	24
claudere, claudō, clausī, clausum	schließen, einschließen, versperren	37, 46
cōgere, cōgō, coēgī, coāctum	versammeln; zwingen	51
cōgitāre	denken; beabsichtigen	24
cōgnōscere, cōgnōscō, cōgnōvī, cōgnitum	kennen lernen, erkennen; erfahren	18, 24, 55
colere, colō, coluī, cultum	bewirtschaften, pflegen; verehren	37, 44
colligere, colligō, collēgī, collēctum	sammeln	48
collis, collis *m*	der Hügel, die Anhöhe	34
collocāre	aufstellen, errichten; ansiedeln	70
colloquium, -ī *n*	die Unterredung, das Gespräch	65
comes, comitis *m*	der Gefährte; der Begleiter	21
committere, committō, commīsī, commissum	begehen; anvertrauen	21, 28, 45
commodum, -ī *n*	der Vorteil, die Annehmlichkeit	74
commodus, -a, -um	vorteilhaft, bequem	74
commovēre, commoveō, commōvī, commōtum	bewegen, beunruhigen, veranlassen	51
amōre commōtus	aus Liebe	51
commūnis, commūne	allgemein, gemeinsam	50
comperīre, comperiō, cómperī, compertum	erfahren, in Erfahrung bringen	10, 29, 46
complēre, compleō, complēvī, complētum	ausfüllen, anfüllen	11, 24, 47
complūrēs, complūra	mehrere	52
compōnere, compōnō, composuī, compositum	ordnen; vergleichen; verfassen	54
comprehendere, comprehendō, comprehendī, comprehēnsum	ertappen; ergreifen; begreifen	12, 27, 49
concēdere, concēdō, concessī, concessum	weichen, nachgeben; erlauben, zugestehen	41, 52
conciliāre	(für sich) gewinnen	11
concurrere, concurrō, concurrī, concursum	zusammenlaufen	12, 31, 53
condere, condō, condidī, conditum	verwahren, bergen; bauen, gründen	31, 46
condiciō, condiciōnis *f*	die Bedingung, die Lage	17
condūcere, condūcō, condūxī, conductum	zusammenführen; anwerben, mieten	47
cōnferre, cōnferō, contulī, collātum	zusammentragen, zusammenbringen; vergleichen	76
sē cōnferre	sich begeben	76
cōnficere, cōnficiō, cōnfēcī, cōnfectum	anfertigen, vollenden; aufreiben	33, 42
cōnfīrmāre	kräftigen, bekräftigen, verstärken; ermutigen	43

congregāre	zusammenscharen, versammeln	79
conicere, coniciō, coniēcī, coniectum	zusammenwerfen; werfen, schleudern; vermuten	45
coniungere, coniungō, coniūnxī, coniūnctum	verbinden, vereinigen	66
coniūnx, coniugis *(m/) f*	(der Ehemann /) die Ehefrau, die Gemahlin	45
coniūrātiō, coniūrātiōnis *f*	die Verschwörung	65
coniūrātus, -ī *m*	der Verschwörer, der Mitverschwörer	65
cōnscendere, cōnscendō, cōnscendī, cōnscēnsum	hinaufsteigen, besteigen	68
cōnscius, -a, -um *(m. Gen.)*	mitwissend, eingeweiht; sich bewusst; *Subst.* der Mitwisser	66
cōnscrībere, cōnscrībō, cōnscrīpsī, cōnscrīptum	verfassen; ausheben	72
cōnservāre	retten; bewahren, beschützen	77
cōnsīdere, cōnsīdō, cōnsēdī, cōnsessum	sich setzen, sich niederlassen	38, 51
cōnsilium, -ī *n*	der Rat; der Plan; der Beschluss	4
cōnsistere, cōnsistō, cōnstitī, –	stehen bleiben; sich aufstellen	65
cōnsistere ex	bestehen aus	65
cōnspicere, cōnspiciō, cōnspexī, cōnspectum	ansehen, erblicken	22, 32, 49
cōnstat, cōnstitit	es steht fest, ist bekannt	31
cōnstituere, cōnstituō, cōnstituī, cōnstitūtum	aufstellen; festsetzen; beschließen	49
cōnsuēscere, cōnsuēscō, cōnsuēvī, cōnsuētum	sich gewöhnen an; *Perfekt:* gewohnt sein	80
cōnsuētūdō, cōnsuētūdinis *f*	die Gewohnheit	79
cōnsulere, cōnsulō, cōnsuluī, cōnsultum	*(m. Dat.)* sorgen für; *(m. Akk.)* um Rat fragen; *(m. dē)* beraten *(über)*	57
cōnsūmere, cōnsūmō, cōnsūmpsī, cōnsūmptum	verbrauchen, verwenden; verbringen	77
contemnere, contemnō, contempsī, contemptum	verachten, gering schätzen	25, 47
contendere, contendō, contendī, contentum	sich anstrengen; kämpfen; eilen; behaupten	28, 47
contentus, -a, -um	zufrieden	16
continēre *(m. Abl.)*	zusammenhalten; festhalten, im Zaum halten; *Pass.* enthalten sein *(in)*, beruhen *(auf)*	78
contingere, contingō, contigī, contāctum	berühren; gelingen	40, 51
contingit, cóntigit	es gelingt, es glückt	40
contrā *(Adv.)*	dagegen; *(m. Akk.)* gegen	16
contumēlia, -ae *f*	die Beleidigung; die schmachvolle Behandlung	62
convenīre, conveniō, convēnī, conventum	zusammenkommen; treffen; besuchen	16, 34, 48
convertere, convertō, convertī, conversum	wenden, verwandeln; übersetzen	33, 50
convincere, convincō, convīcī, convictum *(m. Gen.)*	*(einer Sache)* überführen	77
convīvium, -ī *n*	das Gastmahl, das Gelage	36
convocāre	zusammenrufen, versammeln	40
cōpia, -ae *f*	die Menge, der Vorrat; *Pl. auch* die Truppen	36
cor, cordis *n*	das Herz	52
cornū, cornūs *n*	das Horn; der Heeresflügel	75
corpus, corporis *n*	der Körper; der Leichnam	24
crēber, crēbra, crēbrum	zahlreich, häufig	40
crēdere, crēdō, crēdidī, crēditum	glauben; vertrauen, anvertrauen	12, 34, 53
crēscere, crēscō, crēvī, –	wachsen; zunehmen	27
crīmen, crīminis *n*	das Verbrechen; der Vorwurf; die Anklage	21
crīminī dare	zum Vorwurf machen	53
crūdēlis, crūdēle	grausam, hartherzig	44
crūdēlitās, crūdēlitātis *f*	die Grausamkeit, die Hartherzigkeit	55
crux, crucis *f*	das Kreuz	79
culpa, -ae *f*	die Schuld	55
cultus, cultūs *m*	die Pflege, die Verehrung; die Lebensweise	33
cum *(m. Abl.)*	(zusammen) mit	10
cum *(m. Ind.)*	(immer) wenn; als (plötzlich)	11
cum *(m. Konj.)*	als, nachdem; da, weil; obwohl, wenn auch	53
cunctī, -ae, -a	alle	66
cupere, cupiō, cupīvī, cupītum	wünschen, wollen, begehren	15, 24, 49
cupiditās, cupiditātis *f*	die Begierde, das Verlangen, die Leidenschaft	72
cupidus, -a, -um *(m. Gen.)*	gierig, begierig *(nach)*	61
cūr?	warum?	2
cūra, -ae *f*	die Sorge; die Pflege	6
cūrāre *(m. Akk.)*	sich kümmern um, sorgen für; pflegen	15

currere, currō, cucurrī, cursum	laufen, rennen	12, 26, 53
currus, currūs *m*	der Wagen	71
cursus, cursūs *m*	der Lauf; die Eile; die Richtung	48
custōdia, -ae *f*	die Wache, die Bewachung; die Haft	53
in custōdiam dare	in Gewahrsam nehmen	53
custōdīre	bewachen, behüten	45
custōs, custōdis ***m***	der Wächter	16

D

damnāre *(m. Gen.)*	*(wegen einer Sache / zu einer Strafe)* verurteilen	77
dare, dō, dedī, datum	geben	7, 26, 42
sē dare	sich hingeben, sich widmen	7
dē *(m. Abl.)*	von … herab; von, über	10
dea, -ae *f*	die Göttin	4
dēbēre	müssen; schulden	5
nōn dēbēre	nicht dürfen	5
dēcēdere, dēcēdō, dēcessī, dēcessum	weggehen; sterben	21, 29, 49
(dē) vītā dēcēdere	aus dem Leben scheiden, sterben	21
dēcernere, dēcernō, dēcrēvī, dēcrētum	beschließen, entscheiden	24, 52
dēcipere, dēcipiō, dēcēpī, dēceptum	täuschen, betrügen	44
dēdere, dēdō, dēdidī, dēditum	ausliefern, übergeben	41, 53
sē dēdere	sich ergeben	41
dēdūcere, dēdūcō, dēdūxī, dēductum	hinabführen, wegführen; geleiten	39, 47
dēesse, dēsum, dēfuī, –	fehlen	54
dēfendere, dēfendō, dēfendī, dēfēnsum	abwehren; verteidigen	26, 46
dēficere, dēficiō, dēfēcī, dēfectum *(m. Akk.; ā m. Abl.)*	ausgehen; fehlen; abfallen *(von)*	42
deinde	hierauf, dann	9
dēlectāre	erfreuen	7
dēlēre, dēleō, dēlēvī, dēlētum	zerstören, vernichten	28, 46
dēlīberāre	überlegen; abwägen	3
dēligere, dēligō, dēlēgī, dēlēctum	auslesen, auswählen	43
dēmittere, dēmittō, dēmīsī, dēmissum	hinabschicken, sinken lassen	69
dēmōnstrāre	zeigen, darlegen, beweisen	53
dēmum	endlich, erst	37
dēnique	schließlich	51
dēns, dentis ***m***	der Zahn	44
dēpōnere, dēpōnō, dēposuī, dēpositum	ablegen, niederlegen	49
dēscendere, dēscendō, dēscendī, dēscēnsum	herabsteigen, hinabsteigen	26, 48
dēserere, dēserō, dēseruī, dēsertum	verlassen, im Stich lassen	52

dēsīderāre	sich sehnen nach, vermissen	22
dēsīderium, -ī *n*	das Verlangen, die Sehnsucht	11
dēsinere, dēsinō, dēsiī, dēsitum	ablassen, aufhören	28, 52
dēspērāre	verzweifeln	6
dēstināre	festsetzen, bestimmen	31
dētrīmentum, -ī *n*	der Nachteil, der Schaden	59
deus, -ī *m*	der Gott	4
dext(e)r, dext(e)ra, dext(e)rum	rechts	14
dext(e)ra, -ae *f*	die rechte Hand	14
dīcere, dīcō, dīxī, dictum	sagen, sprechen; *(m. dopp. Akk.)* nennen, bezeichnen als	12, 25, 36, 50
dictum, -ī *n*	der Ausspruch, das Wort	70
diēs, diēī ***m***	der Tag	30
differre, differō, distulī, dīlātum	aufschieben; sich unterscheiden	77
difficilis, difficile	schwer, schwierig	20
dīgnitās, dīgnitātis *f*	die Würde, das Ansehen	50
dīgnus, -a, -um *(m. Abl.)*	würdig, wert	56
dīligēns; *Gen.* dīligentis	sorgfältig, gewissenhaft	20
dīligere, dīligō, dīlēxī, dīlēctum	lieben, hochschätzen	61
dīmittere, dīmittō, dīmīsī, dīmissum	entsenden, wegschicken, entlassen	48
discēdere, discēdō, discessī, discessum	auseinandergehen; weggehen	25, 52
discere, discō, didicī, –	lernen	54
disciplīna, -ae *f*	die Lehre; das Unterrichtsfach; die Ordnung	72
discrīmen, discrīminis *n*	der Unterschied; die Entscheidung; die Gefahr	65
disputāre	diskutieren, sprechen über	10
dissimilis, dissimile	unähnlich	63
diū	lange (Zeit)	24
dīversus, -a, -um	entgegengesetzt; verschieden	26
dīves; *Gen.* dīvitis	reich	36
dīvidere, dīvidō, dīvīsī, dīvīsum	teilen, trennen	48
dīvīnus, -a, -um	göttlich	31
dīvitiae, -ārum *f (Pl.)*	der Reichtum	11
dīvus, -a, -um	göttlich	69
docēre, doceō, docuī, doctum	lehren; deutlich machen	50
doctus, -a, -um	gelehrt; *Subst.* der Gelehrte	48
dolēre, doleō, doluī, –	Schmerz empfinden	11
dolor, dolōris *m*	der Schmerz	15
dolus, -ī *m*	die List, die Täuschung	9
domī	daheim, zu Hause	39
domicilium, -ī *n*	das Haus, die Wohnung	1
domina, -ae *f*	die Herrin	3
dominus, -ī *m*	der Herr	3
domō	von daheim, von zu Hause	56
domum	heim, nach Hause	56
domus, domūs *f*	das Haus	33
dōnāre	schenken; beschenken	6

dōnum, -ī *n*	das Geschenk	1
dormīre	schlafen	2
dubitāre	zweifeln; zögern	56
dūcere, dūcō, dūxī, ductum	führen; *(m. dopp. Akk.)* halten für	17, 32, 36, 43
dulcis, dulce	süß, lieblich	49
dum *(m. Ind. Präs.)*	während	6
dum	solange, solange bis	41
dum *(m. Konj.)*	wenn nur	70
dūrus, -a, -um	hart, hartherzig	47
dux, ducis *m / f*	der Anführer / die Anführerin	37

E

ē *(m. Abl.)*	aus, aus … heraus; seit	10
ecce!	sieh da!, schau! / seht da!, schaut!	1
ēdūcere, ēdūcō, ēdūxī, ēductum	herausführen, hinausführen	43
efficere, efficiō, effēcī, effectum	durchsetzen, bewirken, vollenden	55
effugere, effugiō, effūgī, – *(m. Akk.)*	entkommen	17, 29
egēre *(m. Abl.)*	bedürfen, brauchen; nicht haben	16
ego	ich	5
ēgregius, -a, -um	hervorragend, ausgezeichnet	29
ēicere, ēiciō, ēiēcī, ēiectum	hinauswerfen, vertreiben	55
ēiusmodī	derartig	71
ēligere, ēligō, ēlēgī, ēlēctum	auslesen, auswählen	43
emere, emō, ēmī, ēmptum	kaufen	12, 31, 55
enim *(nachgestellt)*	denn, nämlich	51
eō	deswegen; dorthin	68
epistula, -ae *f*	der Brief	19
eques, equitis *m*	der Reiter, der Ritter	58
equidem	(ich) allerdings, freilich	37
equus, -ī *m*	das Pferd	5
ergō	also, folglich	32
ēripere, ēripiō, ēripuī, ēreptum	entreißen	32, 45
errāre	sich irren, umherirren	56
esse, sum, fuī, –	sein	2, 25
et	und	1
et … et …	sowohl … als auch …	45
etiam	auch; sogar	1
etiam *(vor dem Komparativ)*	noch	62
etsī	auch wenn	80
ēvenīre, ēveniō, ēvēnī, ēventum	sich ereignen	38, 48
ēvenit, ēvēnit	es ereignet sich	38
ēvertere, ēvertō, ēvertī, ēversum	umstürzen, zerstören	32, 50
ex *(m. Abl.)*	aus, aus … heraus; seit	10
excipere, excipiō, excēpī, exceptum	ausnehmen, herausnehmen, aufnehmen	33, 44
excitāre	antreiben, erregen, ermuntern, aufwecken	24
exemplum, -ī *n*	das Beispiel; das Vorbild	61
exercēre, exerceō, exercuī, exercitum	üben, trainieren, ausbilden	41
exercitus, exercitūs *m*	das Heer	56
exigere, exigō, exēgī, exāctum	vollenden; einfordern, eintreiben	76
exīre, exeō, exiī, exitum	herausgehen, verlassen, ausrücken	57
exīstimāre	einschätzen, meinen	50
expedīre	losbinden, befreien; kampfbereit machen	41
expellere, expellō, expulī, expulsum	vertreiben, verjagen, verbannen	53
explēre, expleō, explēvī, explētum	ausfüllen, erfüllen	30, 47
explicāre	erklären; entfalten	8
explōrāre	auskundschaften, erforschen	78
expūgnāre	erobern	58
exsilium, -ī *n*	die Verbannung, das Exil	30
exspectāre	warten *(auf)*, erwarten	18
exstinguere, exstinguō, exstīnxī, exstīnctum	löschen, auslöschen; vernichten	12, 25, 54
exstruere, exstruō, exstrūxī, exstrūctum	aufhäufen; errichten, bauen, erbauen	50

F

fābula, -ae *f*	die Geschichte, die Erzählung; das Theaterstück	10
facere, faciō, fēcī, factum	machen, tun; *(m. dopp. Akk.)* machen zu	15, 26, 36, 42
facile	leicht	44
facilis, facile	leicht, mühelos	33
facinus, facinoris *n*	die Tat; die Untat	55
factum, -ī *n*	die Tat	54
facultās, facultātis *f*	die Fähigkeit; die Möglichkeit, die Gelegenheit	73
fallere, fallō, fefellī, –	täuschen; unbemerkt bleiben	31
mē fallit	es entgeht mir, ich täusche mich	31
falsus, -a, -um	falsch	39
fāma, -ae *f*	das Gerücht; der *(gute oder schlechte)* Ruf	66
famēs, famis *f*	der Hunger	57
fame perīre	verhungern	57
familia, -ae *f*	die Familie	1
familiāris, familiāre	vertraut, verwandt; *Subst.* der Vertraute, der Verwandte	79
fās ***n*** *(indekl.)*	das Recht	75
fātum, -ī *n*	der Götterspruch; das Schicksal, das Verhängnis	52
favēre, faveō, fāvī, fautum *(m. Dat.)*	begünstigen, gewogen sein	13, 29, 55
fēlīx; *Gen.* fēlīcis	glücklich	20
fēmina, -ae *f*	die Frau	51
ferē	fast, ungefähr	65

ferre, ferō, tulī, lātum	tragen, bringen; ertragen	75
ferunt	man erzählt	75
ferrum, -ī *n*	das Eisen; die Waffe, das Schwert	61
ferus, -a, -um	wild	13
fidēs, fideī *f*	der Glaube, das Vertrauen, die Treue, die Zuverlässigkeit	30
fidem habēre	Glauben schenken, Vertrauen schenken	30
fīdūcia, -ae *f*	das Vertrauen, die Zuversicht	77
fīgere, fīgō, fīxī, fīxum	befestigen	43
fīlia, -ae *f*	die Tochter	11
fīlius, -ī *m*	der Sohn	23
fingere, fingō, fīnxī, fictum	formen, gestalten; sich ausdenken, erlügen	44
fīnīre	beenden; begrenzen	19
fīnis, fīnis ***m***	das Ende; die Grenze; das Ziel; *Pl.* das Gebiet	18
fīnitimus, -a, -um	benachbart; *Subst.* der Nachbar	54
firmus, -a, -um	stark, fest	65
flāgitium, -ī *n*	die Schande, die Schandtat, die Gemeinheit	40
flectere, flectō, flexī, flexum	biegen, beugen	75
animum flectere	seine Meinung ändern	75
flēre, fleō, flēvī, flētum	weinen; beklagen	6, 24, 48
flōrēre, flōreō, flōruī, –	blühen, in Blüte stehen	60
flūctus, flūctūs *m*	die Flut	73
flūmen, flūminis *n*	der Fluss	66
foedus, foederis *n*	das Bündnis, der Vertrag	52
foedus facere	einen Vertrag schließen	52
foedus, -a, -um	hässlich, abscheulich	62
fōrma, -ae *f*	die Gestalt; die Schönheit	11
fortāsse	vielleicht	3
forte	zufällig	71
fortis, forte	tapfer; stark; tatkräftig	20
fortūna, -ae *f*	das Schicksal; das Glück; das Unglück	11
forum, -ī *n*	der (Markt-)Platz; das Forum	4
frangere, frangō, frēgī, frāctum	brechen, *(etw.)* zerbrechen	38, 46
frāter, frātris *m*	der Bruder	15
frīgus, frīgoris *n*	die Kälte, der Frost	75
frōns, frontis *f*	die Vorderseite, die Stirn	75
frūctus, frūctūs *m*	die Frucht; der Ertrag, der Gewinn	73
frūmentum, -ī *n*	das Getreide	59
frūstrā	vergeblich	33
fuga, -ae *f*	die Flucht	12
fugae sē dare	die Flucht ergreifen	12
fugere, fugiō, fūgī, (fugitūrus) *(m. Akk.)*	fliehen *(vor)*; meiden	15, 29
fulgēre, fulgeō, fulsī, –	blitzen, leuchten, strahlen	69
fulmen, fulminis *n*	der Blitz	29
fundere, fundō, fūdī, fūsum	gießen, ausschütten; verjagen	45
fūnus, fūneris *n*	die Bestattung	73
fūr, fūris *m / f*	der Dieb / die Diebin	37
furor, -ōris *m*	der Wahnsinn, das Wüten	41
futūrus, -a, -um	künftig, zukünftig	56

G

gaudēre, gaudeō	sich freuen	3
gaudium, -ī *n*	die Freude	22
gemitus, gemitūs *m*	das Seufzen, das Stöhnen	72
gēns, gentis *f*	das Geschlecht, der Stamm, das Volk	29
genus, generis *n*	die Art, das Geschlecht, die Abstammung	54
gerere, gerō, gessī, gestum	tragen; führen, ausführen	47
bellum gerere	Krieg führen	47
gladius, -ī *m*	das Schwert	11
glōria, -ae *f*	der Ruhm	61
grandis, grande	großartig; wichtig	74
grātia, -ae *f*	der Dank; die Gunst; die Anmut	12
grātiās agere	danken	12
grātus, -a, -um	dankbar; angenehm	19
gravis, grave	schwer; gewichtig; ernst, bedeutend	24

H

habēre	haben; halten	7
habitāre	wohnen	12
hīc	hier	2
hic, haec, hoc	dieser, diese, dieses	40
hinc	von hier; hierauf; daher	63
historia, -ae *f*	die Forschung, die Geschichtsschreibung, die Geschichte	80
hodiē	heute	4
homō, hominis ***m***	der Mensch	17
honestus, -a, -um	ehrenhaft	61
honōs / honor, -ōris *m*	die Ehre; das Ehrenamt	15
in honōre esse	in Ehren stehen	15
honōrem habēre	Ehre erweisen	15
hōra, -ae *f*	die Stunde	18
hortus, -ī *m*	der Garten	3
hospes, hospitis ***m***	der Gastgeber; der Gast(freund)	16
hostis, hostis ***m***	der (Landes-)Feind	29
hūc	hierher	66
hūmānitās, hūmānitātis *f*	die Menschlichkeit, die Bildung	74
hūmānus, -a, -um	menschlich; gebildet	72
humī	auf der Erde, auf dem Boden	46
humum	auf die Erde, auf den Boden	56
humus, -ī ***f***	die Erde, der Boden	46

I

iacēre, iaceō, iacuī, –	liegen	46
iacere, iaciō, iēcī, iactum	werfen, schleudern; *(etw.)* hinabstürzen	27, 45
iactāre	schwingen; schleudern; immer im Munde führen	70
iam	schon, bereits	5
nōn iam	nicht mehr	5
ibī	dort	2
īdem, eadem, idem	derselbe, dieselbe, dasselbe	58
īdem … atque / īdem … quī	derselbe … wie	58
idōneus, -a, -um	geeignet	44
igitur	also	61
īgnārus, -a, -um *(m. Gen.)*	unwissend, ohne Wissen	66
īgnis, īgnis ***m***	das Feuer	27
īgnōrāre	nicht wissen, nicht kennen	9
nōn īgnōrāre	genau wissen, gut kennen	9
īgnōscere, īgnōscō, īgnōvī, –	verzeihen	17, 24
īgnōtus, -a, -um	unbekannt	22
ille, illa, illud	jener, jene, jenes	40
illīc	dort	71
imāgō, imāginis *f*	das Bild	17
imber, imbris *m*	der Regen, Regenguss	29
immēnsus, -a, -um	riesig, gewaltig	13
immō	im Gegenteil; ja sogar	40
immortālis, immortāle	unsterblich; *Subst.* der Unsterbliche, der Gott	42
impedīre	hindern, verhindern; behindern	46
impellere, impellō, impulī, impulsum	antreiben, veranlassen	55
īrā impulsus	aus Zorn	55
impendēre, impendeō, –	hängen *(über)*; drohen, bevorstehen	26
imperāre *(m. Dat.)*	befehlen; herrschen *(über)*	7
imperātor, imperātōris *m*	der Kaiser; der Feldherr	15
imperium, -ī *n*	der Befehl; die Herrschaft; das Reich	33
impetrāre	durchsetzen, erreichen	10
impetus, impetūs *m*	der Angriff, der Ansturm	32
impius, -a, -um	gottlos, ruchlos	53
implēre, impleō, implēvī, implētum	anfüllen, erfüllen	42
impōnere, impōnō, imposuī, impositum	hineinstellen, auferlegen	33, 42
imprīmīs	in erster Linie, besonders	49
improbus, -a, -um	schlecht, unanständig, niederträchtig	68
in *(m. Abl.)*	in, an, auf, bei	10
in *(m. Akk.)*	in (… hinein); auf; nach; gegen, gegenüber	8; 51
inānis, ināne	sinnlos, wertlos; leer	39
inaudītus, -a, -um	unerhört, beispiellos	80
incendere, incendō, incendī, incēnsum	entflammen, in Brand setzen	27, 44
incendium, -ī *n*	der Brand, das Feuer	12
inceptum, -ī *n*	das Vorhaben	9
incipere, incipiō, coepī, coeptum	anfangen, beginnen	22, 34, 52
incitāre	antreiben, anfeuern; reizen	9
incolere, incolō, incoluī, incultum	bewohnen	63
incolumis, incolume	heil, unversehrt	80
incrēdibilis, incrēdibile	unglaublich	46
inde	von dort; von da an; daher; daraufhin	40
indīcere, indīcō, indīxī, indictum	ankündigen, erklären	54
indicāre	anzeigen, melden, verraten	65
indīgnus, -a, -um *(m. Abl.)*	unwürdig, empörend	68
indūcere, indūcō, indūxī, inductum	hineinführen; veranlassen	59
invidiā inductus	aus Neid	59
īnfēlīx; *Gen.* īnfēlīcis	unglücklich	60
īnfēstus, -a, -um	feindselig, kampfbereit	52
ingenium, -ī *n*	die Begabung; das Genie	64
ingēns; *Gen.* ingentis	riesig, gewaltig	47
inicere, iniciō, iniēcī, iniectum	hineinwerfen; einjagen	28, 54
inimīcus, -a, -um	feindlich; *Subst.* der Feind	47
inīre, ineō, iniī, initum	hineingehen, betreten; beginnen	57
cōnsilium inīre	einen Beschluss fassen	57
initium, -ī *n*	der Eingang, der Anfang	79
initiō	eingangs, anfangs	79
iniūria, -ae *f*	das Unrecht, die Beleidigung	37
inopia, -ae *f*	die Armut, die Not	57
inquam / inquīs / inquit	sag(t)e ich / sag(te)st du / sagt(e) er, sie, es	38
īnsidiae, -ārum *f (Pl.)*	der Hinterhalt, die Falle	17
īnsidiās parāre	einen Hinterhalt legen	17
īnspicere, īnspiciō, īnspexī, īnspectum	hineinblicken, betrachten	30, 49
īnstāre, īnstō, īnstitī, (īnstātūrus)	bevorstehen, drohen	51
īnstituere, īnstituō, īnstituī, īnstitūtum	einrichten; unterweisen; erbauen	71
īnstitūtum, -ī *n*	die Einrichtung, der Brauch	71
īnstruere, īnstruō, īnstrūxī, īnstrūctum	einrichten; unterweisen; erbauen	76
īnsula, -ae *f*	die Insel; der Wohnblock	38
intellegere, intellegō, intellēxī, intellēctum	verstehen, einsehen	27, 50
intendere, intendō, intendī, intentum	anspannen; richten	59
inter *(m. Akk.)*	zwischen; während	25

interclūdere, interclūdō, interclūsī, interclūsum	versperren, abschneiden; verhindern	73
interdum	manchmal	80
interesse, intersum, interfuī, – *(m. Dat.)*	dazwischen sein; teilnehmen *(an)*	25
interest *(m. Gen. und Abl.)*	es ist wichtig *(für)*	67
interficere, interficiō, interfēcī, interfectum	töten, vernichten	28, 42
interim	inzwischen	7
interitus, interitūs *m*	der Untergang	32
interrogāre	fragen	75
intrāre	betreten, eintreten in	2
intus	innen, im Inneren	50
invādere, invādō, invāsī, invāsum	eindringen; befallen; angreifen	56
invenīre, inveniō, invēnī, inventum	finden, auffinden, erfinden	5, 34, 43
invidēre, invideō, invīdī, invīsum *(m. Dat.)*	beneiden	78
invidia, -ae *f*	der Neid; die Anfeindung	17
invītāre	einladen	6
invītus, -a, -um	unwillig, gegen den Willen	19
ipse, ipsa, ipsum	selbst; gerade; persönlich	59
īra, -ae *f*	der Zorn, die Wut	14
īre, eō, iī, itum	gehen	56
is, ea, id	dieser; der(jenige); er	23
iste, ista, istud	dieser, dieser da	68
ita	so	32
itaque	daher, deshalb	7
iter, itíneris *n*	der Weg; die Reise; der Marsch	21
iter facere	reisen, marschieren	21
iterum	wiederum, ein zweites Mal	39
iterum atque iterum	wieder und wieder, immer wieder	39
iubēre, iubeō, iussī, iussum *(m. Akk.)*	befehlen	42
iūcundus, -a, -um	angenehm, erfreulich	63
iūdex, iūdicis **m**	der Richter	63
iūdicāre	urteilen, beurteilen, entscheiden	62
iugum, -ī *n*	das Joch; das Gespann; der Bergrücken	44
iungere, iungō, iūnxī, iūnctum	verbinden, vereinigen	73
iūrāre	schwören	45
iūs, iūris *n*	das Recht	46
in iūs vocāre	vor Gericht zitieren / anklagen	46
iūs iūrandum, -ī / iūsiūrandum, -ī *n*	der Eid, der Schwur	65
iussū	auf Befehl	32
iūstus, -a, -um	gerecht, rechtschaffen	80
iuvāre, iuvō, iūvī, iūtum *(m. Akk.)*	helfen, unterstützen; erfreuen	45
iuvenis, iuvenis **m**	der junge Mann	43
iuventūs, iuventūtis *f*	die Jugend	51

L

labor, labōris *m*	die Arbeit, die Mühe	24
labōrāre	arbeiten; leiden	2
lacessere, lacessō, lacessīvī, lacessītum	reizen, herausfordern	73
lacrima, -ae *f*	die Träne	51
laedere, laedō, laesī, laesum	verletzen; beschädigen	77
laetitia, -ae *f*	die Freude; die Fröhlichkeit	79
laetus, -a, -um	froh, fröhlich	13
lapis, lapidis **m**	der Stein	45
latēre, lateō, latuī, –	verborgen sein	32
lātus, -a, -um	breit, weit, ausgedehnt	74
laudāre	loben	24
laus, laudis *f*	das Lob; der Ruhm	61
lavāre	waschen	8, 28
lectus, -ī *m*	das Bett, das Lager	65
lēgātus, -ī *m*	der Gesandte, der Bevollmächtigte	54
legere, legō, lēgī, lēctum	lesen; sammeln	22, 28, 43
legiō, legiōnis *f*	die Legion	58
leō, leōnis **m**	der Löwe	17
lēx, lēgis *f*	das Gesetz; die Bedingung	37
libēns; *Gen.* libentis; *Adv.* libenter	gern	71
līber, lībera, līberum (ā)	frei *(von)*	14
liber, librī *m*	das Buch	30
līberālitās, līberālitātis *f*	die Freigebigkeit, der Edelmut	71
līberāre (ā)	befreien *(von)*	41
līberī, -ōrum *m (Pl.)*	die Kinder	22
lībertās, lībertātis *f*	die Freiheit	55
libīdō, libīdinis *f*	die Begierde; die Willkür, die Hemmungslosigkeit	55
licentia, -ae *f*	die Erlaubnis, die Freiheit, die Willkür	78
licet, licuit	es ist möglich, es ist erlaubt	7
lingua, -ae *f*	die Zunge; die Sprache	48
littera, -ae *f*	der Buchstabe; *Pl.* der Brief; die Literatur; die Wissenschaft(en)	22
lītus, lītoris *n*	die Küste, der Strand	27
locus, -ī m; *Pl.* loca, -ōrum *n*	der Ort, der Platz, die Stelle	34
longus, -a, -um	lang, lang anhaltend	59
lucrum, -ī *n*	der Gewinn	16
lūctus, lūctūs *m*	die Trauer	60
lūdus, -ī *m*	das Spiel; die Schule	8
lūmen, lūminis *n*	das Licht; das Augenlicht, das Auge	48
lupus, -ī *m*	der Wolf	76
lūx, lūcis *f*	das Licht	48

M

maestus, -a, -um	traurig	19
magis	mehr	74
magister, magistrī *m*	der Lehrer; der Vorsteher	69
māgnitūdō, māgnitūdinis *f*	die Größe, die Erhabenheit	50
māgnus, -a, -um	groß; bedeutend	13
māiōrēs, māiōrum *m* *(Pl.)*	die Vorfahren	15
mālle, mālō, māluī, –	lieber wollen	79
malum, -ī *n*	das Böse, das Übel, das Leid	56
malus, -a, -um	böse, schlecht, schlimm	56
mandāre	übergeben, anvertrauen; auftragen	43
manēre, maneō, mānsī, (mānsūrus)	bleiben, warten, erwarten	9, 25
manus, manūs *f*	die Hand; die Schar	32
mare, maris *n*	das Meer	18
marītus, -ī *m*	der Ehemann	17
māter, mātris ***f***	die Mutter	15
mātrimōnium, -ī *n*	die Ehe	11
in mātrimōnium dare	zur Frau geben	11
medius, -a, -um	der mittlere; mitten in ...	27
membrum, -ī *n*	das (Körper-)Glied; *Pl.* die Gliedmaßen	8
meminisse *(m. Gen. / Akk.)*	sich erinnern *(an)*	80
memor *(m. Gen.)*	eingedenk, in Erinnerung *(an)*	78
memorāre	in Erinnerung rufen, erwähnen, erzählen	71
memoria, -ae *f*	die Erinnerung, das Andenken; das Gedächtnis; die Zeit	23
(in) memoriā tenēre	im Gedächtnis behalten	23
patrum memoriā	zur Zeit der Väter	23
mēns, mentis *f*	der Geist, der Verstand	18
in mentem venīre	in den Sinn kommen	18
mēnsa, -ae *f*	der Tisch	6
mēnsis, mēnsis ***m***	der Monat	20
merēre	verdienen	16
meritō	verdientermaßen	62
merx, mercis *f*	die Ware	18
metuere, metuō, metuī, –	fürchten, sich fürchten	26
metus, -ūs *m*	die Angst, die Furcht	32
meus, -a, -um	mein	13
mea, -ōrum *n (Pl.)*	das Meine	28
meī, -ōrum *m (Pl.)*	die Meinen	28
migrāre	wandern, auswandern	33
mīles, mīlitis ***m***	der Soldat	56
mīlitāris, mīlitāre	militärisch, soldatisch	58
minister, ministrī *m*	der Diener	14
minuere, minuō, minuī, minūtum	vermindern, verringern	26, 54
mīrus, -a, -um	erstaunlich, sonderbar, wunderbar	25
miser, misera, miserum	arm, unglücklich, erbärmlich	25
miseria, -ae *f*	das Elend, das Unglück	65
misericordia, -ae *f*	das Mitleid	5
mittere, mittō, mīsī, missum	schicken, senden	19, 25, 42
modo	nur; eben noch, gerade	53
modus, -ī *m*	die Art, die Weise; das Maß	14
nūllō modō	auf keine Weise	14
moenia, moenium *n* *(Pl.)*	die Mauer(n), die Stadtmauer(n)	34
mōlēs, mōlis *f*	die schwere Masse; die Last	64
monēre	mahnen, ermahnen, erinnern; warnen	4
mōns, montis ***m***	der Berg	23
mōnstrāre	zeigen	7
monumentum, -ī *n*	das Denkmal; das Grabmal	4
mora, -ae *f*	der Aufschub; die Verzögerung	10
morbus, -ī *m*	die Krankheit	56
mors, mortis *f*	der Tod	28
mortālis, mortāle	sterblich; *Subst.* der Sterbliche, der Mensch	41
mortuus, -a, -um	tot	67
mōs, mōris ***m***	die Sitte, der Brauch; *Pl.* der Charakter	15
mōre māiōrum	nach Sitte der Vorfahren	15
mōtus, mōtūs *m*	die Bewegung	49
movēre, moveō, mōvī, mōtum	bewegen; erregen	5, 30, 43
mox	bald; dann	20
mulier, mulieris *f*	die Frau	55
multī, -ae, -a	viele	18
multa, -ōrum *n (Pl.)*	vieles	18
multitūdō, multitūdinis *f*	die Vielzahl, die Menge	17
mundus, -ī *m*	das Weltall, die Welt	34
mūnīre	befestigen, bauen	58
mūnītiō, mūnītiōnis *f*	die Befestigung, das Bollwerk	73
mūnus, mūneris *n*	die Aufgabe, das Amt; das Geschenk	21
mūnus complēre	eine Aufgabe erfüllen	21
mūrus, -ī *m*	die Mauer	71
mūtāre	ändern, wechseln	36

N

nam	denn, nämlich	3
nārrāre	erzählen	10
nātiō, nātiōnis *f*	das Volk, der Volksstamm	52
nātūra, -ae *f*	die Natur; das Wesen	62
nātus, -a, -um	geboren	79
nāta, -ae *f*	die Tochter	79
nātus, -ī *m*	der Sohn	79
nāvigāre	(mit dem Schiff) fahren, segeln	27
nāvis, nāvis *f*	das Schiff	18
-ne?	*unübersetzte Fragepartikel*	26
-ne *(indirekte Frage)*	ob	69
-ne ... an *(indirekte Frage)*	ob ... oder	69

nē *(m. Konj.)*	dass nicht; damit nicht / um nicht … zu; *(nach Ausdrücken des Fürchtens und Hinderns)* dass	53, 54
nē … quidem	nicht einmal	29
nec	und nicht, auch nicht, aber nicht	37
nec … nec …	weder … noch …	37
necāre	töten	16
necessārius, -a, -um	nötig, notwendig; *Subst.* der Freund, der Verwandte	59
necesse est	es ist nötig	27
nefārius, -a, -um	gottlos, frevelhaft; verbrecherisch	52
nefās ***n*** *(indekl.)*	das Unrecht, der Frevel	76
negāre	sagen, dass nicht: leugnen; verweigern	75
neglegere, neglegō, neglēxī, neglēctum	vernachlässigen, gering schätzen	50
negōtium, -ī *n*	die Aufgabe; das Geschäft	16
negōtia agere	seinen Geschäften nachgehen	16
nēmō	niemand	11
nepōs, nepōtis ***m***	der Enkel	60
neque	und nicht, auch nicht, aber nicht	37
neque … neque …	weder … noch …	37
neque umquam	und niemals	73
nescīre	nicht wissen, nicht kennen	69
nex, necis *f*	der Mord; der gewaltsame Tod	17
nihil	nichts	4
nīl	nichts	76
nimis	zu, allzu	37
nimius, -a, -um	allzu groß, allzu viel	59
nisī	wenn nicht; außer	21
nōbilis, nōbile	vornehm, adelig; berühmt	24
nocēre	schaden	40
nocturnus, -a, -um	nächtlich	55
nōlle, nōlō, nōluī, –	nicht wollen	70
nōmen, nōminis *n*	der Name	21
nōmināre	nennen	70
nōn	nicht	1
nōn iam	nicht mehr	5
nōnne?	etwa nicht?, denn nicht?	26
nōnnūllī, -ae, -a	einige, manche	18
nōnnumquam	manchmal	49
nōs	*Nom.* wir; *Akk.* uns	12
nōscere, nōscō, nōvī, nōtum	kennen lernen; erkennen; *Perfekt:* kennen	80
noster, nostra, nostrum	unser	14
nōtus, -a, -um	bekannt	18
novus, -a, -um	neu	24
nox, noctis *f*	die Nacht	48
nūbere, nūbō, nūpsī, nūptum *(m. Dat.)*	*(einen Mann)* heiraten	40, 51
nūbēs, nūbis *f*	die Wolke	27
nūdus, a, -um	nackt, bloß	49
nūllus, -a, -um	kein	60
num?	etwa?	26
num *(indirekte Frage)*	ob	69
nūmen, nūminis *n*	die Gottheit; der göttliche Wille, die göttliche Macht	46
numerus, -ī *m*	die Zahl	38
numquam	niemals	28
nunc	nun, jetzt	7
nūntiāre	melden, mitteilen	22
nūntius, -ī *m*	der Bote; die Nachricht	22
nūptiae, -ārum *f (Pl.)*	die Hochzeit, die Heirat	11

O

ob *(m. Akk.)*	wegen; entgegen	66
obīre, obeō, obiī, obitum *(m. Akk.)*	entgegengehen, begegnen	67
(mortem) obīre	sterben	67
obscūrus, -a, -um	dunkel, unverständlich	69
obsecrāre	anflehen, beschwören	62
obses, obsidis *m / f*	die Geisel	60
obsidēs dare	Geiseln stellen	60
obsidēs imperāre	Geiseln (zu stellen) befehlen / die Stellung von Geiseln befehlen	60
obsidēre, obsideō, obsēdī, obsessum	belagern; besetzt halten	57
obstāre, obstō, obstitī, (obstātūrus)	im Weg stehen, hindern	60
obtinēre	innehaben, besetzt halten	53
occidere, óccidō, óccidī, (occasūrus)	untergehen; umkommen, sterben	26
occīdere, occīdō, occīdī, occīsum	niederschlagen, töten	44
occultus, -a, -um	verborgen, geheim	43
occupāre	einnehmen, besetzen; beschäftigen	39
occurrere, occurrō, occurrī, occursum	entgegenlaufen, entgegentreten, begegnen	38, 53
oculus, -ī *m*	das Auge	14
ōdisse	hassen	80
odium, -ī *n*	der Hass	37
odor, odōris *m*	der Geruch; der Duft; der Gestank	62
offerre, offerō, obtulī, oblātum	entgegenbringen, anbieten	76
officium, -ī *n*	der Dienst, die Pflicht	23
ōmen, ōminis *n*	das Vorzeichen	46
omittere, omittō, omīsī, omissum	übergehen, außer Acht lassen	75
omnīnō	insgesamt, überhaupt, völlig	37
omnis, omne	jeder; all; ganz	20
omnia, -ium *n (Pl.)*	alles	20
onus, oneris *n*	die Last	21
opīniō, opīniōnis *f*	die Meinung; die Erwartung	68
opīniōne celerius	schneller als erwartet, unerwartet schnell	68
oportet, oportuit	es gehört sich, man muss	61
oppidum, -ī *n*	die Stadt, die Befestigung	26
opprimere, opprimō, oppressī, oppressum	überfallen, überwältigen, niederwerfen; unterdrücken	44

oppūgnāre	angreifen	51
ops, opis *f*	die Hilfe, die Kraft	59
opēs, opum *f (Pl.)*	der Reichtum, die Macht	59
optāre	wünschen	53
opus, operis *n*	das Werk, die Arbeit, die Tätigkeit	25
opus est *(m. Abl.)*	es ist nötig; jmd. braucht, benötigt *(etw.)*	19
ōrāre	bitten, beten	77
ōrātiō, ōrātiōnis *f*	die Rede	19
ōrātiōnem habēre	eine Rede halten	19
orbis, orbis ***m***	der Kreis, die Scheibe	18
orbis terrārum	der Erdkreis	18
ōrdō, ōrdinis ***m***	die Ordnung, die Reihe, der (gesellschaftliche) Stand	37
ex ōrdine	der Reihe nach	37
orīgō, orīginis *f*	der Ursprung, die Abstammung	31
ōrnāre	schmücken; ausstatten	6
ōrnāmentum, -ī *n*	das Schmuckstück, der Schmuck	18
ōs, ōris *n*	der Mund, das Gesicht	42
ōsculum, -ī *n*	der Kuss	66
ostendere, ostendō, ostendī, –	zeigen, erklären, offenbaren	61
ōtium, -ī *n*	die Freizeit	7
ōtiō sē dare	seine Freizeit genießen	7

P

pācāre	befrieden, unterwerfen	74
paene	beinahe, fast	7
palam	öffentlich, offenkundig	78
palūs, palūdis *f*	der Sumpf	74
pār; *Gen.* paris	gleich, ebenbürtig	54
parāre	bereiten; vorbereiten; erwerben; *(m. Inf.)* vorhaben, sich anschicken	6
parcere, parcō, pepercī, – *(m. Dat.)*	schonen, sparen	29
parcus, -a, -um	sparsam, genügsam	59
parentēs, parent(i)um *m*	die Eltern	52
pārēre, pareō, paruī, –	gehorchen, folgen	5
parere, pariō, peperī, partum	zur Welt bringen, erzeugen; erringen, erwerben	52
pariter	in gleicher Weise	79
pariter atque / pariter ac	in gleicher Weise wie	79
pars, partis *f*	der Teil; die Richtung	18
parvus, -a, -um	klein	57
pater, patris *m*	der Vater	15
patēre, pateō, patuī, –	offenstehen	2
patrēs (cōnscrīptī), patrum (cōnscrīptōrum) *m*	die Senatoren	68
patria, -ae *f*	das Vaterland, die Heimat	31
patrius, -a, -um	väterlich, heimisch	77
paucī, -ae, -a	wenige	32
paulātim	allmählich	6
paulisper	ein Weilchen, kurze Zeit	62
paulō	ein wenig, ein bisschen	67
paulō post	ein wenig später	58
pauper; *Gen.* pauperis	arm	36
pāx, pācis *f*	der Friede	34
pectus, pectoris *n*	die Brust, das Herz	51
pecūnia, -ae *f*	das Geld	9
pecus, pecoris *n*	das Vieh; *Pl.* die Viehherde	39
pellere, pellō, pepulī, pulsum	schlagen, stoßen; treiben, vertreiben	45
pellis, pellis *f*	das Fell, das Vlies	42
pendēre, pendeō, pependī, –	hängen, schweben	29
pendēre (ē)	abhängen *(von)*	29
per *(m. Akk.)*	durch (… hindurch); über	8
perdere, perdō, perdidī, perditum	zugrunde richten, umbringen; verlieren	42
perferre, perferō, pertulī, perlātum	überbringen; ertragen	76
perfidus, -a, -um	treulos, untreu	52
pergere, pergō, perrēxī, perrēctum	fortfahren *(zu tun)*, fortsetzen; aufbrechen	50
perīculum, -ī *n*	die Gefahr	5
perīre, pereō, periī, –	zugrunde gehen, umkommen	57
perītus, -a, -um *(m. Gen.)*	erfahren, kundig *(in)*	31
permittere, permittō, permīsī, permissum	erlauben, überlassen	49
permovēre, permoveō, permōvī, permōtum	bewegen, beunruhigen, veranlassen	51
odiō permōtus	aus Hass	51
perniciēs, perniciēī *f*	das Verderben, der Untergang	30
perpetuus, -a, -um	ununterbrochen, ewig	51
perspicere, perspiciō, perspexī, perspectum	durchschauen, untersuchen, erkennen	71
persuādēre, persuādeō, persuāsī, persuāsum *(m. Dat.)*	überreden *(m.* ut*)*; überzeugen *(m. AcI)*	67
perterrēre	*(jmd.)* heftig erschrecken	64
pertinēre	sich erstrecken, sich beziehen	53
perturbāre	durcheinanderbringen, verwirren, stören	70
pervenīre, perveniō, pervēnī, perventum	kommen zu / nach, gelangen	28, 48
pēs, pedis ***m***	der Fuß	28
petere, petō, petīvī, petītum	bitten; erstreben; aufsuchen; angreifen	16, 24, 49
pietās, pietātis *f*	die Frömmigkeit; das Pflichtgefühl	16
piscis, piscis ***m***	der Fisch	78
pius, -a, -um	fromm; verantwortungsbewusst, pflichtbewusst	28
placēre	gefallen	2
placet *(m. Inf.)*	es gefällt zu …	5
placidus, -a, -um	sanft, ruhig, friedlich	79

plēnus, -a, -um *(m. Gen.)*	voll	58
plērīque, plēraeque, plēraque	die meisten, sehr viele	57
plērumque	meistens	71
poena, -ae *f*	die Strafe	30
pōnere, pōnō, posuī, positum	setzen, stellen, legen	33, 42
spem in amīcīs pōnere	die Hoffnung auf die Freunde setzen	33
pōns, pontis ***m***	die Brücke	66
populus, -ī *m*	das Volk	13
porta, -ae *f*	die Tür, das Tor	1
portāre	tragen, bringen	4
portus, portūs *m*	der Hafen	48
pōscere, pōscō, popōscī, –	fordern	44
posse, possum, potuī, –	können; vermögen	8, 25
possidēre, possideō, possēdī, possessum	besitzen	23, 30, 51
post *(m. Akk.)*	nach; hinter	8
posteā	nachher, später	24
posterus, -a, -um	der nachfolgende, der nächste	44
posterī, -ōrum *m (Pl.)*	die Nachkommen	28
postquam *(m. Ind. Perf.)*	nachdem	31
postrēmō	schließlich, zuletzt	39
pōstulāre	fordern, verlangen	41
potēns; *Gen.* potentis	mächtig	38
potentia, -ae *f*	die Macht	59
potestās, potestātis *f*	die Macht, die Gewalt, die Amtsgewalt	54
potius	eher, lieber	52
praebēre	darreichen, gewähren	28
sē praebēre *(m. Akk.)*	sich erweisen *(als)*	36
praeceps; *Gen.* praecipitis	Hals über Kopf, überstürzt	38
praeceptum, -ī *n*	die Vorschrift, die Lehre	72
praecipere, praecipiō, praecēpī, praeceptum	vorwegnehmen; vorschreiben, lehren	72
praecipitāre	(kopfüber) stürzen	7
praeclārus, -a, -um	vortrefflich, ausgezeichnet	47
praeda, -ae *f*	die Beute, die Kriegsbeute	55
praedicāre	rühmen, verkünden	79
praeferre, praeferō, praetulī, praelātum	vorziehen; zeigen, an den Tag legen	76
praemium, -ī *n*	die Belohnung	39
praesēns; *Gen.* praesentis	anwesend	49
praesidium, -ī *n*	der Schutz, die Schutztruppe; die Besatzungstruppe	57
praestāre, praestō, praestitī, (praestātūrus)	*(m. Dat.)* übertreffen; *(m. Akk.)* erfüllen, erweisen	53
sē praestāre *(m. Akk.)*	sich erweisen *(als)*	53

praetereā	außerdem	39
praeterīre, praetereō, praeteriī, praeteritum *(m. Akk.)*	vorübergehen, vorbeigehen; verstreichen	57
precēs, precum *f (Pl.)*	die Bitten	41
prehendere, prehendō, prehendī, prehēnsum	ergreifen	78
premere, premō, pressī, pressum	drücken, unterdrücken, bedrängen	38, 44
pretium, -ī *n*	der Lohn; der Preis	20
prīmō	zuerst	16
prīmum	erstens, zuerst, zum ersten Mal	69
prīnceps, prīncipis ***m***	der Erste, der führende Mann; der Kaiser	69
prīstinus, -a, -um	der frühere, der ehemalige	69
prīvāre *(m. Abl.)*	*(einer Sache)* berauben	14
prō *(m. Abl.)*	vor; für; statt	79
probāre	billigen, gutheißen; prüfen	4
probus, -a, -um	anständig, gut; tüchtig	23
prōcēdere, prōcēdō, prōcessī, prōcessum	vorwärtsschreiten, vorrücken; Fortschritte machen	43
procul	in die Ferne, fern, aus der Ferne	20
prōdere, prōdō, prōdidī, prōditum	verraten, preisgeben; überliefern	74
prōdīre, prōdeō, prōdiī, prōditum	vortreten, auftreten	60
proelium, -ī *n*	die Schlacht, das Gefecht	58
profectō	in der Tat, tatsächlich	7
prohibēre	abhalten, hindern, verhindern	17
proinde	deshalb; ebenso	78
prōmittere, prōmittō, prōmīsī, prōmissum	versprechen	22, 27, 45
prope *(Adv.)*	nahe, in der Nähe	54
prope *(m. Akk.)*	nahe bei, in der Nähe von	54
properāre	eilen, sich beeilen	3
propinquus, -a, -um	nahe, benachbart; *Subst.* der Verwandte	64
propius	näher	72
propter *(m. Akk.)*	wegen	9
prosper, prospera, prosperum	günstig, segensreich	63
prōspicere, prōspiciō, prōspexī, prōspectum	*(m. Dat.)* sorgen für; *(m. Akk.)* vor sich erblicken; vorhersehen	77
prōtegere, prōtegō, prōtēxī, prōtēctum	bedecken, schützen	45
prōtinus	sofort, auf der Stelle	78
prōvidēre, prōvideō, prōvīdī, prōvīsum	*(m. Dat.)* sorgen für; *(m. Akk.)* vorhersehen	29, 45
prōvidēre, ut	dafür sorgen, dass	70
proximus, -a, -um	der nächste	67
prūdēns; *Gen.* prūdentis	klug	20
prūdentia, -ae *f*	die Klugheit	58

pūblicus, -a, -um	öffentlich, staatlich	30
pudor, pudōris *m*	die Scham, die Keuschheit; der Anstand	49
puella, -ae *f*	das Mädchen	6
puer, puerī *m*	der Junge	14
pūgna, -ae *f*	der Kampf, die Schlacht	43
pūgnāre	kämpfen	37
pulcher, pulchra, pulchrum	schön	14
pulchritūdō, pulchritūdinis *f*	die Schönheit	47
pūnīre	strafen, bestrafen	10
putāre	glauben, meinen; *(m. dopp. Akk.)* halten für	25, 36

Q

quaerere, quaerō, quaesīvī, quaesītum	suchen; fragen	12, 24, 51
ex amīcō quaerere	den Freund fragen	12
quaesō / quaesumus	(ich) bitte / wir bitten	69
quālis, quāle	welch, von welcher Art, wie *(beschaffen)*	48
quam *(bei Adj.)*	wie	36
quam *(nach dem Komparativ)*	als	62
quam *(vor dem Superlativ)*	möglichst	64
quamobrem	weswegen?, deswegen *(rel. Satzanschluss)*	66
quamquam	obwohl	6
quamvīs	wenn auch; wenn auch noch so	80
quandō?	wann?	24
quantopere	wie sehr	41
quantus, -a, -um	wie groß	42
quārē	weswegen?, deswegen *(rel. Satzanschluss)*	66
quasi	wie; gleichsam als	17
-que *(angehängt)*	und	11
quemadmodum	auf welche Weise, wie	26
quī, quae, quod	der, die, das; welcher, welche, welches	22
quia	weil	31
quīcumque, quaecumque, quodcumque	wer auch immer; jeder, der; *m / f Pl.* alle, die; *n Pl.* alles, was	74
quid?	was?	4
quīdam, quaedam, quoddam *(adj.)*; *quīdam, quaedam quiddam (subst.)*	ein gewisser, *Pl.* einige; *(abschwächend)* eine Art von, *(verstärkend)* geradezu	72
quidem	zwar, wenigstens, freilich	8
quiēscere, quiēscō, quiēvī, –	ruhen, sich ausruhen	38
quis?	wer?	7
quisque; *Gen.* cuiusque	jeder	80
quisquis, quidquid	wer auch immer; jeder, der	74
quōquō modō	auf welche Weise auch immer, auf jede Weise	74
quō	wohin; wodurch; dorthin; dadurch *(rel. Satzanschluss)*; *(m. Konj.)* damit umso	78
quod	weil	6
quod	dass	63
bene ēvenit, quod	es trifft sich gut, dass	63
bene / male facere, quod	gut / schlecht daran tun, dass	63
quondam	einmal, einst	23
quoniam	da ja, da nun	68
quoque *(nachgestellt)*	auch	8
quot *(indekl.)*	wie viele	48
quotiēns	wie oft	48

R

radius, -ī *m*	der Strahl	64
rapere, rapiō, rapuī, raptum	rauben; mit sich reißen	45
rārus, -a, -um; *Adv.* rārō	selten, vereinzelt	70
ratiō, ratiōnis *f*	die Vernunft; die Art und Weise; die Berechnung, die Überlegung	61
recēns; *Gen.* recentis	frisch, jung, neu	45
recipere, recipiō, recēpī, receptum	zurücknehmen, aufnehmen	29, 52
sē recipere	sich zurückziehen	29
recitāre	vorlesen, vortragen	10
rēctus, -a, -um	richtig; gerade	67
recūsāre	verweigern, sich weigern	5
reddere, reddō, reddidī, redditum	zurückgeben; *(m. dopp. Akk.)* machen zu	46
redīre, redeō, rediī, reditum	zurückgehen, zurückkehren	57
reditus, reditūs *m*	Rückkehr	37
redūcere, redūcō, redūxī, reductum	zurückführen	43
regere, regō, rēxī, rēctum	lenken, leiten; herrschen	13, 32, 44
rēgīna, -ae *f*	die Königin	51
regiō, regiōnis *f*	das Gebiet, die Gegend; die Richtung	23
rēgius, -a, -um	königlich	66
(domus) rēgia *f*	der Königspalast	66
rēgnum, -ī *n*	die Herrschaft, die Königsherrschaft; das Reich	39
religiō, religiōnis *f*	die Götterverehrung, die religiöse Scheu	50
relinquere, relinquō, relīquī, relictum	verlassen, zurücklassen	12, 32, 48
reliquus, -a, -um	übrig	60
remanēre, remaneō, remānsī, (remānsūrus)	zurückbleiben	77
remittere, remittō, remīsī, remissum	zurückschicken; nachlassen, erlassen	78

repellere, repellō, reppulī, repulsum	zurückstoßen, abwehren, vertreiben	73
repente	plötzlich	54
reperīre, reperiō, répperī, repertum	finden, wiederfinden	30, 46
reprehendere, reprehendō, reprehendī, reprehēnsum	tadeln, kritisieren	68
rēs, reī *f*	die Sache, das Ding; die Angelegenheit	30
rēs adversae, rērum adversārum *f (Pl.)*	das Unglück	30
rēs dīvīnae, rērum dīvīnārum *f (Pl.)*	die Kulthandlung, die Opferhandlung	31
rēs gestae, rērum gestārum *f (Pl.)*	die Taten; die Geschichte	47
rēs pūblica, reī pūblicae *f*	der Staat	30
resistere, resistō, restitī, –	sich widersetzen, Widerstand leisten	56
respicere, respiciō, respexī, respectum	zurückblicken auf, berücksichtigen	59
respondēre, respondeō, respondī, respōnsum	antworten	14, 27, 52
restāre, restō, restitī, –	übrig bleiben; Widerstand leisten	39
restituere, restituō, restituī, restitūtum	wiederherstellen	26, 47
retinēre	zurückhalten, behalten	59
rēx, rēgis ***m***	der König	33
rīdēre, rīdeō, rīsī, rīsum	lachen; auslachen	2, 32, 48
rīpa, -ae *f*	das Ufer	66
rogāre	fragen; bitten	4
Romāna, -ae *f*	die Römerin	1
Romānus, -ī *m*	der Römer	1
ruere, ruō, ruī, –	stürzen, sich stürzen, eilen; einstürzen	27
rūrsus	wieder; zurück	66

S

sacer, sacra, sacrum	heilig	15
sacerdōs, sacerdōtis *m / f*	der Priester / die Priesterin	30
sacrificāre	opfern	7
sacrificium, -ī *n*	das Opfer	77
sacrum, -ī *n*	das Opfer	15
saeculum, -ī *n*	das Jahrhundert, das Zeitalter	34
saepe	oft	39
saevus, -a, -um	wild, grimmig	42
sagitta, -ae *f*	der Pfeil	42
sagittās mittere	Pfeile schießen / abschießen	42
salīre, saliō, saluī, –	springen	8, 34
salūs, salūtis *f*	die Rettung; das Wohlergehen; der Gruß	16
salūtem fugā petere	das Heil in der Flucht suchen	16
salūtāre	grüßen, begrüßen	24
salvē!	sei gegrüßt!	1
salvēte!	seid gegrüßt!	1
salvus, -a, -um	heil, unversehrt	46
sānctus, -a, -um	heilig, geweiht	75
sanguis, sanguinis ***m***	das Blut	42
sapiēns; *Gen.* sapientis	weise; *Subst.* der Weise	62
sapientia, -ae *f*	die Weisheit	63
satis / sat	genug	70
saxum, -ī *n*	der Fels, der Felsbrocken, der Stein	26
scelerātus, -ī *m*	der Verbrecher	9
scelus, sceleris *n*	das Verbrechen; der Frevel	21
scīre	wissen, kennen	3
scrībere, scrībō, scrīpsī, scrīptum	schreiben	19, 25, 46
secāre, secō, secuī, sectum	schneiden; abschneiden, abtrennen	42
secundus, -a, -um	der zweite, günstig	39
sed	aber, doch, jedoch; sondern	2
sedēre, sedeō, sēdī, sessum	sitzen, dasitzen	13, 30, 51
sēdēs, sēdis *f*	der Sitz, der Wohnsitz	51
sēditiō, sēditiōnis *f*	der Zwist; der Aufstand	74
semper	immer	3
senātor, senātōris *m*	der Senator	15
senātus, senātūs *m*	der Senat	70
senex, senis ***m***	der alte Mann, der Greis	31
sēnsus, sēnsūs *m*	der Sinn, das Gefühl, die Empfindung	63
sententia, -ae *f*	der Satz; der Sinnspruch; die Meinung	47
sententiā omnium	nach Meinung aller	47
sentīre, sentiō, sēnsī, sēnsum	fühlen, spüren; meinen	25, 54
sēparāre	trennen, abtrennen	10
sepelīre, sepeliō, sepelīvī, sepultum	bestatten	73
sermō, sermōnis ***m***	das Gespräch; die Sprache	33
serva, -ae *f*	die Dienerin, die Sklavin	1
servāre	retten; bewahren, beschützen	4
servīre	dienen, Sklave sein	74
servitūs, servitūtis *f*	die Sklaverei, die Knechtschaft	20
servus, -ī *m*	der Diener, der Sklave	1
sī	wenn, falls	9
sīc	so, auf diese Weise	11
sīcut	ebenso wie	51
sīdus, sīderis *n*	der Stern, das Sternbild	64
sīgnum, -ī *n*	das Zeichen; die Statue	14
silentium, -ī *n*	das Schweigen, die Stille	14
silva, -ae *f*	der Wald	38
similis, simile	ähnlich	47
simplex; *Gen.* simplicis	einfach	53
simulācrum, -ī *n*	das Bild, das Trugbild; das Götterbild, die Götterstatue	49

simulāre	vortäuschen, heucheln	31
sīn (autem)	wenn aber	63
sine *(m. Abl.)*	ohne	10
sinere, sinō, sīvī, situm	lassen, zulassen, erlauben	52
singulı, -orum m. *(Pl.)*	einzeln, je ein	34
sinister, sinistra, sinistrum	links	47
sistere, sistō, stitī, –	stehen, stehen bleiben; hinstellen	13, 27
situs, -a, -um	gelegen	74
sīve … sīve …	sei es (, dass) … oder (dass …)	61
socius, -ī *m*	der Gefährte, der Kamerad; der Bundesgenosse	10
sōl, sōlis ***m***	die Sonne	48
sōlācium, -ī *n*	der Trost	75
sollicitāre	beunruhigen, erregen	22
sōlum	nur, bloß, einzig, allein	3
nōn sōlum …, sed etiam …	nicht nur …, sondern auch …	3
sōlus, -a, -um	allein	21
solvere, solvō, solvī, solūtum	lösen, losbinden; befreien; zahlen	38, 54
nāvem solvere	in See stechen, den Anker lichten	38
somnus, -ī *m*	der Schlaf	36
soror, sorōris *f*	die Schwester	72
sors, sortis *f*	das Los, das Schicksal, der Orakelspruch	23
spargere, spargō, sparsī, sparsum	streuen, ausstreuen	44
spatium, -ī *n*	der Raum; der Zeitraum	60
speciēs, -ēī *f*	der Anblick, das Aussehen, der Schein	36
spectāre	schauen, anschauen, betrachten	3
spērāre	hoffen, erhoffen	68
spernere, spernō, sprēvī, sprētum	verschmähen, verachten	49
spēs, speī *f*	die Hoffnung, die Erwartung	33
spīritus, spīritūs *m*	der Atem; das Leben, der Lebensgeist	50
spoliāre *(m. Abl.)*	berauben *(einer Sache)*	55
sponte meā (tuā, suā; nostrā, vestrā, suā)	von selbst, freiwillig, auf eigenen Entschluss	52
stāre, stō, stetī, (stātūrus)	stehen, dastehen	2, 27
statim	sofort, auf der Stelle	11
statuere, statuō, statuī, statūtum	aufstellen; festsetzen; beschließen	23, 27, 47
stringere, stringō, strīnxī, strictum	zücken; zusammenschnüren	65
studēre *(m. Dat.)*	sich bemühen *(um)*; streben nach; wollen; sich *(wissenschaftlich)* beschäftigen mit	7
studiōsus, -a, -um *(m. Gen.)*	bemüht *(um)*; eifrig	49
stultus, -a, -um	dumm	37
stupēre, stupeō, stupuī, –	starr sein; stutzen, staunen	64
suādēre, suādeō, suāsī, suāsum	raten, empfehlen	45
sub *(m. Abl.)*	unter *(wo?)*	34
subdūcere, subdūcō, subdūxī, subductum	an Land ziehen; stehlen	64
subicere, subiciō, subiēcī, subiectum	unterwerfen	58
subīre, subeō, subiī, subitum	auf sich nehmen	58
subitō	plötzlich	3
succurrere, succurrō, succurrī, succursum	zu Hilfe eilen	12, 31, 53
sūmere, sūmō, sūmpsī, sūmptum	nehmen	12, 33, 55
summus, -a, -um	der höchste, der oberste; der letzte	29
sūmptus, sūmptūs *m*	der Aufwand	46
superāre	überwinden; besiegen; übertreffen	8
superbia, -ae *f*	der Hochmut, der Stolz, die Überheblichkeit	40
superbus, -a, -um	hochmütig, stolz	13
superesse, supersum, superfuī, –	übrig sein; überleben; im Überfluss vorhanden sein	73
supplex; *Gen.* supplicis	demütig, flehentlich	36
supplicium, -ī *n*	das flehentliche Bitten; die Strafe, die Todesstrafe	80
surgere, surgō, surrēxī, surrēctum	aufstehen, sich erheben	44
suscipere, suscipiō, suscēpī, susceptum	auf sich nehmen, unternehmen	23, 28, 52
suspīciō, -ōnis *f*	der Verdacht, die Vermutung	40
sustinēre, sustineō, sustinuī, sustentum	aushalten, ertragen	20
suus, -a, -um	sein, ihr	28
sua, -ōrum *n (Pl.)*	das Seine / das Ihre	28
suī, -ōrum *m (Pl.)*	die Seinen / die Ihren	28

T

taberna, -ae *f*	die Taverne, die Imbissbude; der Laden	8
tacēre	still sein, schweigen	9
tacitus, -a, -um	still, stumm, verschwiegen	19
taedium, -ī *n*	der Ekel, der Überdruss	68
tālis, tāle	solch, von solcher Art, so (beschaffen)	46
tam *(bei Adj.)*	so	48
tamen	dennoch, jedoch	24
tamquam	so wie, gleichsam als ob	72
tandem	endlich, schließlich	2
	(im Fragesatz) denn?	70
tangere, tangō, tetigī, tāctum	berühren; erreichen	51
tantopere	so sehr	54
tantum	nur	74

tantus, -a, -um	so groß	47
taurus, -ī *m*	der Stier	41
tēctum, -ī *n*	das Dach, das Haus	29
tegere, tegō, tēxī, tēctum	bedecken, schützen, verbergen	23, 33, 45
tēlum, -ī *n*	das Geschoss; das Wurfgeschoss, der Pfeil	60
temperantia, -ae *f*	das Maßhalten, die Besonnenheit	70
temperāre	*(m. Dat.)* mäßigen; schonen; *(m. Akk.)* mischen; ordnen	71
temperāre *(ā)*	sich fernhalten *(von)*	71
tempestās, tempestātis *f*	das Unwetter, das Gewitter	27
temptāre	versuchen, auf die Probe stellen; betasten; angreifen	63
tempus, temporis *n*	die Zeit; *Pl.* die Zeitumstände	21
tendere, tendō, tetendī, tentum	spannen, strecken, richten	40, 47
tenebrae, -ārum *f (Pl.)*	die Dunkelheit, die Finsternis	27
tenēre	halten, festhalten	9
terere, terō, trīvī, trītum	reiben, abreiben; verbringen, vergeuden	71
tergum, -ī *n*	der Rücken	49
ā tergō	von hinten	49
terra, -ae *f*	das Land; die Erde	21
terrā marīque	zu Wasser und zu Lande	21
terrēre	*(jmd.)* erschrecken	42
terribilis, terribile	schrecklich	41
terror, terrōris *m*	der Schrecken, die Angst	29
testimōnium, -ī *n*	die Zeugenaussage, der Beweis	10
testis, testis ***m***	der Zeuge	31
timēre, timeō, timuī, –	fürchten, sich fürchten	5
timor, timōris *m*	die Angst, die Furcht	25
tollere, tollō, sustulī, sublātum	hochheben, aufheben; beseitigen, wegnehmen	34, 50
torquēre, torqueō, torsī, tortum	drehen; schleudern; foltern	64
tot *(indekl.)*	so viele	47
totiēns	so oft	48
tōtus, -a, -um	ganz	34
trādere, trādō, trādidī, trāditum	übergeben; überliefern	22, 26, 53
trādūcere, trādūcō, trādūxī, trāductum	hinüberführen	32, 54
trahere, trahō, trāxī, tractum	ziehen, zerren, schleppen	67
trāns *(m. Akk.)*	über ... hinüber; jenseits	74
trānsīre, trānseō, trānsiī, trānsitum *(m. Akk.)*	hinübergehen, überschreiten	58
tribuere, tribuō, tribuī, tribūtum	zuteilen	15, 27, 54
tribūtum, -ī *n*	die Steuer, die Abgabe	76
trīstis, trīste	traurig	20
triumphus, -ī *m*	der Triumph, der Triumphzug	5
tū	du	1
tum	dann, darauf; da; damals	2
tunc	dann, darauf; da; damals	64
turba, -ae *f*	die Menge; das Durcheinander; der Lärm	5
turbāre	durcheinander bringen, verwirren, stören	43
turpis, turpe	hässlich, schändlich	55
turris, turris *f*	der Turm	18
tūtus, -a, -um	sicher, geschützt	26
tuus, -a, -um	dein	13
tua, -ōrum *n (Pl.)*	das Deine	28
tuī, -ōrum *m (Pl.)*	die Deinen	28

U

ubī?	wo?	2
ubī *(Subj.)*	sobald	31
ubīque	überall	50
ultimus, -a, -um	der letzte, der entfernteste	55
ultrō	freiwillig; sogar, noch dazu	40
umbra, -ae *f*	der Schatten	9
umerus, -ī *m*	die Schulter	44
umquam	jemals	73
ūnā	zusammen	78
unda, -ae *f*	die Welle, die Woge	39
unde?	woher?	19
undique	von überall her, von allen Seiten	12
ūniversus, -a, -um	all, ganz, sämtlich	75
ūnus, -a, -um	ein(er), ein einziger	34
ūnusquisque	jeder Einzelne	80
urbs, urbis *f*	die Stadt, die Großstadt	18
ūsque ad	bis nach, bis zu	72
ūsus, ūsūs *m*	der Gebrauch, der Nutzen	52
ut	wie	13
ut *(m. Ind.)*	sobald	31
ut *(m. Konj.)*	dass; sodass; damit	53; 54
uterque, utraque, utrumque	jeder von beiden, beide	63
ūtilis, ūtile	nützlich	20
utinam	*(erfüllbar)* hoffentlich; *(unerfüllbar)* wenn doch	71
utrum ... an ...? *(direkte Frage)*	... oder ...?	26
(utrum) ... *an ... (indirekte Frage)*	ob ... oder ...	69
uxor, uxōris *f*	die Ehefrau	17

V

valdē	sehr	9
valēre	gesund sein; gelten, Einfluss haben	19
valē! / valēte!	leb wohl! / lebt wohl!	19
varius, -a, -um	vielfältig, verschieden, bunt	67
vāstus, -a, -um	wüst, weit, unermesslich	59
vehemens; *Gen.* vehementis	heftig, nachdrücklich	61
vel	oder	52
velle, volō, voluī, –	wollen	33

vēlum, -ī *n*	das Tuch; das Segel; der Vorhang	64
velut	wie, wie zum Beispiel	60
vendere, vendō, vendidī, venditum	verkaufen	75
venia, -ae *f*	die Nachsicht, die Verzeihung	30
venīre, veniō, vēnī, ventum	kommen	2, 26, 43
ventus, -ī *m*	der Wind	39
verbum, -ī *n*	das Wort	8
vērō	wirklich; aber; jawohl	68
vertere, vertō, vertī, versum	drehen, wenden	14, 30, 50
vērus, -a, -um	echt, richtig, wahr	34
vester, vestra, vestrum	euer	14
vestīgium, -ī *n*	die Spur	3
vestis, vestis *f*	das Kleid, die Kleidung	42
vetāre, vetō, vetuī, vetitum	verbieten	19, 34, 55
vetus; *Gen.* veteris	alt	36
vexāre	quälen	6
via, -ae *f*	der Weg, die Straße	34
victor, victōris *m*	der Sieger	41
victōria, -ae *f*	der Sieg	5
vīcus, -ī *m*	das Dorf; die Gasse	70
vidēre, videō, vīdī, vīsum	sehen	4, 26, 45
vigilia, -ae *f*	die Nachtwache, die Wache	68
vincere, vincō, vīcī, victum	siegen, besiegen	12, 26, 42
vinculum, -ī *n*	die Fessel	47
in vincula conicere	in Fesseln legen / ins Gefängnis werfen	47
vindicāre	beanspruchen; befreien, retten; bestrafen	32
vīnum, -ī *n*	der Wein	6
violāre	verletzen, entehren	30
vir, virī *m*	der Mann	14
virgō, virginis *f*	die junge Frau, das Mädchen	17
virtus, virtūtis *f*	die Tugend; die Tapferkeit; die Tüchtigkeit; *Pl.* die guten Taten; die guten Eigenschaften	43
vīs, –, –, vim, vī *f*	die Kraft, die Gewalt; die Menge	18
Pl. vīrēs, vīrium *f*	*Pl. auch* die Streitkräfte	18
vīsere, vīsō, vīsī, –	besuchen, besichtigen	54
vīsitāre	besuchen	4
vīta, -ae *f*	das Leben	16
vīvere, vīvō, vīxī, (vīctūrus)	leben	17, 33
vix	kaum, mit Mühe	13
vocāre	rufen; *(m. dopp. Akk.)* nennen, benennen, bezeichnen als	4, 36
voluntās, voluntātis *f*	der Wille	16
volvere, volvō, volvī, volūtum	wälzen, rollen; überlegen	50
vōs	*Nom.* ihr; *Akk.* euch	12
vōx, vōcis *f*	die Stimme; das Wort	17
māgnā vōce	mit lauter Stimme	17
vulgus, -ī ***n***	das Volk, die Volksmasse	72
vulnerāre	verwunden	42
vulnus, vulneris *n*	die Wunde	42
vultus, vultūs *m*	die Miene, der Gesichtsausdruck; *Pl.* die Gesichtszüge	47

Leicht erschließbare Vokabeln

apostolus, -ī *m*	der Apostel
architectus, -ī *m*	der Architekt
barbarus, -ī *m*	der Barbar
bestia, -ae *f*	das (wilde) Tier
centuriō, centuriōnis ***m***	der Zenturio
cōmoedia, -ae *f*	die Komödie
cōnsul, cōnsulis ***m***	der Konsul
corbis, corbis *f*	der Korb
cūria, -ae *f*	die Kurie *(Versammlungsort des Senats)*
evangelium, -ī *n*	das Evangelium, die frohe Botschaft
fēriae, -ārum *f (Pl.)*	die Ferien
flamma, -ae *f*	die Flamme
geōmetricus, -a, -um	geometrisch
gladiātor, gladiātōris *m*	der Gladiator
labýrinthus, -ī *m*	das Labyrinth
lyra, -ae *f*	die Lyra, die Laute
māchina, -ae *f*	die Maschine
marmoreus, -a, -um	marmorn, aus Marmor
mausōlēum, -ī *n*	das Mausoleum *(prächtiges Grabmal)*
metallum, -ī *n*	das Metall
mōnstrum, -ī *n*	das Monster
obeliscus, -ī *m*	der Obelisk
Olympius, -a, -um	olympisch
ōrāculum, -ī *n*	das Orakel
paradisus, -ī *m*	das Paradies
pestis, pestis *f*	die Pest, die Seuche, das Unglück
pīrāta, -ae ***m***	der Seeräuber, der Pirat
philosophia, -ae *f*	die Philosophie
philosophus, -ī *m*	der Philosoph
poēta, -ae ***m***	Dichter, Poet
prōvincia, -ae *f*	die Provinz
spectāculum, -ī *n*	das Spektakel, das Schauspiel
statua, -ae *f*	die Statue
templum, -ī *n*	der Tempel
thermae, -ārum *f (Pl.)*	die Thermen
toga, -ae *f*	die Toga
tragoedia, -ae *f*	die Tragödie
trānsportāre	transportieren
tumultus, tumultūs *m*	der Tumult, der Aufruhr
tyrannus, -ī *m*	der Tyrann
versus, versūs *m*	der Vers
veterānus, -ī *m*	der Veteran, der altgediente Soldat
vīlla, -ae *f*	die Villa

Bildquellenverzeichnis

Seite 13: akg-images;
Seite 17: Robert Day, Birds.Barks.Bones. (The Opera Group, 2004);
Seite 19: Evi Fylaktou;
Seite 21: bpk (RMN / Hervé Lewandowski);
Seite 23: akg-images;
Seite 29: akg-images (Peter Conolly);
Seite 35: Gabinetto fotografico Soprintendenza Speciale per il Patrimonio Storico, Artistico ed Etnoantropologico e per il Polo Museale della città di Firenze;
Seite 39: akg-images (HBO / Album);
Seite 41.1: akg-images (Werner Forman); 41.2: akg-images; 41.3: akg-images (20th Century Fox / Album);
41.4: Image Foundry Studios;
Seite 43: ullstein bild (AISA);
Seite 45: akg-images;
Seite 47: akg-images (Erich Lessing);
Seite 51: Fotolia.com;
Seite 59.1: akg-images (Erich Lessing); 59.2: akg-images (Nimatallah);
Seite 61: Aquarell von Jean-Claude Golvin – Editions Errance;
Seite 65: akg-images (Hervé Champollion);
Seite 67.1: akg-images (Werner Forman); 67.2: iStockphoto.com (Martyn Unsworth);
Seite 69: ullstein bild (Spiegel);
Seite 71.1: Deutsche Bundesbank;
Seite 71.2: akg-images (Dreamworks / Universal Pictures);
Seite 73: akg-images (M.G.M. / Album);
Seite 79: ZDF / Peter Arens;
Seite 81.1: Südtor der Saalburg © Deutsche Limeskommission, Ausgrabung „Principia Aalen" © Landesamt für Denkmalpflege im Regierungspräsidium Stuttgart, Limeskarte © Deutsche Limeskommission, Graphik: M. Horn;
81.2: www.taunus-wetterau-limes.de;
Seite 83: Heinz Hermann Maria Hoppe;
Seite 87: Franz Josef Mertens;
Seite 91: akg-images;
Seite 93.1: ZDF / Martin Christ; 93.2: ZDF / Martin Christ; 93.3: ZDF / Martin Christ;
Seite 95: akg-images;
Seite 105: Photo Scala, Florence, 2009;
Seite 107: akg-images;
Seite 111: Sammlung museumgoudA, Gouda, Niederlande (Foto: Tom Haartsen);
Seite 115.1: ddp; 115.2: akg-images;
Seite 116: Punch Ltd., www.punch.co.uk;
Seite 117: akg-images.

Trotz entsprechender Bemühungen ist es nicht in allen Fällen gelungen, den Rechtsinhaber ausfindig zu machen. Gegen Nachweis der Rechte zahlt der Verlag für die Abdruckerlaubnis die gesetzlich geschuldete Vergütung.

Textquellenverzeichnis

S. 41: Carlo Maria Franzero: Kleopatra. Ihr Leben und ihre Zeit. Ins Deutsche übertragen von Richard Maurice Baring. München: Winkler Verlag, 1957. S. 11 f.;
S. 49: Robert Harris: Imperium. Ins Deutsche übertragen von Wolfgang Müller. München: Heyne Verlag, 2006, S. 27–29;
S. 59: Horaz, Carmina IV 15,4–9.

Trotz entsprechender Bemühungen ist es nicht in allen Fällen gelungen, den Rechteinhaber ausfindig zu machen. Gegen Nachweis der Rechte zahlt der Verlag für die Abdruckerlaubnis die gesetzlich geschuldete Vergütung.

Imperium Romanum
(Anfang des 2. Jahrhunderts n. Chr.)